国家社会科学基金项目

新型
城镇化背景下
城乡社会保障一体化研究

石宏伟　金丽馥　著

南京师范大学出版社

图书在版编目(CIP)数据

新型城镇化背景下城乡社会保障一体化研究 / 石宏伟，金丽馥著． — 南京：南京师范大学出版社，2016.12
ISBN 978-7-5651-2978-0

Ⅰ.①新… Ⅱ.①石…②金… Ⅲ.①社会保障—研究—中国 Ⅳ.①D632.1

中国版本图书馆 CIP 数据核字(2016)第 282336 号

书　　名	新型城镇化背景下城乡社会保障一体化研究
作　　者	石宏伟　金丽馥
策划编辑	郑海燕
责任编辑	徐文娟
出版发行	南京师范大学出版社
地　　址	江苏省南京市宁海路 122 号(邮编:210097)
电　　话	(025)83598919(总编办)　83598412(营销部)　83598297(邮购部)
网　　址	http://www.njnup.com
电子信箱	nspzbb@163.com
照　　排	南京理工大学资产经营有限公司
印　　刷	盐城市华光印刷厂
开　　本	710 毫米×1000 毫米　1/16
印　　张	19.75
字　　数	325 千
版　　次	2016 年 12 月第 1 版　2016 年 12 月第 1 次印刷
书　　号	ISBN 978-7-5651-2978-0
定　　价	49.00 元
出 版 人	彭志斌

南京师大版图书若有印装问题请与销售商调换

版权所有　侵犯必究

序

1847年恩格斯在《共产主义原理》中指出:"在未来的共产主义社会中,随着阶级和阶级差别的消灭,城市和乡村之间的对立也将消失,从事农业和工业的将是同一些人,而不再是两个不同的阶级。"同时,马克思主义理论也指出,达到城乡融合是一个漫长的社会历史过程,要通过大力发展社会生产力以及伴随着工业化和现代化的发展而发展的城市化,最终实现城乡融合,实现城乡一体化的最高境界。

我国是世界上农业人口最多的国家。由于历史原因,我国城镇化水平既严重滞后于发达国家和相当部分的发展中国家,也滞后于我国的工业化进程,"城乡二元结构"和"三农"问题十分突出。改革开放以来,随着中国社会人口自由流动的增多和行业生产要素流动性的增强,经济社会正在发生翻天覆地的变化。2015年全国农民工总量达到27 747万人,他们已经与城市各个产业尤其是制造业有机相连,成为城市社会生活不可或缺的一部分。然而,由于我国城乡二元化结构并没有改变,农村与城市在社会保障方面的差距不仅没有缩小,反而还在拉大,城乡分离的二元化社会保障制度已经难以适应和谐社会发展的要求,因此,探索新的一体化的城乡社会保障制度显得越来越重要。

2000年诺贝尔经济学奖获得者斯蒂格利茨曾说过:"中国的城市化与美国的高科技发展将是深刻影响21世纪人类发展的两大课题。"党的十八大将推动城乡发展一体化作为解决"三农"问题的根本途径,中国城乡一体化发展进入新的历史阶段。城镇化的核心是人的城镇化。目前,中国新型城镇化的主体是农民工群体及其家属。尽管2.7亿农民工为城市建设做出了巨大贡献,有些农民工进城已二三十年,但是由于农村户口身份的限制,他们享受不到城市户口所享有的各类社会保障和公共服务,绝大部分仍处于全家分离状态。"空心村"、留守老人、留守儿童是目前大多数农村真实写照。从农民应有的公民基本权益上说,这是很不合理的。在"互联网+"时代背景下,新常态经济运行对我国城乡社会保障制度提出了更高的要求。加快城乡一体化发展进程,必须把农业现代化、新农村建设、农民工市民化同步推动。2014年7月24日,国务院印发《关于进一步推进户籍制度改革的意见》,宣布取消农业户口,为城乡区域劳动力资源的自由流动解除了制度上的掣肘。但是,我们必须清楚地认识到,取消农业户口并不意味着实现了城镇化。

而事实上,在我国二元社会经济体制依然存在的背景下,农民工的城市化状况恰恰是这一庞大群体在城市中福利经济状态的直接体现。马克思主义理论指出,城乡的分离对立是社会的不协调,是社会进一步发展的障碍,未来的社会不是固化城乡的分离,而是实现城乡融合。在中国经济发展方式转变、产业结构升级和国际竞争日趋激烈的背景下,促进农民工群体的新市民化,已经成为我国新型工业化和现代化建设以及促进社会和谐所面临的重大而紧迫的现实课题。

党中央高度重视新型城镇化建设,习近平总书记就健全城乡发展一体化体制机制问题发表系列重要讲话,他指出,"全面建成小康社会,最艰巨、最繁重的任务在农村特别是农村贫困地区","我们一定要抓紧工作、加大投入,努力在统筹城乡关系上取得重大突破,特别是要在破解城乡二元结构、推进城乡要素平等交换和公共资源均衡配置上取得重大突破,给农村发展注入新的动力,让广大农民平等参与改革发展进程、共同享受改革发展成果",为推进我国城乡一体化改革指明了方向。

2016年2月22日出台的《国务院关于深入推进新型城镇化建设的若干意见》为我国的城镇化建设进一步明确了发展目标。新型城镇化建设,其承载的含义远远超越经济领域,绝非仅限于满足社会需求的生产力范畴,已经全面触及整个社会的结构性变革。它撬动具有进步意义的生产关系的同步再调整,是推动中国实现全面小康社会历史性跨越的战略性任务。推进供给侧结构性改革,促进城乡要素配置合理化,是实现城乡协调发展的客观要求,其关键是允许各类生产要素在城乡之间双向自由流动,发挥市场对资源配置的决定性作用。城乡一体化是一项庞大而复杂的社会工程,涉及城乡发展规划、产业发展、基础设施建设、公共服务和社会事业、劳动力就业与社会保障、城乡社会管理等方方面面,而完善的城乡一体化的社会保障制度则是这项工程的"安全阀"和"减震器",是我国新型城镇化的核心内涵之一。

城乡一体化所涉及的内容非常宽泛,包括社会学、经济学、法学、生态环境等诸多方面,因此不同的学者所研究的侧重点也各有不同。石宏伟、金丽馥教授及其研究团队长期以来一直从事社会保障研究,立足我国国情,关注"三农"问题,在农民工权益保障、城市化进程中新市民素质提升、农村社会保障制度构建等方面已经取得了丰富的研究成果。

城乡一体化建设是一个体系化建设,因此,在对相关制度和体系进行探讨的过程中,学者要注意理论和实际相结合,不能仅限于纸上谈兵,而要深入开展实证调研,进行田野调查,收集第一手数据,寻求实现城乡均衡发展、加速城乡一体化的体制改革和制度创新的路径选择。石宏伟、金丽馥教授及其研究团队选取典型地区,深入江苏昆山、四川成都、江苏常州等地进行实证调研和数据采集,取得丰富的调研数据,由此形成研究成果《新型城镇化背景下城乡社会保障一体化研究》。

本书立足当下中国城乡一体化的基本国情和供给侧结构性改革的现实背景,通过对我国城乡二元化社会保障实践的经验和教训的总结,运用社会主义市场经济理论和社会保障科学理论,结合我国目前农村经济运行中出现的新情况、新问题,从新型城镇化和社会保障的内涵入手,深入研究新型城镇化背景下我国城乡社会保障一体化的制度建构,对于实现社会公平正义、促进我国经济社会可持续发展与和谐社会建设具有重要的借鉴参考价值。

是为序。

江苏大学教授、博士生导师

范 明

2016 年 11 月

目 录
Contents

序 ·· 001

第一章　导　论 ··· 001

　第一节　选题的背景及意义 ·· 001

　　一、选题背景 ··· 001

　　二、选题意义 ··· 002

　第二节　研究现状 ··· 003

　　一、我国社会保障制度的现状 ··· 003

　　二、农民工社会保障问题的研究 ·· 004

　　三、关于建立农村社会保障体系的问题 ··· 006

　　四、关于城乡社会保障制度是否需要统筹的问题 ································ 007

　第三节　研究思路与方法 ·· 010

　　一、研究思路 ··· 010

　　二、研究方法 ··· 010

第二章　相关概念和理论基础 ··· 012

　第一节　新型城镇化和社会保障的内涵 ·· 012

　　一、新型城镇化的内涵 ·· 012

　　二、社会保障的内涵 ··· 013

　第二节　城乡经济社会一体化基本原理 ·· 038

　　一、城镇概念与城镇架构 ··· 038

　　二、城乡关系与城乡一体化理论 ·· 039

　　三、城乡社会保障一体化 ··· 042

第三节 西方社会保障理论 ·· 043
  一、社会保障的理论渊源 ·· 043
  二、二战前的西方社会保障思想 ·· 044
  三、二战后西方主要的社会保障理论 ·· 049
  四、西方社会保障理论对我国的启示 ·· 050

第四节 马克思主义有关社会保障的理论 ······································ 052
  一、马克思与恩格斯的社会保障思想 ·· 052
  二、列宁的社会保障思想 ·· 053

第五节 转变经济发展方式理论 ·· 055
  一、转变经济发展方式理论提出 ·· 055
  二、转变经济发展方式的新途径——统筹城乡发展 ·································· 056

第三章 我国社会保障制度的历史沿革和评价 ································ 058

第一节 我国城乡二元化社会保障制度的形成和发展 ·················· 058
  一、城镇社会保障制度的形成和发展 ·· 058
  二、农村社会保障制度的建立 ·· 064

第二节 我国城乡二元化社会保障制度的强化 ······························ 069
  一、改革开放前农村社会保障的特质及其固化 ·· 069
  二、改革开放后至新世纪初城乡二元化社会保障的差异不断加大
    ·· 070
  三、新世纪以来城乡二元化社会保障分离模式的进一步强化 ·············· 072

第三节 我国城乡二元化社会保障制度形成的原因分析 ·············· 073
  一、基于新中国成立初期我国工业化战略取向的客观要求 ···················· 073
  二、城乡二元化社会保障制度是城乡二元经济结构的产物 ···················· 074
  三、城乡二元化社会保障制度与户籍制度和城乡分治的格局 ················ 075

第四节 我国城乡二元化社会保障制度的客观评价 ······················ 077
  一、二元化社会保障制度的积极影响 ·· 077
  二、二元化社会保障制度的消极影响 ·· 078

第四章 我国城乡社会救助一体化研究 ······ 081
第一节 我国城乡社会救助制度现状 ······ 081
一、我国城乡社会救助制度发展的积极方面 ······ 081
二、我国城乡社会救助发展的消极表现 ······ 083
第二节 我国城乡社会救助制度面临的问题与挑战 ······ 089
一、我国社会救助制度模式存在问题 ······ 089
二、我国社会救助制度立法存在问题 ······ 090
三、我国社会救助制度管理体制存在问题 ······ 091
四、社会救助制度缺乏行之有效的外部监督机制 ······ 091
五、社会救助的主体过于政府化 ······ 092
第三节 国外城乡社会救助的经验及启示 ······ 092
一、美国的"综合型"社会救助模式 ······ 092
二、德国的"针对型"社会救助模式 ······ 096
三、英国的"全面型"社会救助模式 ······ 098
四、新加坡的"自立型"社会救助模式 ······ 100
五、国外社会救助制度构建经验及启示 ······ 103
第四节 我国城乡社会救助一体化的思考和建议 ······ 106
一、完善我国社会救助制度模式 ······ 106
二、完善我国社会救助制度资金筹集及管理体制 ······ 108
三、完善我国社会救助制度管理体制 ······ 109
四、完善我国社会救助制度立法 ······ 110
五、夯实救助基础,完善城乡居民最低生活保障制度 ······ 111
六、转变社会救助制度设计理念,强调权利义务的统一 ······ 111

第五章 我国城乡养老保险一体化研究 ······ 113
第一节 我国城乡养老保险制度的演进与现状 ······ 114
一、我国城乡社会养老保险制度发展的历史演进 ······ 114
二、我国城乡社会养老保险制度发展的现状 ······ 117

第二节　我国城乡养老保险制度面临的问题和挑战 ………… 120
　一、我国城乡养老保险制度面临的问题 ……………………… 120
　二、我国城乡养老保险制度面临的挑战 ……………………… 123
第三节　国外养老保险改革的经验及启示 ……………………… 125
　一、国外养老保险城乡一体化的主要做法及经验 …………… 125
　二、国际经验对我国养老保险城乡一体化的启示 …………… 130
第四节　我国城乡养老保险一体化的思考和建议 ……………… 133
　一、城乡社会养老保险一体化建设的理论基础 ……………… 133
　二、我国城乡社会养老保险一体化建设的必要性和可行性 … 134
　三、构建我国城乡社会养老保险一体化制度的建议 ………… 139

第六章　我国城乡医疗保险一体化研究 ……………………… 143
第一节　我国城乡医疗保险制度现状 …………………………… 144
　一、我国城镇居民医疗保险制度的建立和发展 ……………… 144
　二、我国农村合作医疗制度的发展及改革 …………………… 147
第二节　我国城乡医疗保险制度面临的问题和挑战 …………… 150
　一、医疗保险领域法律规范体系建设滞后 …………………… 150
　二、城乡及城镇内部医疗保险制度二元对立 ………………… 151
　三、医疗保险关系转移接续困境 ……………………………… 152
　四、基本医疗保险制度补充机制发展受制 …………………… 155
第三节　国外医疗保险改革的经验及启示 ……………………… 156
　一、发达国家医疗保险改革的经验及启示 …………………… 156
　二、发展中国家医疗保险改革的经验及启示 ………………… 162
第四节　我国城乡医疗保险一体化的思考和建议 ……………… 166
　一、建立健全医疗保险法律规范体系 ………………………… 166
　二、构建城乡一体化医疗保险新体制 ………………………… 167
　三、推动建立医疗保险制度区域合作机制 …………………… 171
　四、加强医疗保险体系建设 …………………………………… 173

第七章 我国城乡社会福利一体化研究 … 175

第一节 我国城乡社会福利制度的变迁和现状 … 176
一、我国城乡社会福利制度的变迁 … 176
二、我国城乡社会福利制度的现状 … 178

第二节 我国城乡社会福利制度面临的问题和挑战 … 182
一、我国城乡社会福利制度面临的问题 … 182
二、我国城乡社会福利制度面临的挑战 … 183
三、我国城乡社会福利制度面临的机遇 … 184

第三节 国外社会福利改革的经验及启示 … 186
一、国外社会福利制度改革的方式 … 186
二、国外社会福利改革对我国福利制度改革的启示 … 189

第四节 我国城乡社会福利一体化的思考和建议 … 190
一、逐步消除以户籍制度为依托的二元福利体系 … 191
二、转变政府职能走多元参与的发展道路 … 191
三、实现由补缺型社会福利向适度普惠性社会福利转变 … 192
四、加强福利制度立法建设 … 193
五、建设一支高素质的专业社会工作人才队伍 … 194

第八章 我国失地农民社会保障制度建设研究 … 195

第一节 农民失地引发的社会问题 … 196
一、失地导致农民失去了生活保障 … 196
二、失地导致农民就业难 … 197
三、失地导致农民生活水平下降 … 198
四、失地导致农村基层干群关系不良 … 199
五、失地导致的其他影响 … 199

第二节 建立健全失地农民社会保障制度的必要性 … 200
一、建立健全失地农民社会保障制度是实现社会稳定的根本要求 … 201

二、建立健全失地农民社会保障制度有利于统筹城乡社会发展 …… 202
　　三、建立健全失地农民社会保障制度是替代土地保障功能的合理选择 …… 203
　　四、建立健全失地农民社会保障制度是控制人口增长的必然选择 …… 203
　第三节　推进失地农民社会保障制度建设的对策 …… 204
　　一、建立失地农民最低生活保障制度 …… 205
　　二、建立失地农民社会养老保障制度 …… 209
　　三、建立失地农民医疗保障制度 …… 215
　　四、建立失地农民法律保障制度 …… 218

第九章　我国城乡社会保障一体化的实践探索 …… 221
　第一节　四川省成都市城乡社会保障一体化情况调研 …… 221
　　一、调查的基本情况 …… 221
　　二、成都市城乡社会保障一体化的措施与效果 …… 223
　　三、经验和存在的问题 …… 229
　　四、对策与建议 …… 234
　第二节　江苏省昆山市城乡社会保障一体化情况调研 …… 238
　　一、调查的基本情况 …… 238
　　二、昆山市城乡社会保障一体化的措施与效果 …… 239
　　三、经验和存在的问题 …… 242
　　四、对策与建议 …… 245

第十章　我国城乡社会保障一体化法制保障机制研究 …… 249
　第一节　研究内容设定之理论基础及逻辑思路 …… 249
　　一、"转变经济发展方式"与"城乡社会保障一体化"的关系解析 …… 249
　　二、"城乡社会保障一体化"与"法制"之间关系解析 …… 250
　第二节　研究内容梳理与分析 …… 252
　　一、城乡社会保障一体化进程中的立法研究 …… 252

二、城乡社会保障一体化进程中的执法研究 …………………… 260

　　三、城乡社会保障一体化进程中的司法研究 …………………… 266

第三节　研究结论与展望 ……………………………………………… 272

附录一　新农村建设中经济发达地区失地农民社会保障问题探析

　　——常州市武进区雪堰镇漕桥村失地农民社会保障调研报告 …… 274

　　一、基本情况 ……………………………………………………… 275

　　二、政策内容 ……………………………………………………… 276

　　三、调查结果分析 ………………………………………………… 281

　　四、调研结论 ……………………………………………………… 283

　　五、对策与建议 …………………………………………………… 286

附录二　新农村建设中经济欠发达地区失地农民社会保障问题探析

　　——盐城市阜宁县失地农民社会保障调研报告 ………………… 289

　　一、基本情况 ……………………………………………………… 289

　　二、阜宁县征地补偿和被征地农民基本生活保障的主要政策措施

　　　 ……………………………………………………………………… 290

　　三、阜宁县推进社会主义新农村建设、鼓励失地农民进城的政策措施

　　　 ……………………………………………………………………… 294

　　四、以阜宁县东沟镇镇南村为例的失地调研 …………………… 297

后　记 ………………………………………………………………… 302

第一章 导 论

第一节 选题的背景及意义

一、选题背景

由于长期以来我国的城乡二元社会经济结构,城乡在分配制度、就业制度、户籍制度、公共服务制度等方面存在巨大差异,同时城乡社会保障制度也存在很大的差异,呈现出明显的二元化特征。二元化的城乡社会经济结构、二元化的城乡社会保障制度都是特定历史条件下的产物,对我国经济的发展、社会的稳定发挥了积极的作用。但随着改革的深入、市场经济体制的完善,随着我国工业化、城镇化进程的加快以及产业结构的调整,城乡之间劳动力转移日趋频繁,二元化社会保障体制的弊端日益显现。改革开放三十多年来,我国的综合国力和现代化建设水平已有大幅度提升,人民生活水平总体上已经达到了小康水平,但城乡二元化结构并没有改变,农村与城市在社会保障方面的差距不仅没有缩小,反而还在拉大。城乡分离的二元化社会保障制度已经难以适应和谐社会发展的要求,探索新的一体化的城乡社会保障制度显得越来越重要。

2012年11月,中国共产党第十八次代表大会提出:中国要推进"新型城镇化";要坚持和完善农村基本经营制度,构建集约化、专业化、组织化、社会化相结合的新型农业经营体系;要加快完善城乡发展一体化体制机制,着力在城乡规划、基础设施、公共服务等方面推进一体化,促进城乡要素平等交换和公共资源均衡配置,形成以工促农、以城带乡、工农互惠、城乡一体的新型工农、城乡关系。

2013年12月,中共中央召开了新中国成立以来的第一次城镇化工作会议,提出了推进城镇化的主要任务。第一,推进农业转移人口市民化。主要是解决已经转移到城镇就业的农业转移人口落户问题,努力提高农民工融入城镇的素质和能力。第二,提高城镇建设用地利用效率。要按照严守底线、调整结构、深化改革的思路,严控增量,盘活存量,优化结构,提升效率,切实提高城镇建设用地集约化程度。第三,建立多元可持续的资金保障机制。要完善地方税体系,逐步建立地方主体税种,建立财政转移支付同农业转移人口市民化挂钩机制。建立健全地方债券发行管理制度。推进政策性金融机构改革。鼓励社会资本参与城市公用设施投资运营。第四,优化城镇化布局和形态。全国主体功能区规划对城镇化总体布局做了安排,提出了"两横三纵"的城市化战略格局,要一张蓝图干到底。第五,提高城镇建设水平。第六,加强对城镇化的管理。要制定实施好国家新型城镇化规划,加强重大政策统筹协调,各地区要研究提出符合实际的推进城镇化发展意见。会议指出,走中国特色、科学发展的新型城镇化道路,核心是以人为本,关键是提升质量,与工业化、信息化、农业现代化同步推进。城镇化是长期的历史进程,要科学有序、积极稳妥地向前推进。新型城镇化要找准着力点,有序推进农村转移人口市民化,深入实施城镇棚户区改造,注重中西部地区城镇化。要实行差别化的落户政策,加强中西部地区重大基础设施建设和引导产业转移。要加强农民工职业培训和保障随迁子女义务教育,努力改善城市生态环境质量。在具体工作中,要科学规划实施,加强相关法规、标准和制度建设,坚持因地制宜,探索各具特色的城镇化发展模式。

2014年3月,中共中央、国务院印发了《国家新型城镇化规划(2014—2020年)》。从规划的背景,指导思想和发展目标,有序推进农业转移人口市民化,优化城镇化布局和形态,提高城市可持续发展能力,推动城乡发展一体化,改革完善城镇化发展体制机制,规划实施等方面为我国新型城镇化的发展指明了方向。

二、选题意义

1. 理论意义

本研究符合党的十八大精神,党的十八大报告提出要推动城乡一体化发展,指出解决好"农业、农村、农民"问题是全党工作重中之重,城乡发展一体化是解决"三农"问题的根本途径。要加大统筹城乡发展力度,促进城乡共同繁荣。加大强农惠农富农政策力度,让广大农民平等参与现代化进程、共同分享现代化成果。加快完善城乡发展一体化体制机制,促进城乡要素平等交换和公共资源均衡配置,形成以工促农、以城带乡、工农互惠、城乡一体的新型工农、城乡关系。同时提出要统筹推进城乡社会保障体系建设,要坚持全覆盖、保基本、多层次、可持续方针,以增强公平性、适应流动性、保证可持续性为重点,全面建成覆盖城乡居民的社会保障体系。健全全民医保体系,建立重特大疾病保障和救助机制,完善突发公共卫生事件应急和重大疾病防控机制。统筹推进城乡社会保障体系建设,健全全民医保体系,这是党的代表大会报告中首次提出的内容。

2. 实践意义

从实践上看,地方各级政府非常重视社会保障建设,但目前各地一般都是以县(市)为单位进行城乡社会保障制度改革的试点,本研究有助于扩大统筹范围,推进我国二元化社会保障改革的进程,为城乡社会保障一体化奠定基础。

第二节　研究现状

新中国的社会保障制度是从 20 世纪 50 年代初建立和发展起来的,面对的主要是国家机关、企业、事业单位的职工,部分内容涉及城镇居民,但基本没有涉及农村居民。在改革开放前,很少有人将社会保障作为专门的学问进行研究。改革开放以后,随着社会主义市场经济体制的逐步建立和完善,随着市场经济体制带来的社会风险的增加,原有的社会保障制度的弊端日益暴露,已经不能适应市场经济体制的需要,于是对社会保障的研究出现了高潮。研究的重点主要是我国社会保障制度的现状及改革的必要性,城镇社会保障制度的改革,农村社会保障制度的建设,农民工的社会保障问题,统筹城乡社会保障制度的问题等。

一、我国社会保障制度的现状

宋晓梧在《全球化条件下的劳工与社会保障》中论述了目前我国社会保障制度面临的三大挑战。从长期看,要解决人口老龄化造成的一系列社会经济问题;从中期看,要减轻计划经济转向社会主义市场经济带来的巨大社会震动;在近期,要考虑如何根据宏观经济形势波动适时调整各有关项目的收支水平,以保障经济的稳定增长。

1. 保障范围覆盖不全

班随叶在《试论城市扶贫的四大误区》中指出,改革开放后,我国社会保障制度发生了变化,社会保障资金开始转向社会统筹,在体制上围绕"一个中心,两个确保,三条保障线"具体运行,但当前的三条保障线不能全部覆盖城镇贫困范围。我国现有城镇贫困人口3 100万以上,1999年享受社会保障的总人数不足300万,2000年不足400万。在最低生活保障覆盖范围之外,传统的民政救济对象是"无劳动能力"的人,是为数较少的边缘群体。而在体制转轨中,"有劳动能力"却失去工作机会的人,也已经陷入贫困的境地,他们的基本生活也应得到保障。事实上,这部分人中的绝大多数既拿不到下岗职工的基本生活费,又不能享受最低生活保障待遇,他们约占城市"下岗"、"失业"、"待岗"总人数的70%以上。

2. 农村社会保障亟待发展

李迎生在《探索中国社会保障体系的城乡整合之路》中指出,同二元经济结构相适应,我国的社会保障体系也呈明显的二元化特征:在城市,建立了面向企业劳动者的社会保险制度;在农村,则实行家庭保障与集体救助相结合而以前者为主的保障制度,作为现代社会保障体系核心内容的社会保险,未在农村建立。王国军在《中国城乡社会保障制度衔接初探》中指出,我国农村社会保障制度的建立已经与国际劳动组织的有关条约存在巨大差距。刘书鹤在《农村社会保障的若干问题》中指出,农村社会保障发展滞后的根本原因是政府财政支出方面的失误。中央财政用于社会保障的支出占中央财政总支出的比例,加拿大为39%,日本为37%,澳大利亚为35%,我国只有10%左右,而这10%的投入也是绝大部分给了城镇职工。

下岗失业人员的社会保障水平低下。胡鞍钢在《中国城镇失业的社会保障》中指出,我国城镇失业保险覆盖率极其低下,仅覆盖正式职工,并不包括农村就业人员和城镇非职工人员。

二、农民工社会保障问题的研究

迄今为止,各种社会保障体制改革的思路基本上还是以户籍为基础的,随着我国经济体制改革的深入,大量的农村劳动力转移到了城市,对于流入城市的农民工的社会保障基本上没有考虑到。背井离乡的外来民工,如果在城里遇到困难,没有工作,又得不到任何社会帮助,他们就会成为社会不稳定的潜在因素。对于这一问题的研究主要体现在以下几方面。

李强在《城市农民工的失业与社会保障问题》一文中提出了两方面的对策建议。第一条建议主要应由政府管理部门实施,这就是在大城市应建立"公共劳动"形式的流动人口的"最低生存保障"体制,以使得那些失业的、身上一点钱也没有的外来民工能够通过"公共劳动"找到饭吃,这样至少可以降低犯罪率,使得那些陷入困境的外来民工能够找到合法的活路。同时,这种体制也可以将散乱的民工纳入一定的管理体系。这样一种体制比单纯的救助机制更有效率,更节省成本。由于是最低生存保障,所以雇人单位所付出的工钱可以是比较低的,这对于政府财政来说也不是很大的压力,反而是边际效益很高的投入。换句话说,不大的一笔经费,带来的却是更为安全稳定的社会。第二条建议是针对雇人单位的。雇人单位不管是公有体制的还是私人的,都应该按照劳动法的规定,为受雇者支付一定的保障金、保险金。

郑功成在《应当分层分类保障农民工的权益》一文中提出,应根据农民工的需要与制度建设的可能,对农民工实行分层保障。最急切的保障项目应当是按照普遍性原则来确立农民工的工伤保障制度。从层出不穷的农民工工伤事故到规模惊人的农民工职业病群体,以及由此导致的数不清的劳资纠纷,均决定了针对农民工的工伤保障制度应当作为我国最基本的社会保障项目尽快得到确立。其次,有必要建立农民工的疾病医疗保障尤其是大病保障机制。因为疾病尤其是重大疾病不仅会导致农民工失去工作,而且极易陷入贫困境地,这使得疾病保障成为农民工的现实需要。最后,有必要为农民工建立相应的社会救助制度。它应当包括农民工遭遇天灾人祸时的紧急救济、特殊情形下的贫困救助、合法权益受损或遭遇不公平待遇时的法律援助等。这种制度能够缩小社会的不平等,促使农民工真正融入当地社会。

董理在《我国农村非农产业群体的社会保障制度探析》一文中提出,要创造性地拓展筹资渠道,解决农村非农群体的社会保障问题。可以根据非农产业群体始终与土地保持着若即若离联系的特点,设计一种"以土地换保障"的方案,即农民到城镇就业或进入城镇定居而无力耕种土地的时候,让出其原先承包的土地,由转包者按国家统一标准替转让者缴纳一定数量的经济补偿,使其参加相应的社会保障。当然这部分经济补偿也可先交付国家财政,但国家必须做出相应的政策调整,承诺将这部分农民纳入城市和相应的社会保障体系。

三、关于建立农村社会保障体系的问题

改革开放以来,农民的生活水平有了很大提高,农村各项社会事业也有了长足发展。但是,农村的社会保障却没有得到相应的发展。应该说农村不是没有任何保障,而是有一定限度的保障,只是和城市相比保障范围小,保障的水平也很低。目前中国农民的社会保障现状是:就业主要依靠土地,保障主要依靠家庭。

将整个农村人口排挤在社会保障体制以外的现象在很长的一段时间内被认为是合理的。随着市场经济的不断深入,农民也同样面临市场风险和生活风险。特别是非农化与城镇化进程等使农民的社会保障需求大大提高。因此,重视并全面审视农村社会保障已成为理论界与实践部门一项十分迫切的任务。

对于是否有必要建立和完善农村社会保障制度,存在两种截然不同的观点。

一是反对建立农村社会保障制度。谭璐在《社会保障并不是免费的午餐》一文中认为,农村的社会保障要考虑国家的财力,政府不是不保障农村居民,而是由于"国家财力有限",因此,目前的重点在城市。梁鸿在《试论中国农村社会保障及其特殊性》一文中认为,虽然农村建立社会保障很有必要,但是,有许多约束条件限制了这种发展:"发展优先和效率优先",政府财力限制,"福利病"的警示,城市改革的中心地位和农村区域经济发展的不平衡。因此,可以考虑建立农村社区保障,即以本社区的居民为保障对象的一种福利制度,它的特点是,没有国家的支持,不属于国民收入分配与再分配的一种形式。陈颐在《论"以土地换保障"》一文中指出,"农民有土地保障",现阶段土地保障职能主要有两个方面:一方面是养老保险,拥有一份土地,自己耕种或由子女耕种,农村老年人口就有了基本社会保障;另一方面是从事非农产业的农村劳动力的失业保障或"退农保障",拥有一份土地,从事非农产业的劳动力在遭遇挫折的时候,就可以退而务农,使自己的劳动价值得以实现,并

获取基本生活资料,建立农村社会保障制度,应"以土地换保障"。

二是认为建立农村社会保障体系已迫在眉睫。田中文在《关于农村社会保障问题的研究》一文中认为,目前中国农村社会保障建设和发展存在一些深层次的问题,主要表现在:农村"五保户"供养制度,合作医疗制度呈现"历史断层",农村社会保障缺乏制度化,社会保障体系的建立完善与发展严重滞后于工业化、城市化的建设与发展进程,传统的"土地保障"方式严重妨碍农村现代化,"养儿防老,积谷防饥"的家庭式保障已无法适应经济发展的要求,因此,迫切需要建立和完善新型的符合农村实际的社会保障体系。李郁芳在《试析土地保障在农村社会保障建设中的作用》一文中认为,目前农村的主要保障形式(家庭保障、土地保障)受到了很大冲击,产生了一系列问题。首先就土地保障来说,自实行联产承包制以来,土地保障功能的发挥,面临着一系列矛盾,如发挥土地的保障功能与提高土地利用效率的矛盾,发挥土地的保障功能与土地保障功能弱化的矛盾,发挥土地保障功能与国民经济结构调整的矛盾等。其次,就家庭结构来说,20世纪80年代实行"独生子女"政策后的新生代,其父母很快将进入需要养老的阶段。届时,这些由"独生子女"组成的家庭,将面临一对夫妻(他们中大多已为人父母)供养4个以上老人的繁重养老任务。而对如此日趋繁重的养老保障任务,单纯依靠发挥土地的养老保障能力,是远远不够的。农村社会保障建设就显得尤为重要。

郑功成在《农民工的权益与社会保障》一文中认为,农民中的绝大多数客观上已经走上了非农化、城镇化的道路,并且必然会因各种生活风险的客观存在和平等意识的觉醒而提出相应的社会保障诉求。政府不能以对农村居民没有承诺为借口拒绝建立相应的社会保障制度。事实上,国家财力的快速增长表明政府的承受能力在增强,以财力不足作为不考虑农民与农民工的社会保障的理由越来越不充分。

四、关于城乡社会保障制度是否需要统筹的问题

中国传统的社会保障制度是新中国成立初期伴随并适应计划经济体制而逐步形成的。这种社会保障体系有两个显著特点:一是条块分割,二是城乡二元体制。是否应该建立一个在全国范围内实行统一制度、统一规定、统一标准、统一征收和统一管理的社会保障问题不但成为实践部门讨论的话题,也成为学术界争论的焦

点。这些观点可以分为以下三种。

1. 赞成建立统一的社会保障体制

杨玉民在《统一社保制度已当其时》一文中指出,从理论的角度出发,制度安排一元化是社会保障制度的内在要求,因为一元化的制度安排不仅公平,而且管理简便。市场经济的发展,要求建立全国统一的国内市场和劳动力市场,与此相适应,也要建立全国统一的社会保障制度和全国统一的社会保障基金,否则,劳动力在全国范围内流动势必受阻。从目前的经济发展来看,中国已经完全达到英美等发达国家开始建立统一社会保障制度时的水平,统一社会保障制度已当其时。张英红在《驳陈平的"短视国策"和"洋跃进"论》一文中认为:给予包括农民在内的所有公民的社会保障,是国际人权公约的重要内容;从保护农民的权利和公平的角度来说,也应该建立统一的社会保障制度。胡鞍钢在《利国利民、长治久安的奠基石——关于建立全国统一基本社会保障制度、开征社会保障税的建议》一文中,建议开征统一的、强制性的社会保障税,以获取资金。丛明在《加快建立统一、规范和完善的社会保障体系》一文中指出,当前要着力落实"三条社会保障线"和"两个确保"工作,要积极做好各项准备工作,加快向统一、规范和完善的社会保障体系过渡。王国军在《中国城乡社会保障制度衔接初探》一文中提出了从"二元到三维"的目标模式对城乡社会保障制度进行衔接。

2. 认为"条块"应该统一,但城乡有别

李迎生在《探索中国社会保障体系的城乡整合之路》一文中认为,目前要做到社会保障体系完全实现统一是不可能的,即便在发达国家,尽管农民享受的保障待遇与其他从业者已无实质不同,但制度形式的差别依然存在。他设计了一个"有差别的统一"的城乡整合模式:首先,对进城农民和乡镇企业(小城镇)职工逐步实行和城市企业职工统一的社会保险制度;其次,将养老保险的第一支柱(保障最低生活水平)与医疗保险的大病统筹部分设计为全民共享项目,先行实现城乡一体化;再次,改变以农业积累支撑工业的传统发展战略,实现工业反哺农业,财政政策向农业与农民倾斜,以增强农民个人参与现代社会保障的经济实力,从整体上保证农民社会保障和城市企业职工社会保障的实质性公平;最后,建立全国统一使用的社会保障个人专户,推动社会保障体系城乡整合的最终实现。

在实现城乡社会保障体系的对接问题上,林毓铭在《将进城农民纳入城镇社会保障体系与相机抉择》一文中提出了"相机抉择"的观点,即以社会保险为中心,率先将农民工纳入城镇职工养老保险制度,以后随着城乡统一劳动力市场的建立及其他条件的成熟,再分阶段逐步覆盖其他社会保险制度。

3. 认为目前中国建立统一的社会保障制度的时机还不成熟

陈美球在《农民工社保时机成熟了吗》一文中认为,现在将农民工纳入统一的社会保障体系时机还不成熟,因为农民工的流动性、农村社会保障的不完善等因素的影响,在中国真正建立城乡一体化的社会保障体系还有一段路要走。郑功成在《加入WTO与中国的社会保障改革》一文中认为,中国经济落后,财力薄弱,城乡及地区差别极大,社会阶层处于急剧变化之中,居民在社会保障方面还未能享有法定的平等权利,现阶段还不具备建立一元化社会保障制度的客观条件,因此,可以将一元化的制度安排作为社会保障制度的发展目标,却不宜作为确定现实社会保障政策的出发点。

对建立统一的社会保障体系反对最激烈的是北京大学中国经济研究中心的陈平教授,他在《建立中国统一的社会保障体系是自损国际竞争力的短视政策》一文中认为,在中国这么大的发展中国家搞统一的社会保障体系是根本不可行的,战略目标是错误的,是"洋跃进"。其理由主要有三点。① 统一社保在经济上根本不可行。在区域发展高度不平衡,近13亿人口的发展中国家,要建立社会保障体系,在经济上将是乌托邦式的"洋跃进"。统一社保非但无助于国企改革,还会拖垮整个财政体系。② 将严重削弱中国的国际竞争力,外资将流向没有社保的劳动力价格低廉国家,从而削弱而非加强社会稳定。③ 违背当前"小政府、大市场"的世界改革潮流,在体制上重演西方和东欧的错误道路。他建议发扬中国文化中尊重家庭互助、重视子女教育、敬重照顾老人的优良传统,建立以家庭的储蓄养老保障为主、民营的医疗保险为辅、社区的社会救济保底、廉价高效灵活多样的社会保障系统,而非统一集中国营低效的社会保障系统。

第三节　研究思路与方法

一、研究思路

本研究以社会保障基本理论、新型城镇化理论为基础，对我国社会保障制度历史沿革进行分析评价，对我国城乡社会救助、养老保险、医疗保险、社会福利的一体化建设提出相应的对策建议，并对江苏省昆山市、四川省成都市、江苏省常州市社会保障一体化的实践进行调研分析，最后提出要加强法制建设，为城乡社会保障一体化提供法制保障。

二、研究方法

1. 理论与实际相结合的方法

本书的研究、分析、创新是基于对有关社会保障理论和我国在社会保障领域的实践的介绍、评析，采用理论联系实际的方法，通过对我国城乡二元化社会保障实践的经验和教训的总结，运用社会主义市场经济理论和社会保障科学理论，结合我国目前农村经济运行中出现的新情况、新问题，提出改革和创新的新模式、新思路，寻求符合中国国情的统筹城乡二元化社会保障制度的新体制。

2. 历史分析法

社会保障是人类社会历史、生产方式及经济水平发展到一定阶段的历史产物，并随着人类社会文明的进步和生产力水平的提高而逐步完善。因目前世界各国经济发展水平不同，各国的社会保障体制和水准也各不相同，既有面向全体公民的高福利体制，也有只面向一部分工薪劳动者的低保障体制。本书运用历史分析法研究各国社会保障发展水平、体制与社会经济发展过程的关系，发现社会保障发展的历史客观规律，对于建立符合中国国情的社会保障制度大有益处。

3. 对比研究法

各国的社会保障体制因各国文化背景、政治、经济制度的不同而不同，特别是我国在高度集中的计划经济体制下形成的社会保障制度与资本主义市场经济体制下的社会保障制度有很大的不同。在建立社会主义市场经济体制的过程中,将我国的社会保障制度与发达国家与发展中市场经济国家的社会保障制度进行比较研究,将给我们提供借鉴和启示。

4. 数量分析法

社会保障不仅关系到社会成员的生活保障水平,也对国家的财政平衡、国民经济发展产生重大影响,而这些关系和影响,需运用数学方法对相关因素和数量关系进行计算分析,方可确定合理的数量比率,对相互间的影响进行估算。通过数量分析,寻求各项政策制度间的相互影响和可能的结果,对制定相关的社会保障政策是必不可少的。

第二章 相关概念和理论基础

第一节 新型城镇化和社会保障的内涵

一、新型城镇化的内涵

1. 新型城镇化的概念

新型城镇化是以城乡统筹、城乡一体、产业互动、节约集约、生态宜居、和谐发展为基本特征的城镇化,是大中小城市、小城镇、新型农村社区协调发展、互促共进的城镇化。

新型城镇化的"新"就是要由过去片面注重追求城市规模扩大、空间扩张,改变为以提升城市的文化、公共服务等内涵为中心,真正使我们的城镇成为具有较高品质的宜居之所。新型城镇化的核心在于不以牺牲农业和粮食、生态和环境为代价,着眼农民,涵盖农村,实现城乡基础设施一体化和公共服务均等化,促进经济社会发展,实现共同富裕。

2016年国务院《关于深入推进新型城镇化建设的若干意见》指出,新型城镇化是现代化的必由之路,是最大的内需潜力所在,是经济发展的重要动力,也是一项重要的民生工程。该文件对我国新型城镇化建设提出了总体要求,即全面贯彻党的十八大和十八届二中、三中、四中、五中全会以及中央经济工作会议、中央城镇化工作会议、中央城市工作会议、中央扶贫开发工作会议、中央农村工作会议精神,按照"五位一体"总体布局和"四个全面"战略布局,牢固树立创新、协调、绿色、开放、共享的发展理念,坚持走以人为本、四化同步、优化布局、生态文明、文化传承的中国特色新型城镇化道路,以人的城镇化为核心,以提高质量为关键,以体制机制改革为动力,紧紧围绕新型城镇化目标任务,加快推进户籍制度改革,提升城市综合承载能力,制定完善土地、财政、投融资等配套政策,充分释放新型城镇化蕴藏的巨大内需潜力,为经济持续健康发展提供持久强劲动力。

2. 新型城镇化的特征

(1) 以人为本

新型城镇化建设中提出了"人的城镇化"概念,即强调以人为本,这是新型城镇化建设的根本要求和特征,是对世界城镇化建设的经验总结和借鉴,也明确了我国城镇化建设依靠的主体和发展方向。

(2) 四化同步

四化同步即城镇化建设要和工业化、信息化、农业现代化同步发展。

(3) 优化布局

优化布局是指在新型城镇化建设中要做到城镇布局合理、大中小城镇结构合理、城市群定位合理、城镇之间的关系合理等。

(4) 生态文明

生态文明是人类为保护和建设美好生态环境而取得的物质成果、精神成果和制度成果的总和,是贯穿于经济建设、政治建设、文化建设、社会建设全过程和各方面的系统工程,反映了一个社会的文明进步状态。

(5) 文化传承

文化是一个城市的灵魂,每一个城镇都有自己特有的城市精神、特色文化、风俗人情等。新型城镇化建设不能搞"千人一面",每个城镇建设要体现自己特有的文化和精神风貌。

二、社会保障的内涵

1. 社会保障制度的产生和发展

社会保障制度的产生和发展已有一百多年的历史。它是资本主义社会经济发展的产物,是资本主义社会阶级矛盾发展的结果。西方国家的社会保障制度从最初产生到形成体系大体上经历了以下三个发展阶段。

第一阶段是19世纪80年代到20世纪20年代。19世纪中叶以后,德国的工人运动和社会主义运动高涨。在马克思和恩格斯的指导下,社会主义思想在德国获得广泛传播。在1877年选举中,德国的工人阶级政党——社会民主党获得重大胜利。当时的德国"铁血宰相"俾斯麦(1815—1890)代表德国地主和资产阶级的利益,一方面,在议会通过了镇压社会民主党的法令,妄图把社会主义运动压下去,但未能如愿;另一方面,又以工人利益保护者的身份出现,企图进行一些社会改革来麻痹工人。俾斯麦曾公开宣称,社会保险是一种消除革命的投资,一个期待养老金的人是最守本分的也是最容易被统治的。于是,德国于1883年制定了世界上第一部《疾病保险法》,于1884年实行《工伤保险法》,于1889年实行《养老、残疾、死亡保险法》。随后,西欧其他国家也相继在有限的范围内建立起初步的保险制度。

第二阶段是从20世纪20年代末30年代初的经济大危机到第二次世界大战。由于大危机造成了社会震荡,受害最深的是劳工、老年人,特别是失业者,他们要求社会变革、获得生活保障。这样就形成了进一步建立和发展社会保障制度的压力。1933年,在罗斯福的倡议下,美国国会通过了联邦紧急救济法案,拨款5亿美元补助各州进行劳动和失业救济。这表明,在新的情况下,单由地方政府和慈善机构承担社会救济和社会保障已难以胜任了,需要联邦政府担负起这种责任。1935年8月14日,美国通过了《社会保障法》,这是第一个由联邦政府承担义务的、全国性的社会保障法,主要解决失业和老年问题。需指出的是,"社会保障"一词的真正使用,正是始于美国的《社会保障法》。20世纪30年代的经济大危机也给英国带来了严重的社会问题,失业人数剧增,在1933年达到375万人,从而促使英国扩大和完成了有关失业的社会保障立法。1934年英国通过了《失业法》,1936年通过了《国民健康保险法》。1936年,英国参加失业保险人数达1 090万人,对未参加失业保险者,可按规定予以救济。

第三阶段是第二次世界大战结束以后的时期。由于资本主义世界的经济危机和社会矛盾的加深,也由于社会主义国家建设的巨大成就和反法西斯战争的胜利,从20世纪30年代到40年代,社会主义思想在资本主义国家广泛传播。英国出版了一大批研究马克思主义的著作,知识界的许多人对资本主义制度产生了怀疑。在这种背景下,在英国1945年7月的选举中,许多公民把未来的希望寄托在宣布要实行社会主义政策的工党身上,因而工党在选举中战胜了保守党。工党政府在对许多经济部门实行国有化的同时,实行了一系列重要的社会立法,扩大和完善社会保障措施。1946年英国实行《国民保险法》,保险范围包括生育、养老、失业、孤寡、病残、丧葬等方面的福利待遇。1948年,工党政府宣布英国已成为福利国家。

在西欧国家中,英国是首先建立起一整套社会保障制度或社会福利制度的国家。紧接着,西欧、北欧和北美等地区相继出现了许多福利国家。

西方社会保障制度的广泛推行,有利于资本主义的延续和发展,有利于资产阶级的统治,也有利于劳动群众的生活保障和安全。也可以说,从人类社会经济的发展历史来看,社会保障制度的建立、形成和普遍发展,是社会历史的一种进步表现。因而其中有些关于社会保险、社会福利和社会救济的一般原理原则和实施方法,如果撇开其特定的资本主义关系,同样可以为社会主义建立新型的社会保障制度所借鉴。

2. 社会保障制度的含义

尽管社会保障制度已经成为世界主要国家市场经济体制运行的重要环节之一,但是,在世界范围内,对社会保障和社会保障制度的含义并没有形成一个统一的、被普遍接受的说法。世界各主要国家对社会保障和社会保障制度含义的不同理解,都与这些国家实施社会保障制度的基本思路和政策措施有着直接的联系。

英国是战后较大规模地推进社会保障制度的国家。在英国,社会保障被看作是一种公共福利计划,其目的在于保护个人及其家庭在遭受失业、年老、疾病或死亡等情况时,能够减轻或免除收入上的损失,并借助于公益服务和家庭生活补助提高其福利。对社会保障的这一理解,与英国闻名的《贝弗里奇报告》有着密切联系。W. H. 贝弗里奇(1879—1963)是英国经济学家。战争期间,他在英国贸易部任职时,曾受英国政府委托负责起草准备在战后实施的社会保障计划。1942年底,这一计划以"社会保险及有关服务"为题发表,史称《贝弗里奇报告》。《贝弗里奇报告》把社会福利作为一项社会责任确定下来,并把有关救济贫困的含义由原先的救济贫民改为保障国民的最低生活标准。这一报告明确规定,凡是由于各种原因达不到国民最低生活标准的公民,都有权从社会获得相应的救济,以使自己的生活水平达到这一标准。《贝弗里奇报告》正是以此为目标,主张建立一套以社会保险为核心内容的社会保障制度。《贝弗里奇报告》成为战后英国建立社会保障制度的蓝本,而把社会保障制度理解为一种国家的经济保障制度,自然就成为一般的英国国民的"共识"。

德国人对社会保障和社会保障制度的理解,是与社会"公正"、"安全"联系在一起的。战后,原联邦德国在社会市场经济体制建立之初就已经意识到:在一个有序的、运行良好的市场经济中,即使出台一项再好的政策,也难以避免出现某些"负面"作用,因而必须用相应的社会保障制度加以"修补"。因此,德国的一些经济学家认为,社会市场经济应包含两个密不可分的领域:一是能够带来经济效率的市场,二是能够带来社会"公正"、"安全"的社会保障制度。这里所说的"公正"、"安全",指的是使那些在市场竞争中失败的人,不致因此失去其最基本的生活来源,要使他们有可能获得重新参与市场竞争的机会;使那些丧失劳动能力的人,也能获取基本的生活资料,避免造成对市场经济顺畅运行所需要的社会环境的冲击。当然,所有维护和扩大社会保障、社会"公正"的措施,都不得妨碍或限制市场机制的作用。

自1935年罗斯福提出的《社会保障法》被批准实施后,美国产生了历史上第一部全国性的、由联邦政府承担义务的、用以解决失业和老年问题为主的社会保障法。《社会保障法》是以罗斯福"新政"为起点的美国现代市场经济体制发展的重要一环;在此基础上,也逐步形成了美国人对社会保障和社会保障制度含义的一般理解。他们普遍认为,社会保障是一种"安全网",它对人们遇到的疾病、年老、伤残、死亡、失业等社会问题提供安全性的保护。这种保护既包括对接受者收入和支出方面、教育和培训方面的支持和补助,也包括对接受者遭受的某些损失的支持和补助。

日本对社会保障和社会保障制度的理解,是同战后日本实施的由国家统管的社会保障制度联系在一起的。对此,日本"社会保障制度审议会"在1950年做出了权威性的说明。这一说明把社会保障制度分为三个层面:① 对由疾病、负伤、分娩、残疾、死亡、失业、多子女及其他相关原因造成的贫困,以保险和国家直接负担的方式给予一定经济保障;② 对陷入生活困境者,以国家援助的方式,保障他们达到最低限度的生活水平;③ 通过提高公共卫生和社会福利水平,使全体国民能够过上真正有文化的社会成员的生活。

目前,国外学者对社会保障概念的解释有三十多种,比较通用的是国际劳工组织给社会保障下的定义:社会保障就是社会通过采用一系列综合性的政策和措施来向其成员提供保护。这些政策和措施是对因疾病、生育、工伤、失业、年老以及死亡而中断收入来源、陷入贫困的公众(或者是其中的大部分)加以保护,如对上述人员提供必要的医疗,对有幼儿的家庭发放补助金等。国内学者认为,社会保障是一种经济分配形式,是对国民收入的分配和再分配,是一项社会福利制度,是国家履行管理义务的一种社会责任,是国家通过立法或行政经济法规实施的社会保障、社会福利、社会救济、社会优抚等事业的总称。[1]

综上所述,社会保障是国家以政府为主体,经过立法程序,通过筹集社会资金,以再分配国民收入的方式,对社会上丧失劳动能力以及需要特殊帮助者实行救助,使他们的最低基本生活需求能够得到满足,从而保证社会安定、促进经济增长的一种制度或社会事业。这一概念的含义主要包括以下几个方面。

(1) 社会保障的责任主体是国家或政府

国家承担建立和管理社会保障的责任是经济发展的结果。国家是社会管理的最高权力机关,政府是具体执行权利的行政机构。由国家承担社会保障责任可以降低管理成本,可以预防和抵御各种社会风险,保障公民的生活。

(2) 社会保障的对象是全体公民

一个国家的全体公民都是社会保障的对象。社会保障中的社会福利为每一位社会成员提供必要的基础设施、文化设施、公共卫生设施、娱乐设施、道路交通设施等,并且保障每位社会成员的基本生活。

(3) 社会保障的首要目标是实现社会公平

社会保障是对经受生老病死、失业、贫困等风险的社会成员给予保障的制度,是以保障其基本生活为目标的。社会保障的这一目标是基于人的生存权而建立的。其首要目标是公平为主,兼顾效率。

(4) 社会保障得以实施的保证是社会立法

社会保障是以健全、完备的法律体系为支点的,必须以法律来规范社会保障各职能机构。要依法确定各职能机构的设置、职能、责任和工作程序;依法确定企业、职工与社会保障管理机构之间的权利与义务关系;依法确立社会保障基金的管理、投资运营的原则和范围等。

社会保障制度是一个政治概念,反映了一定社会的政治制度的特征。从现代社会保障制度的产生可见,它是统治阶级为了缓和阶级矛盾,维护和巩固自己统治

---

[1] 王榕平,王启民.世界社会保障制度的历史渊源和发展概况[J].福建师范大学学报,1996(4):22-25.

地位的产物,不同的政治制度,也就有不同的与之相适应的社会保障制度。

社会保障制度又是一个经济概念。它是反映生活质量的基本指标,在某一国家或地区,人们生活的社会环境和生活保障的状况,是反映人们生活社会条件的质的具体范畴。可以通过社会保障费与国民收入的比例,就业率,享受社会保障人数与全社会劳动者的比例,老年和残疾人的社会保障程度等来反映人们的生活质量。同时,社会保障制度还体现了一个国家的分配政策。在任何一个社会化程度较高的社会里,全民的收入都由两部分构成:初次收入和再分配收入。公民的初次收入由劳动性收入和财产性收入构成,它们是由市场按要素贡献份额分配的工资和利润或利息;公民的再分配收入来自政府通过税收和转移支付对社会进行的二次分配,表现为他们所享受的广义的社会福利,包括社会保障和社会服务。

3. 社会保障的基本内容

社会保障的基本内容一般包括社会保险、社会救济、社会福利、优抚安置、社会互助和个人储蓄积累保障六个部分。

(1) 社会保险

社会保险是社会保障的核心内容,是指国家通过立法强制手段对国民收入进行分配和再分配,形成专门的基金,在劳动者因生育、年老、患病、伤残、失业、死亡等原因暂时或永久丧失劳动能力不能劳动或者暂时中断劳动而失去生活来源时,在物质上给予社会性帮助的一种社会保障制度。社会保险是最基本的社会保障项目。

社会保险是社会化大生产的产物,特别是20世纪30年代的经济大危机促成了一些国家为社会成员提供社会保险。社会保险的对象是法定范围内的社会劳动者,其资金来自用人单位及劳动者个人的缴费,劳动者享受社会保险的权利是以对社会履行了劳动义务和交纳义务为前提的。开展社会保险事业,是政府对劳动者履行的社会责任,是劳动者应享有的一项基本权利。

一般来说,社会保险主要包括以下几个项目:养老保险、医疗保险、生育保险、失业保险和工伤保险五种(见图2-1)。

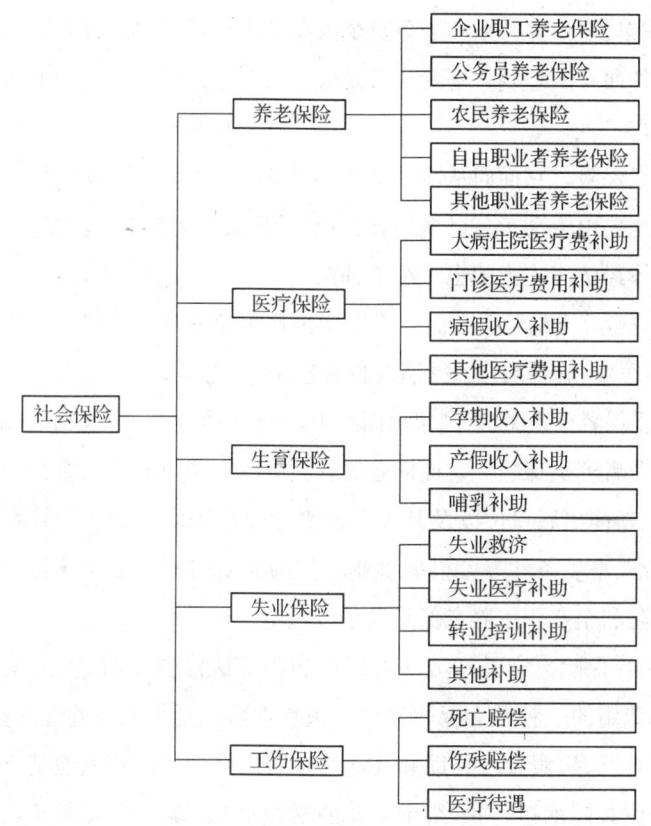

图 2-1　社会保险的主要内容

第一，养老保险。它是指劳动者在达到国家法定的退休年龄或因年老完全丧失劳动能力，退出社会劳动领域后，由社会提供物质帮助，保障其基本生活需要的一种社会保障制度。其特点是国家立法，强制实行，费用由国家、企业和个人三方面共同承担，社会性强，覆盖面广。养老保险包括企业职工养老保险、公务员养老保险、农民养老保险、自由职业者养老保险和其他职业者养老保险。

企业职工养老保险。它面向在企业工作的全体劳动者，包括国有企业、城镇集体企业、私营企业、乡镇企业和"三资"企业等一切符合国家社会保险法规、政策规范的企业的劳动者。享受条件是职工达到国家法定退休年龄，缴纳费用的年限达到规定要求。未到退休年龄或投保年限不足者只能享受不足额退休金。养老保险基金的筹集主要是向企业和个人提取保险税，国家适当资助。

公务员养老保险。它是以政府公务员为适用对象的养老保险，其养老金由政府（或其所在单位）预算补贴和公务员个人缴费组成，待遇标准因公务员的职级、任职年限等条件而有所差别。享受条件是公务员应达到国家法定的退休年龄及相应的任职年限。

农民养老保险。它面向从事个体农林牧副渔等生产经营活动的农业劳动者，其养老基金主要由劳动者自己缴纳，政府给予相应的优惠（如适当给予管理费补贴等），农村集体经济有实力的也可给予补贴。

自由职业者养老保险。它面向无固定工作单位并从事非农产业工作的城乡劳动者，如个体医生和律师、自由撰稿人和演艺人员、个体工商业者等自由职业者。其养老基金由受保者个人缴纳，国家出面组织，待遇标准视个人缴费水平而定。

其他职业者养老保险。它面向各级各类事业单位，如学校、医疗、科研院所、文化艺术团体、新闻出版单位以及其他公益事业单位等的劳动者。其养老基金的筹集和待遇标准、享受条件等可根据事业单位的性质（公立、私立、混合）分别参照公务员养老保险和企业职工养老保险等予以规定。

第二，医疗保险。它是指劳动者因患病需要医疗费用时，由国家或企事业单位提供医疗费用的一种社会保险制度。医疗保险包括大病住院医疗费用补助、门诊医疗费用补助、病假收入补助和其他医疗费用补助。医疗保险基金由劳动者个人和所在单位共同承担，国家给予必要的财政拨款，以维护医疗事业的公益性和福利性。

第三，生育保险。它是指妇女劳动者由于生育子女暂时失去劳动能力时，由社会给予必要的经济补偿的一种社会保障制度。它包括孕妇收入补助、产假收入补助和哺乳补助等项目。

第四，失业保险。它是指身体健康的被保险人就业之后又失去工作，中断了收入，由国家或社会保险机构按照法定的期限，对失业者发放一定数额的失业救济费的一种社会保险制度。构成失业要具备四个条件：一是在劳动年龄之内，二是有劳动能力，三是有就业意愿，四是没有找到任何工作。失业保险包括失业救济、失业医疗补助、转业培训补助及其他补助等。失业保险的保险基金筹集，主要由个人与企业或单位负责供款，国家给予必要的补贴，享受待遇标准统一。

第五，工伤保险。它是指国家和社会为在生产或工作过程中因意外伤害或职业病而负伤、致伤、死亡的劳动者及其家属提供物质帮助的一种社会保障制度。

由于工伤保险所保障的是劳动者因工伤亡事件,按照一般民事法律原则,它应该属于企业及国家机关、事业单位责任赔偿的范畴,保障标准一般较高,并按工伤损害的后果分为死亡赔偿(如遗属赔偿、丧葬费补助等)、伤残赔偿(如本人伤残补助、家属补助、生活护理补助等)及医疗待遇(医疗费用、医疗护理、假肢等配置补助等)。在基金筹集上,由受保者所在单位缴纳,劳动者个人不必缴费。

社会保险不同于商业人身保险。商业人身保险是由保险公司经营的商业性保险中的一个重要种类,它是以人的生命或身体为保险对象,在被保险人因疾病或遭遇意外事故而致伤残、死亡、丧失工作能力或年老退休或保险期满时,由保险公司根据合同规定付给医疗费或保险金补偿的一种制度。两者的区别如下。

一是两者的指导思想和实施原则不同。社会保险建立的指导思想是通过对社会劳动者提供基本生活保障,以维系劳动力再生产、维持社会经济的正常运转。它是国家通过立法强制实施的一项基本社会政策和劳动政策,不能以营利为目的。商业人身保险建立的指导思想是通过经济补偿手段吸引大量游资,在为被保险人提供相应损失补偿的同时,积聚一定数量的建设资金,并通过资金转投获取尽可能大的增值,它是一种商业性经营活动,因此必须以营利作为主要目的。

二是两者的权利义务对等关系不同。社会保险的政策性和非营利性,决定了它实行权利和义务基本对等,劳动者只要参加社会劳动,履行了法律规定的一般劳动义务,就有权利享受社会保险待遇,且劳动贡献大小或个人交纳保险费的多少,与保险待遇没有严格的对等关系。商业人身保险实行权利与义务严格对等,即认为是任何一个有责任能力的公民或法人都可以买到权利,而且"多投多保,少投少保,不投不保",即被保险人享受保险金的多少,要以其是否按期、如数交纳合同规定的保险费以及投保时间长短为唯一依据。

三是两者的对象和作用不同。社会保险以社会劳动者及其供养的直系亲属为保险对象,主要作用是保障劳动者在丧失劳动能力或失业时的基本生活需要,维护劳动力再生产。并且保险基金的征集和支付是对社会收入再分配的一种干预,还可以起到调节收入悬殊,实现社会公平的作用。商业人身保险则以全体国民为对象,其作用主要是在被保险人遭遇规定保险事故时给予对等性的经济补偿,只能部分解决被保险人临时性的紧急要求。

四是两者的保障水平不同。社会保险保障水平的确定,是以维持劳动者基本生活和实现社会安定为出发点,考虑劳动者原有生活水平、社会平均消费水平、在职职工平均工资的提高幅度、物价上涨的影响和国家一定时期财政上的负担能力。其水平的确定采取有利于低收入劳动者的原则。商业人身保险的保障水平完全取决于被保险人所交纳保险费的多少和实际损失的性质。其保障水平的确定采取有利于高收入社会成员的原则。

五是两者的管理体制和立法范畴不同。社会保险是以各级政府的主管部门和下设的社会保险事业机构直接实施管理的,国家财政对社会保险的财务需要负有最后的保证责任。社会保险属于劳动立法范畴。商业人身保险则由自主经营的各级保险公司自行经营,财务上实行独立核算,自负盈亏。商业人身保险属于经济立法范畴。

(2) 社会救济

社会救济也称社会救助,是国家和社会对不能维持最低生活水平的社会成员,按照法律或行政规定的标准进行物质援助的一种社会保障制度。社会救济包括灾害救济、贫困救济、扶贫计划和特殊救济等几大项目,每个大项目中还包含若干具体项目,如图2-2所示。社会救济的经费来源于国家财政拨款(包括中央财政和地方各级财政),同时还有社会募捐等筹资渠道。

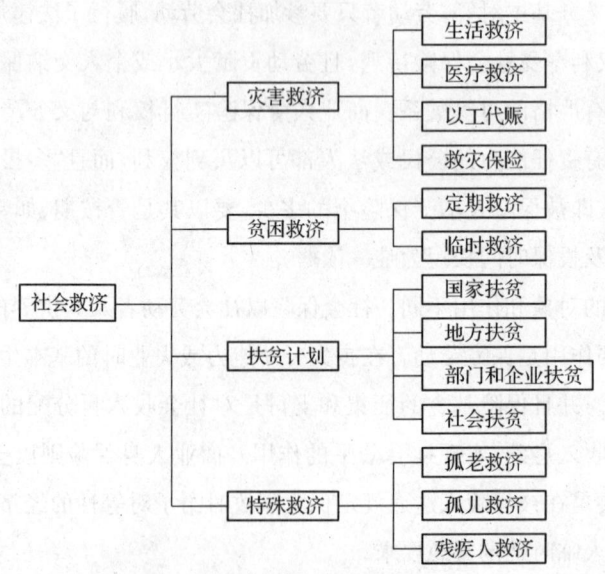

图2-2 社会救济的主要内容

第一,灾害救济。它是指国家和社会对因灾害造成生存危机的社会成员进行抢救与援助,以使其脱离灾难和危险并维持其最低生活水平的一项社会救济工作。它主要包括生活救济、医疗救济、以工代赈、救灾保险等内容。其中,生活救济和医疗救济是解决灾民临时生活困难和防止疾病蔓延的主要救济手段;以工代赈是以组织受灾成员参加一定的社会劳动为条件,以发放工资和实物的形式来救助灾民;救灾保险则是由政府出面组织,以政府财政供款和社会筹资作为经济后盾,为灾民提供灾后生活基本保障的救助措施。

第二,贫困救济。它是为了解决城乡部分社会成员生活困难的社会救济措施。其经费来源于政府拨款,享受条件是这些社会成员的收入必须低于一定的生活水平。根据救济对象的具体情况,贫困救济又可以分为定期救济和临时救济。

第三,扶贫计划。扶贫计划实质上属于贫困救济的范围,但因它既面向生活贫困的社会成员,更强调面向贫困地区,且大多采用无息或低息有偿的救济方式实施,故而单列为社会救济中的主要项目之一。扶贫计划的资金来源于国家财政预算拨款(包括中央政府和地方各级政府)和有关部门及社会的援助,其目的在于改变贫困地区的落后面貌,使贫困户脱贫致富。扶贫计划包括国家扶贫、地方扶贫、部门和企业扶贫、社会扶贫等项目。

第四,特殊救济。它是面向社会脆弱群体的一项社会救济措施。其保障对象是无依无靠、无生活来源的孤老残幼者。特殊救济包括孤老救济、孤儿救济、残疾人救济等项目。

如果说社会保险的目标是预防风险,社会福利的目标是提高生活质量的话,那么,社会救济的目标则是克服贫困,这是社会救济最基本的特征。除此之外,社会救济还有以下特征:一是权利义务单向性,只强调国家和社会对社会成员的责任和义务;二是标准是低层次的,即社会救济以能维持最低限度的生活水平为目标;三是对象的限制性,只有符合条件且陷入生活困境的社会成员才有资格享受救助。

(3) 社会福利

社会福利是指国家和社会通过社会化的福利设施和有关福利津贴,以满足社会成员的生活服务需要并促使其生活质量不断得到改善的一种社会政策。这一概念包括以下几层含义:① 国家(通过政府有关职能部门)和社会(通过从事福利事业的社会团体)是社会福利的责任主体,国家通过颁布相关法律对各项福利事业进行规范(如我国颁布过《残疾人权益保障法》、《老年人权益保障法》等法律或法规),政府通过有关职能部门对社会福利事业进行监督与管理,并承担着相应的拨款补贴责任;② 社会福利与其他社会服务相比,其本质主要体现在经济福利性上,是难以采取市场调节的社会公共领域,政府的政策扶持往往是其生存、发展的必要条件;③ 社会福利的基本目标不仅仅是要保障人们的基本生活,更重要的在于不断满足人们日益增长的物质文化生活需求,提高人们的生活质量。

在一些国家和学者的著作中,社会福利是一个内涵深广的大概念。在美国,流行的定义是:社会福利是为了保证个人以及集团成员拥有平均的生活水准和身体健康而提供的各项社会服务和有关制度的组织体系。著名的弗里德曼教授在其《自由选择》一书中明确指出,社会福利包括社会保障(Social Security)、公共援助(Public Assistance)、房屋津贴(Housing Subsidies)和医疗保健(Medical Care)。在英国,社会福利被定义为是为了保障全体国民的物质的、精神的社会最低生活水准而由政府和民间提供的各项社会服务的总和。在我国的台湾、香港地区,社会福利也是一个大概念。曾任台湾"中央研究院"院士的于宗先认为,广义上的社会福利应当包括医疗保健、国民就业、社会保险、福利服务、社会救助、国民住宅、环境保护等体系。1975年台湾"行政院经济建设委员会"所发表的社会福利指标包括经济状况、个人发展、社会均等、生活环境、教育文化、社会安全(保障)与福利、卫生保健等。在台湾"行政院主计处"所编的社会指标统计中,则将社会福利分为公务人员保险、退休人员保险、私立学校教职员工保险、农民健康保险、劳工保险、全民健康保险、人寿保险、社会救助、残障福利、妇女福利、老人福利和儿童福利等。香港也将综合援助、社会服务等纳入社会福利范畴。①

社会福利按不同的社会阶层和社会成员设置众多的具体项目。既有社会性的福利补贴,又有职业性的福利待遇;既有国家直接举办的福利项目,又有民间团体和志愿机构举办的福利项目;既有现金、实物援助的福利,又有劳务形态上的福利;既有保障社会成员基本生活的职责,也有改善和提高社会成员生活质量的任务。因此,社会福利是随着社会经济不断发展而日益壮大的社会保障事业,它在我国现

---

① 郑功成.社会保障学[M].北京:商务印书馆,2004:21-22.

阶段处于仅次于社会保险的地位。

在我国,社会福利是社会保障制度中项目最多的一个内容,主要包括残疾人福利、老年人福利、儿童福利、妇女福利、职业福利、住宅福利、教育福利、社会补贴和社区服务等项目,每一项目下又分为若干子项目,如图2-3所示。

图2-3 社会福利的主要内容

第一，残疾人福利。它是国家和社会为保障残疾人的生活和身心健康，改善残疾人的生活条件，帮助残疾人就业而开展的社会福利事业。我国目前一般所称的残疾人，是指因视力、听力、言语、肢体、智力缺损等生理或心理上的缺陷而造成工作、生活、学习困难的障碍者。残疾人福利包括：大力兴办福利企业，安排残疾人就业，对福利企业在生产、经营、技术、资金、税收、销售等方面给予全面扶持；建立残疾人康复中心；建立残疾人福利院；建立残疾人就业培训中心；组建盲童学校、聋哑学校、弱智学校；向残疾人免费提供身体健康检查；免费提供假肢等。

第二，老年人福利。它是为满足老年人的某些特别需要而举办的社会福利设施和服务项目。该项福利面向全体老年社会成员，以提供老人收养服务、护理服务和保健服务等为主要内容，如开办社会福利院、敬老院、老年公寓、老年活动站、老年保健康复站等。对于无依无靠、无生活来源的孤老，实行免费收养并提供各种服务；对于有退休金或有生活来源的老年人，则可以适当收取费用，以维持这项社会公益事业的不断发展。

第三，儿童福利。它是国家和社会为保障少年儿童生活和身心健康发展，改善儿童生活条件而制定的各项福利政策和兴办的社会福利事业。该项福利面向全体未成年人，它主要通过兴办托儿所、幼儿园、孤儿院、儿童保健站等社会福利设施为儿童提供多种福利服务。同时，根据国家的人口政策，对独生子女实施现金补贴（2016年国家全面实施二孩政策后，原独生子女补贴发放政策已取消），并在国家财政支持下为全体儿童提供防疫保健服务。除了孤儿是由国家和社会集中供养外，其他儿童福利一般以收取低费为特征。

第四，妇女福利。它是国家和社会为保障妇女生理和职业特殊需要而开展的社会福利事业。妇女福利包括：建立妇女保健中心，对妇女孕期及妇科疾病定期检查；建立孕妇休息室、哺乳室，妥善解决妇女在哺乳、照料婴儿等方面的困难；为育龄妇女提供孕妇、产妇福利津贴等。

第五，职业福利。该项福利是劳动者的福利项目，它与劳动者所从事的职业有关，主要包括各种生活福利津贴、集体福利设施以及休假、免费旅游等福利待遇。职业福利项目的多少和水平的高低，取决于劳动者所在单位的经济效益或收益来源状况。

第六,住宅福利。它是指国家和集体为保证劳动者享有居住条件,在购房和租房方面给予的优惠。它主要面向城镇居民,包括建立住房公积金、低息贷款购房,对低收入家庭给予房租补贴,由政府建设公房为有住宅困难居民提供生存空间等内容。

第七,教育福利。它是以免费或低费方式向公民提供教育机会和教育条件的社会福利项目。该项福利主要包括义务教育津贴,大专院校的助学金、奖学金、贷学金,以及职业培训津贴、度假优惠购票等内容。教育福利的经费主要来源于国家财政预算拨款、企业和社会捐赠等。

第八,社会补贴。它是指国家对农副产品价格的补贴,以及为平抑物价而投入的各种政策性补贴。它虽然具有隐蔽性且不利于市场经济条件下价格机制的形成,但社会补贴在短期内不会马上取消。

第九,社区服务。它是指在一定层次的城乡社区内,建立在自愿、自治、自助、互助基础上的既面向全体社区成员,又突出重点对象和特殊需求的福利性服务。其中以有特殊困难的老年人、残疾人和贫困户为重点对象,同时又照顾对社会有特殊贡献的烈军属、荣誉军人和劳动模范的特殊需求。社区服务的资金来源于社会赞助、社会经济收入、政府资助和一些有偿服务收入。在农村,社区服务表现为:以帮助贫困户、受灾户治贫致富为主的救灾扶贫服务;以开办福利工厂,安置有一定劳动能力的残疾人就业为主的残疾人就业保障服务;以开办敬老院等形式,为年老丧失劳动能力的农民提供基本生活保障;以开办家庭财产保险、牲畜合作保险、农作物保险、人身伤害保险和合作医疗保险为重点,为村民财产安全和身体健康所提供的保障服务。在城镇,社区服务主要有:满足老人特有需求的老人服务;满足残疾人特有需求的帮残服务;丰富校外活动、加强校外管理的青少年服务;以拥军优属为主旨的优抚服务;有关家务劳动的家庭服务;倡导移风易俗的民俗改革服务;优化家庭生活、家庭关系的家政教育服务;以治安、调解、维护社会秩序为目标的综合管理服务;提供精神安慰的心理咨询服务;从事婚姻介绍、婚姻管理的婚姻服务;满足法律、卫生等方面信息要求的咨询服务;其他各种方便居民生活的便民服务等。

(4) 优抚安置

优抚安置是优待抚恤和军人安置的简称。优待抚恤是国家和社会对现役军人、革命伤残军人、复员退伍军人、革命烈士家属、因公牺牲军人家属、病故军人家属、现役军人家属等优抚对象实行的优待、抚恤,给予物质照顾和精神鼓励。军人安置是对特定对象或生产、生活有困难的军人的扶持、帮助,安置对象包括复员退伍军人、军队离退休干部及随军家属。优抚安置包括军人社会保险、军人抚恤、军人社会福利、军属社区援助和军人就业保障等项目,每个项目下又分为若干子项目,如图2-4所示。

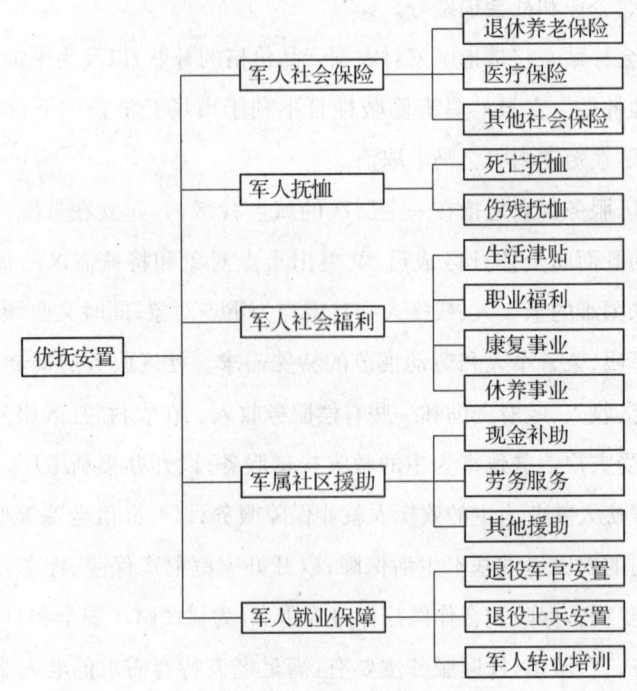

图2-4 优抚安置的主要内容

(5) 社会互助

新中国成立后,发扬互助精神成了社会风尚。但是,我们过去并没有把社会互助列入社会保障制度之中,党的十四届三中全会在《中共中央关于建立社会主义市场经济体制若干问题的决定》中第一次明确地把社会互助纳入社会保障制度。如果说社会救助是政府依法对低收入人群和因病因灾而发生生活严重困难的人群的帮助和救济,是一种政府行为,那么,社会互助就是相对于政府行为的一种民间行为,也可称为民间救助。在救助工作中,政府行为的社会救助是主要的。但是,不管政府帮困救助的投入有多大,力度有多强,政策覆盖面有多宽,社会上总会有一部分人,他们的困难是属于政策暂时还没有覆盖到的,是政策规定的解决范围之外的;总有一些困难人群虽然按规定得到了部分救助,但仍因力度不够,没有能够完全解决实际困难。这就需要社会互助。社会互助是社会救助的补充,在当前我国社会经济发展水平还比较低的情况下,大力开展社会互助具有十分重要的意义。社会互助的形式有:工会、妇联等群众团体组织的群众性的互助互济;以慈善帮困为宗旨的各种基金会的帮困救助;市红十字会的备灾、救灾工作;单位、社区和党团组织发动的形式多样的送温暖、献爱心活动;大众传媒对特殊困难者的个案报道所引起的群众性的自愿援助等。

(6) 个人储蓄积累保障

个人储蓄积累保障主要是通过个人或家庭参加商业保险或把日常开支的节余部分存入银行以备不测之用的一种保障,它是传统的家庭保障的延续。商业保险是一种性质复杂的金融活动。开设保险公司的主观意图是为了从投保人的保费中赚取盈余,但要达到这个目的,又必须补偿投保人在遇有意外时所遭受的经济损失,因而在客观上具有为社会补偿损失的社会保障功能。商业保险是以合理计算、共同分担风险金的方式来实现互助互济的一种社会保障。个人储蓄虽然是一种个人行为,但它实际上是社会保障的一种必要的补充。由于目前我国的社会保障水平还比较低,所以,个人储蓄和商业保险将在整个社会保障制度中发挥巨大的作用。

4. 社会保障的特征

作为国民经济的保障系统,社会保障制度首先是一种经济保障,即从经济上保障国民的生活,它通过现金给付或援助的方式来实现;其次是一种服务保障,即当代社会还需要适应家庭结构变迁与自我保障功能弱化的变化趋向,满足国民对有关生活服务的需求,如养老服务、康复服务等。社会保障具有以下特征。

(1) 保证性

社会保障是社会按照一定时期生产力的发展水平,对生存发生困难的社会成员的基本生活需要给予切实的物质保证。社会保障具有保证性的特征,就是使社会保障成为社会安全制度,为社会成员提供一种"安全感",是整个社会稳定的基础。这种保证性，就是建立以社会化为标志的生活安全网，来消除竞争机制运行中产生的不安定因素及其所引起的社会震动。

(2) 普遍性

作为社会保障，必须具有普遍性的特征。社会保障对社会成员来说，应不分城市和农村，不分部门和行业，也不分就业单位的所有制性质或有无职业，只要生存发生了困难，原则上都应普遍地无例外地给予其基本生活的物质保障。社会成员之间，只存在着保障基金的筹集方式，保障的范围、项目、标准以及采取的形式等方面的不同，而不存在社会保障的差别。

(3) 公平性

社会保障是公平分配的机制，实现公平分配是社会保障追求的主要目标。社会保障资金虽然不是绝对地平均，但社会成员在享受社会保障的机会和权利方面带有较大的机会均等和利益均沾的特征。凡是社会成员在生存发生困难时，都有均等地获得社会保障的机会和权利，而且每个社会成员从社会保障中获得的物质帮助是大体均等的。

公平性还表现在其促进整个社会分配趋于公平，在商品经济中，由于人们在劳动能力、社会机会和家庭负担上的不同，必然会产生个人收入和家庭生活富裕程度上的差别和不平等，如果再遭受风险，社会分配差距会进一步扩大。社会保障可以通过法律手段，强制征集保障基金分配给他们，在一定程度上弥补了个人收入分配上的不平等，从而有利于实现社会分配公平。

(4) 储存性

社会保障资金无论来自必要劳动，还是剩余劳动；无论是国民收入的初次分配，还是国民收入的再分配渠道所形成的，都需要先行扣除、缴纳和储存，然后进行分配和使用。这就是说，劳动者在能够劳动的时候，社会就将其所创造的一部分价值逐年逐月进行强制性扣除，储存起来，待劳动者丧失劳动能力和失业时根据实际需要再进行分配和使用。社会保障基金不进行扣除和储存，社会保障就得不到切实可靠的保证。

(5) 互济性

这是指社会保障金在筹集和分配使用中统筹互助互济的特征。这是因为，每个劳动者遭遇的特殊情况不一样,社会保障的需要量也不一致,有多有少,因而每个劳动者的社会保障资金的扣除、储存和分配、使用,在数量上、时效上是不相等的。有的人分配使用数可能多于扣除、储存数,有的人分配使用数少于扣除、储存数,这样在劳动者之间进行了互相调剂,发扬了劳动者之间的互助互济的精神。

(6) 鼓励性

社会保障中的某些项目,如对暂时或永久丧失劳动能力的劳动者的物质保障,要与过去的劳动贡献挂钩,体现一定的差别。劳动时间长、劳动贡献大的,物质保障的待遇就高一些,这样能够鼓励劳动者在职时积极劳动,为社会多做贡献。在社会救助和残疾人等福利保障方面,对残疾人和无固定职业、无固定收入的社会成员,既给予基本生活保障,又根据不同的特点安置就业,鼓励他们从单纯的接受社会救济变为既接受救济又积极地参加力所能及的劳动。对于因自然灾害及其他原因处于贫困状态的社会成员,在给予物质保障的同时,鼓励他们发展生产,摆脱贫困,这样可以防止和克服一部分人依赖社会保障,靠在国家和企业身上甘心过穷日子的状况,使社会保障不致成为单纯的消费和社会的负担。

(7) 强制性

现代社会保障是政府通过国家立法,积极干预社会经济生活的产物,社会保障的强制性主要表现在:每一位社会成员,只要符合社会保障有关法律的规定,都必须参加社会保障并受其保障;社会成员对参加社会保障项目、待遇没有自由选择权,社会保障机构无权拒绝社会成员享受其权利的要求或随意变换项目、调整标准;社会保障基金的筹集都以立法的方式来强制保证实施。

5. 社会保障制度的分类

迄今为止,世界上已有将近150个国家建立了社会保障制度。但由于世界各国的社会制度、经济实力和文化背景等不同,各国推行社会保障制度的时间有先有后,有长有短,在政策取向、制度设计、项目多寡、具体标准及实施办法等方面既有共同点,也有差异之处。因此,按照不同的标准可以区分为不同的类型。

(1) 根据保障对象的不同,可以分为普遍保障制和选择保障制

所谓"普遍保障制",是指全体居民和公民,以及达到一定居住年限的侨民,不

论其有无收入和是否就业,均可享受特定的现金补助或免费服务。所有居民只要达到一定的年龄,均可申请享受老年、伤残遗属、医疗等年薪和津贴。资金来源于纳税人的纳税和政府财政拨款。实行这种模式的主要是北欧国家和澳大利亚。

所谓"选择保障制",是指对工薪者和有收入者实行社会保险,对低收入者实行社会救助,对残疾人等特殊对象实行津贴。被保险对象享受的年金或其他保障待遇的标准,与其交纳保险费的年限和标准有关,基金来源于雇员、雇主交纳的保险金,政府给予一定的财政补贴。社会救助以官方机构或者指定委托的调查机构的家庭经济调查为依据,对收入在政府规定的最低收入标准以下者,提供低水平的救济,享受特殊津贴者如残疾人必须符合国家规定的特殊条件,资金由政府财政拨款。世界上大多数国家均采用这一制度。

(2) 根据社会保障资金筹资方式的不同,可以分为基金预筹制、现收现付制和部分积累制

所谓"基金预筹制",是指国家立法强制执行的用于保障社会成员收入中断或遭遇意外风险时基本生活的资金储蓄制度,多用于养老保险项目。预筹的基金来源于雇员和雇主的交纳及基金运营的收入,国家一般不提供资助,但立法保证资金的安全运营,使之保值增值。受保人享受的保险金额,完全取决于其交纳的保险金的标准和年限。

所谓"现收现付制",是指政府根据当前一定时期内社会保障经费支出需要,确定社会保障税率或交纳比例以支定收,不作节余。资金一般由雇员和雇主负责,国家给予一定的补贴。受保人享受的保障标准与其就业年限及工薪水平有关。

所谓"部分积累制",是指现收现付制与基金预筹制相结合的模式,一般以现收现付为主,同时留有一定比例的基金积累。

(3) 按照责任主体的不同,可以分为社会责任制、国家责任制和雇主责任制

所谓"社会责任制",是指一种社会化程度较高的社会保障模式。政府只承担立法、决策、协调、监督的责任,在资金筹集方面并不包揽过多。保障对象为全体居民或公民,资金由雇主或集体,雇员或个人共同负担,政府提供少量补贴。基金由专门的金融机构组织管理和使用,国家给予法律保护和政策优惠,以保证基金保值或增值。基金事业的管理由受保人、雇主或集体、社会团体、地方政府共同参与。

服务性保障由公益型组织、社会团体和志愿者提供。

所谓"国家责任制",是指国家高度管理的高就业、高福利、高补贴模式。保障对象主要以公职者为主,公民一旦进入公职者阶层,即可享受如医疗、养老等保障。资金从劳动成本中预先扣除,个人不需要交纳费用。这一模式在管理上社会化程度较低。

所谓"雇主责任制",是指国家通过立法强制雇主对雇员承担社会保障的责任,为雇员在遭受特殊事故时提供专门补助和支付解雇赔偿金,对年老退职的职员一次性支付退职金。

（4）按照社会保障的管理体制,可以分为由政府直接管理和由自治性的协会管理两种形式

政府直接管理又可分为两种情况。一是在政府内成立一个专门管理社会保障的部门,统一管理全国的社会保障工作。例如,英国成立了卫生与社会保障部,并通过其地区和地方办事机构管理社会保障。二是由政府的几个有关部门分工管理和监督一个或几个社会保障项目,如卫生部门分管医疗保险,劳动部门分管职工的工伤和失业保险等。

自治性的协会管理,是指政府指定一两个中央政府部门进行一般监督,由自治性的各种协会在国家法律规定的范围内管理各项保险业务。例如,法国由社会和全国团结部颁布社会保险法规,并进行一般监督。法国管理各项社会保险的具体情况是:养老保险,由全国养老保险基金会管理;伤残、疾病保险,由全国疾病保险基金会管理;失业保险,由卫生和社会保险部进行一般监督,由劳资双方组成的就业组织理事会负责管理。

（5）按照对受保人提供的经济保障的不同,可以分为收入保障和实物保障两种类型

所谓"收入保障",是指以给受保人发放补助金的形式提供的保障。如养老金,遗属补助金,伤残抚恤金,等等。

所谓"实物保障",是指以服务的方式给受保人提供的保障,如住院治疗和照顾康复服务,等等。

6. 社会保障的功能和作用

社会保障作为国家依法强制建立的保障国民生活和社会稳定的系统,它是政府的一项社会政策和实行国民收入再分配的工具,是经济发展到一定阶段的产物,而且它一经产生,就在社会生活中发挥巨大的功能和作用。

(1) 保障社会稳定

为了保持社会稳定,每个国家都要采取各种措施。各个国家因为社会制度和国情的不同,所采用的措施也有所不同。但社会保障是被普遍采取的措施之一,由国家统一管理并组织实施,避免社会成员因各种原因陷入生存困境而产生破坏或报复性行为。在国外,社会保障制度被称为"安全网"和"减震器",社会保障的安全作用与需要程度被比作维持生命的面包、盐和水。由此可见,为适应社会化大生产需要而建立起来的社会保障制度,其基本功能和作用是保障社会稳定,可从以下几方面分析。

第一,社会保障首先是为统治阶级稳定社会服务的。

从社会保障制度的起源看,现代意义的社会保障起源于19世纪80年代的德国。当时由于社会主义思想的传播和工人运动的高涨,德国的阶级矛盾非常尖锐,俾斯麦首相实行镇压与安抚的两面政策,一方面通过了对工人运动实行坚决镇压的法令,另一方面又通过了三部社会保险立法。当时德皇威廉一世发布第一个保险立法时就直言不讳地说:"不应只采用镇压办法,而且应当采用积极的、注意改善工人福利的办法。"俾斯麦也宣称:社会保险是一种消除革命的投资,一个期待养老金的人是最守本分的,也是最容易被统治的。

由此可见,社会保障首先是为统治阶级稳定社会服务的。

第二,社会保障制度在一定程度上缓和了阶级矛盾。

从社会保险的发展来看,西方发达国家社会保险的大规模发展是在1929—1933年大经济危机以后,危机造成了千百万人的失业,使得社会更加动荡不安,为了缓和经济危机所加剧的社会矛盾,西方国家相继推行包括社会保险在内的改良主义政策,实行全面的社会保障,从而使社会保障制度发展到了一个新阶段,阶级矛盾有所缓和。

从中国历史的发展来看,凡是在发生大灾之后,老百姓无法生存,农民起义就会此起彼伏,造成国内混乱,甚至导致改朝换代。相反,如果统治者平时注意积累,体贴民情,救灾得力,即使发生大灾,国内阶级矛盾也较缓和,能够保持社会的稳定。

正反两方面经验教训告诉我们,社会保障制度有助于缓和阶级矛盾,保持社会稳定。

第三,社会保障在一定程度上调节供给和需求,抑制经济波动,保障社会稳定。

社会保障主要是对由于失业、伤残、疾病、年老等原因生存发生困难的社会成员及其家属,提供基本生活保障而建立起来的一种社会制度。当市场疲软时,投资下降,就业机会减少,职工的收入和消费相应减少,而这时国家就会对失业和生活困难的人提供失业救济和生活补贴,社会保险的开支增加,这样就会在一定程度上弥补社会需求的不足,对经济衰退起到抑制和缓解的作用。反之,当经济高速发展,生产扩大,就业增加,收入提高,大部分人的实际收入高于社会救济标准,这时社会保险的支出便会自动下降,从而起到抑制社会总需求的作用,有力地缓解因经济过热而引发的通货膨胀。由此可见,社会保障制度具有经济调节功能,是抑制经济波动的稳定器。

由上面分析可以看出,社会保障制度是为统治阶级稳定社会服务的,有利于缓和阶级矛盾,调节供给和需求的平衡,使劳动者获得基本的生活保障,从而在很大程度上消除社会不安定因素,保障社会的稳定。

(2) 保障社会公平

实现社会公平是人类追求的目标,而社会保障是公平分配的机制,实现公平分配是社会保障追求的主要目标。社会保障有利于保障社会公平,主要体现在以下几方面。

第一,社会保障对社会成员的公平。

社会保障对社会成员来说,应不分城市和农村,不分部门和行业,也不分就业单位的所有制性质或有无职业,只要发生了困难,原则上都应给予基本生活的物质保障,也就是说,在社会保障制度中,不存在任何特殊的阶层。

社会保障制度给社会成员提供了公平的竞争机会。其目的是在社会成员遭受困难时给予基本的生活保障,消除其后顾之忧,使其能积极地参与公平竞争。例如通过对下岗失业者提供失业保险及职业培训,既保障了失业者的基本生活,又给其提供了重新参与市场竞争的公平的机会。

第二,社会保障通过调节公民的收入,保障社会公平。

社会保障制度通过调节劳动者个人收入之间过大的差距,使之保持在一个适度的水平上,从而实现人们对社会公平的普遍要求。例如,西方一些国家通过征收社会保障税来充实社会保障基金,要求高收入者多缴纳税款,低收入者少缴纳税款,这样来调节公民收入,保障社会公平。另一方面高收入家庭享受的社会保障待遇少,低收入的贫困家庭享受的社会保障待遇较多,这样国家通过各种税收所征集的保险费等,再分配给低收入者或丧失收入来源的劳动者,帮助他们渡过难关,这不仅能够弥补工资分配在"事实上的不平等",也在某种程度上实现了社会公平分配,从而保障社会公平。进入21世纪后,我国已经进入工业反哺农业的时代,农业和农民对我国工业化的历史贡献已经完成,无论从政治稳定、经济结构调整,还是从国民待遇的公平等各个角度,都需要我们认真考虑农村社会保障问题,否则就偏离了社会公平的轨道。

(3) 保证和促进劳动力再生产

人的一生中老、病、死、伤、残在所难免,特别是劳动者在劳动过程中,不可避免地会遇到疾病、意外伤害以及失业的威胁,影响身体健康和正常的劳动收入,从而使劳动力的再生产受到影响,社会保障制度为在生产中暂时或永久丧失劳动能力者及其家属提供物质帮助,使劳动者在遇到上述情况时可以获得必要的物质保障,使劳动力再生产得以顺利进行。例如医疗保险对职工提供的医疗补贴和必要的治疗服务,相当于"劳动能力的修理费用";失业保险所提供的保险金和培训费,除了能保障失业者的基本生活外,还能重新培养劳动者的技能,使劳动者不致因失业而落伍;生育保险使女职工能早日恢复劳动力,使新的劳动力得以延续。

劳动力的再生产是社会再生产的基础,生产的发展和劳动生产率的提高,不仅取决于劳动力的维持和延续,还取决于劳动力素质的提高,社会保障制度能减轻劳动者在遇到风险时本人和家庭的经济压力,从而使劳动者能把一部分钱用于本人和家庭子女的智力投资,提高劳动者的素质。

(4) 促进社会经济的发展

社会保障与社会经济的发展是相互影响、相互促进的。一方面,社会保障制度的建立和完善离不开社会经济的发展,现代社会保障制度就是社会化大生产发展的产物;另一方面,社会经济的发展离不开完备的社会保障制度,社会保障能够促进经济的发展。从人类社会的发展历史和现状看,越是发达的国家,就有越是发达完善的社会保障制度,越是想发展的国家,就越是要首先发展社会保障事业。社会保障制度除了前面所述通过保证和促进劳动力的再生产,提高劳动者的素质以及保障社会稳定,给社会经济发展创造一个稳定的社会环境来促进社会经济发展之外,它还是政府客观经济调控的工具,通过调节社会需求、社会消费结构,积累建设资金,促进社会经济发展。

1929—1933年资本主义世界出现了严重的经济危机,工业生产下降,失业人口增加,凯恩斯认为造成这一危机的原因是"有效需求"不足,因而要彻底解决这些问题,政府必须扩大财政开支,刺激需求增加。战后,凯恩斯主义在西方国家风行一时,他们把扩大社会保障规模作为增加需求的重要途径,把社会保障制度作为政府宏观调控的经济工具,调节社会需求、社会消费结构,促进社会经济发展。

社会保障在这方面作用主要体现在以下几方面。① 由于社会保障津贴、社会救济等主要是支付给低收入者,所以,其中的大部分可立即被用于购买消费品,因而在刺激消费需求方面效果非常显著。② 社会保障支出在需求调节方面具有"自动稳定器"功能,即当经济衰退、失业及贫困人口增加时,社会保障制度所承诺的津贴、救济、保险金的支出相应增加,而当经济景气时,失业及贫困人口开始减少,这些支出也就随之减少。③ 社会保障还能够均衡消费。例如:社会保险将劳动者有工作能力时的收入收取一部分用于积累保险基金,抑制了消费,在收入中断时,又从社会保险基金中领取一部分,有利于均衡消费,维持一定的社会购买力,促进社会经济的发展。

社会保障制度还能为经济增长筹集资金,促进社会经济的发展。由于基金式的社会保障制度具有较强的储蓄功能,国外许多国家,特别是发展中国家都十分重视利用基金式社会保障制度增加本国储蓄,为经济发展筹集资金。利用社会保障所筹集的资金,用于投资新建各项社会基础设施,能够弥补资金不足的困难,扩大投资规模,有力地促进社会经济的发展。

第二节 城乡经济社会一体化基本原理

一、城镇概念与城镇架构

前世界银行首席经济学家、副行长,诺贝尔经济学奖获得者斯蒂格利茨2000年在世界银行的一次会议上说:"中国的城市化与美国的高科技发展将是深刻影响21世纪人类发展的两大课题。"城镇的产生是社会生产力提高的产物,是社会分工发展的结果。早期城镇产生于原始社会末期、奴隶社会初期。在我国古代,城最早是指围绕在人类聚居区域四周用作防卫用途的环形城垣,"内之为城,城外之为廓","而古之为市者,以其所有易其所无者",是以物易物的交换场所。城与市的结合,使城除了具备原有的防御功能外,还成为商品交换的场地,具有交易功能,形成了真正意义上的城市。镇本来以军事职能为主,在宋代以后演变为县以下的、以贸易功能为主的小商业都市,从清末开始成为县以下与乡平行的行政区域单位,现多为基层行政单位。

马克思从城镇与乡村的对比中认为,城镇本身表明了人口、生产工具、资本、享乐和需求的集中,而在乡村里所看到的却是完全相反的情况。从区域经济学角度讲,城镇还是区域经济的增长中心,它通过集聚和扩散机制带动区域经济发展。因此,一般认为,城镇是生产力发展到一定阶段的产物,是人口密集、经济密集的社会有机体,是区域发展的中心。城镇从其外延上看,包括城市与镇,两者在现实表征上的差别主要体现在人口规模上。

而城镇体系包括空间结构和职能结构。城镇体系的空间结构是指镇体系内各个城镇在空间上的分布、联系及组合状态,是城镇的地域分布状态。可以这样认为,城镇体系空间结构是研究一个区域城镇体系的点(城镇)、线(城镇之间的联系通道,主要是交通线)和面(城市与区域)三要素由于空间相互作用而在空间上形成的组合关系。从本质上讲,它是一个国家或一定范围内经济和社会物质实体的空间组合形式,也是地域空间结构、社会结构和自然环境(包括自然条件和自然资源)对地域中心的空间作用结果,即一方面是各地区社会、经济、人口和历史等人文因素综合作用的结果,另一方面则又是受地理条件深刻影响的反映。对城镇体系的空间结构的表示一般从城镇分布密度、城镇间联结形式和总体形态特征三方面来反映;而城镇体系职能结构是指区域内各城镇的职能构成及其在区域发展中所起的作用。城镇职能是城镇的经济、社会和文化等因素的集合,由于要素的不同组合,形成城镇为区域服务的职能特点。城市职能可以分成一般职能和特殊职能。一般职能是指集聚于城市中的生产、流通、分配、文化、教育、社会、政治等项活动中为每个城市都必备的那一部分职能。特殊职能是指那些不可能为每个城市都必备的职能,基于特定地域的自然历史条件而具备的特殊职能,如采矿业、加工工业、旅游观光业以及各种门类的科学研究活动。

二、城乡关系与城乡一体化理论

城市和乡村是历史的动态概念。城乡关系自产生以来就是一种既相互联系又相互对立的经济社会关系,城市的产生过程就是城乡分离和对立的运动过程。城市是社会分工不断扩大、社会生产力发展到一定阶段的产物。经过第一次社会大分工,农业和畜牧业的分离,迁徙流动的人群逐步转向定居,形成了原始村落,为城镇的产生奠定了基础;第二次社会大分工,农业和手工业的分离,使商品交换得以发展,逐步形成了集市或比较固定的交易场所;第三次社会大分工,手工业和商业的分离,出现了商贸业和商人,由此基本完成了城镇的产生过程,进而出现了城乡关系。马克思在《资本论》中概括地指出:"一切发达的、以商品交换为媒介的分工的基础,都是城乡的分离。可以说,社会的全部经济史,都概括为这种对立的运动。"马克思关于城乡对立运动的思想不仅精辟深邃,而且包容性很大,即不仅概括了当今的发达国家在早先大工业初期的城乡对立运动,也包容了当今发展中国家的二元经济结构及对立运动关系。这比当今西方发展经济学家威廉·阿瑟·刘易斯提出的二元结构论早了近一百年,说明城乡分离是一种历史现象,它既是生产力发展的必然结果,又是生产力水平层次差异的客观反映。这种层次差异随着城镇的发展不断强化,进而形成了城乡二元经济结构。

城乡关系是社会生产力发展和社会大分工的产物,是人类社会的基本关系。狭义的城乡关系是指城乡之间在经济社会发展领域的动态关系。具体来说,城乡关系是广泛存在于城市和乡村之间的相互作用、相互影响、相互制约的普遍联系与互动关系,是一定社会条件下政治关系、经济关系、阶级关系等诸多因素在城市和乡村两者关系上的集中反映。广义的城乡关系大体有以下内涵层次:一是地理学意义上的城市与乡村区位关系,二是经济学意义上的工业与农业关系,三是社会学意义上的市民与农民关系,四是生态学意义上的斑块与基质关系。它们之间的差异,根本上体现为中心与边缘、向心和离心的关系。这里所指的"城乡关系",特指处于中国现代化进程中的城市和乡村在发展过程中所具有的特殊的社会经济发展关系和空间结构演变关系。从世界各国城乡关系演变的历程来看,都大致经历了或者说正在经历着这样的过程:乡村孕育城市,城乡依存;产业革命推动城市化快速发展,城乡分离、对立,城市统治乡村;随着生产力水平的进一步提高,工农产业协调,城乡逐步融合,进入城乡一体化发展阶段。城乡之间的经济关系,主要指城乡在物质资料的生产、交换、分配、消费等方面所发生的各种关系。城市和乡村之间的经济联系从来就没有停止过。在社会分工和经济发展过程中,城镇经济和乡村经济扮演着不同的角色。城市产生的主要原因在于社会分工和交换的发展,随着社会分工的出现,私有财产逐步兴起,商品交换日渐经常化,随之出现交易市场。在交易市场发展成为经济交换中心之后,早期城市随之产生。而伴随着经济的发展,城市和乡村的经济联系越来越密切。城市不仅必须从乡村获得粮食,还必须从乡村获得生产原料以及从事生产的人。而乡村的生产也需要从城市得到资金、技术、商品等。城市和乡村之间的商品、劳务交易也越来越频繁。城镇经济以第二、第三产业为主,拥有密集的人口、劳动力、技术、资本、信息和基础设施,发挥着组织生产、集散物质、流通商品、科技创新、提供高级生产和服务等多种功能;乡村经济以第一产业为主体,具有明显的分散性和自然性,拥有广阔的土地,担负着为地域经济系统的发展提供劳动力和原料的任务。城乡之间的经济关系体现在人才、资金、土地、资源等方面城乡之间的配置情况,体现在城市和乡村、工业和农业之间的商品、劳务交换情况,体现在城市居民和乡村居民在收入、分配、消费方面的差别等。城乡本应是协调互动的关系,但是在城乡二元经济结构下却表现为城乡分割、差距明显的态势,即城乡关系恶化的表现。城乡一体化正是对这种城乡关系的扭转和改变,力争达到一种协调城乡关系发展的高级状态。

城乡一体化是指城乡之间通过资源和生产要素的自由流动,相互协作,优势互补,以城带乡,以乡促城,实现城乡经济、社会、生态、文化持续协调发展的过程,是城市与乡村这两个不同特质的经济社会单元和人类聚落空间,在一个相互依存的区域范围内谋求融合发展、协调共生的过程。城乡一体化涉及社会经济、生态环境、文化生活、空间布局等各个方面,城乡一体化的思想早已存在于马克思主义经典作家关于城乡融合以及对共产主义社会的描绘中。马克思早在100多年前就从历史的角度揭示了城市和农村的相互关系演变过程:"古典古代的历史是城市的历史,不过这是以土地财产和农业为基础的城市;亚细亚的历史是城市和乡村无差别的统一,中世纪是从乡村这个历史舞台出发的,然后,它进一步发展是在城市和乡村的对立中进行的;现代的历史是乡村城市化,而不是像古代那样是城市乡村化。"19世纪起,西方城市学家也对城乡一体化思想进行了相关阐述。比较著名的有英国城市规划学家埃比尼泽·霍华德发表于1898年的《明日的田园城市》。他指出:城市和乡村都各有其优点和相应缺点,而城市一乡村避免了两者的缺点,城市和乡村必须成婚,这种愉快的结合将迸发出新的希望,新的生活,新的文明。霍华德倡导的是一种社会改革思想,即用城乡一体化的新社会结构取代城乡分离的旧社会结构形态,将把城市与乡村两者的要素统一到一个多孔的可渗透的区域综合体,并作为一个整体运行,这种思想曾一度使田园运动成为世界性的运动。霍华德的田园城市理论提供了一种新型的城乡模式。创造完美的社会生活是田园城市理论的核心思想,该理论针对当时英国大城市所面临的问题,提出了用实现土地社区所有制、建设田园城市的方法逐步消灭土地私有制。虽然他的理想城市模式并未得到理想的结果,但他的社会改革思想对现代城市规划理论的形成起到了重要的启蒙作用。

城乡经济一体化,是通过城乡之间生产要素的自由流动和城市对乡村的辐射带动,逐步缩小城乡经济发展水平的差距。从经济学角度看,城乡经济一体化是在生产力发展基础上,统一布局城乡经济,加强城乡之间的经济交流与协作,使城乡生产优化分工、协调发展,进而使城市和乡村形成一个相互渗透、相互融合、高度依赖、共同繁荣的整体系统的过程。可见城乡经济一体化更着眼于城乡经济关系的融合,市场是生产要素、中间产品和最终消费品流通、交换的主要途径和载体,城乡经济一体化要求按照社会主义市场经济体制的要求,构建连接工农、沟通城乡的统一融合的市场体系,以市场机制为基础实现城乡资源的配置,推动资金、土地、技术和劳动力在城乡之间自由合理的流动,提高城乡经济发展的协调性和融合度。这需要改变长期以来实行的城乡二元管理体制,消除限制资源、要素和产品在城乡之间自由流动的各种体制性、政策性障碍,按照建立统一、开放、竞争、有序的现代市场体系的要求,加快发展和培育城乡统一的商品市场和要素市场,建立健全城乡一体化的市场网络。城乡经济一体化的产业发展即根据城市和乡村的不同特质要求和发展优势,打破城乡产业分割,加快城乡产业融合,增强城乡产业关联度,促进城乡产业优势互补,形成城乡紧密联系、分工协作、共生的城乡产业发展格局。横向上,中心城市、中小城镇、农村依据不同的产业发展重点,在经济发展中承担不同的功能;纵向上,通过服务体系从城市向乡村的延伸,农业以产业化途径将加工和销售环节进入城镇,促进三大产业在城乡之间的广泛融合。在后改革时代消除城乡分割、解决经济与社会发展失衡,从而实现城乡经济社会一体化的目标,是当前乃至今后相当长一段时间内的重要内容。因此我们说实现城乡经济社会一体化是后改革时代的关键,但要想实现城乡经济社会一体化发展就需要一个载体去突破长期以来农村人口就业、保障以及受教育不平等和流动受限的问题,而农村社区化必然成为突破城乡经济社会发展失衡的客观要求。

三、城乡社会保障一体化

城乡社会保障一体化是城乡一体化的重要部分,它不是指保障项目和保障标准城乡完全相同,它是一个动态的过程,是指城市和农村,打破社会保障相互分割的壁垒,改变长期形成的城乡二元社会保障结构,在制度设计上把城镇居民和农村居民作为一个整体来谋划,通过相关经济结构、土地制度、户籍制度、社会公共服务制度的配套改革,逐步消灭城乡社会保障之间的基本差别,促进社会保障全面、协调、可持续发展。

第三节 西方社会保障理论

西方经济学对社会保障问题一直较为关注,取得了一系列有价值的成果,对指导我国社会保障一体化建设有重要的指导意义。

一、社会保障的理论渊源

在现代社会保障制度形成之前,社会保障思想就早已存在。西方国家在创立比较完整的社会保障理论之前,就已经存在着一些与社会保障有关的思想,它主要表现在以下三个方面。

第一,与社会保障有关的思想最初表现为慈善或恩赐思想。人们最初从慈善或恩赐的角度来研究和解决贫困问题。基于这种思想,政府和社会建立了各种各样的孤儿院、济贫院等,并对贫困人员发放救济金等,其中,宗教中的一些教义成为社会保障思想的来源之一。但是由于这种具有部分社会保障特征的思想自身的局限性,基于这种思想的一些保障措施和对策也具有不彻底性和不完善性。

第二,表现为平等或公平思想,这种思想应该说是比慈善或恩赐思想更加进步或者说是更高层次地与社会保障有关的思想。随着社会经济的发展,人们有了进一步的自身权利保护意识,一些进步和开明人士开始认识到,每个人都有享受一定生活水平的权利,国家或社会有保护每个人的责任。因此,随着这种认识的产生,社会保障思想也随之发生了变化,即从一种慈善和恩赐转变为一种平等权或公平权。具有这种内涵的社会保障思想一直延续到现在,并成为当代社会保障理论的一个基石。

第三,表现为空想社会主义,这种思想从严格意义上说是一种被理想化的与社会保障有关的思想。2400年以前,柏拉图在《理想国》中主张消除贫富差距,实现社会平等。15世纪,托马斯·莫尔在《乌托邦》中提出了一个照顾老人和病人等互相帮助方式来克服贫困并实现幸福的理想蓝图,到了19世纪,圣西门、傅立叶和欧文等人更是把空想社会主义思想发展到了顶峰,他们不仅提出了这方面的思想,而且还勇于实践。这种思想虽然是一种空想,但是,客观上对社会保障理论的形成产生了重大影响。

在中国,与社会保障有较大关联的最早的是安民、抚民思想,在长期的发展中形成了社会大同论、社会互助论、社会救济论。其中最有影响的是社会大同论。中国社会大同论主要是以儒家、道家为代表,强调大同。在整个中国传统文化中,大同平均特色是非常明显的。如孔子的"不患寡而患不均"、"均无贫"、"老安少怀"等思想,道家的"小国寡民"、墨家的"尚同"、孟子的仁政和井田制等都是大同平均思想的体现。社会大同论是儒家思想的重要组成部分,与中国的社会保障理论及实践存在着深厚的渊源关系。与西方社会保障的思想渊源相比,在对未来理想社会的构想方面,中国孔子的社会大同思想与柏拉图的理想王国几乎相通,政治目的均是为了维护统治阶级的利益和统治秩序,不同的是中国古代有关社会保障的思想比西方更早地论及了政府的责任。

二、二战前的西方社会保障思想

1. 德国新历史学派

德国新历史学派(New German Historical School)产生于19世纪60年代,又被称为"讲坛社会主义",其主要代表人物有施穆勒、布伦坦诺等人。他们反对亚当·斯密主张资本主义自由放任的思想,提倡国家积极干预社会经济生活,主张法律至高无上,主张劳资合作。德国新历史学派主要有以下一些观点。

(1) 主张国家至上,强调国家在社会和经济发展中的重要作用

他们认为国家是集体经济的最高形式,国家的职能不仅在于维护社会秩序和防御外来干涉,还应该直接干预和控制社会经济生活;并主张国家具有管理社会生活的职能,应该负起"文明和福利"的责任。因此,他们认为国家的公共职能应不断扩大和增加,凡是个人努力所不能达到或者不能顺利达到的目标,都理应由国家来实现。

(2) 认为劳工问题是当时德国所面临的最严重的社会经济问题

他们提出,要改革经济和现有生产形态,改变各个阶层的教养和心理状态。他们从改良社会主义观点出发,提出要增进社会福利,实现社会改革,并通过工会组织来调解劳资之间的矛盾,主张由国家来制定劳动保险法、孤寡救济法等。

(3) 强调伦理道德因素在经济中的地位和作用

他们认为,经济问题与伦理道德是密切相关的,人类的经济生活不仅要满足物质方面的欲望,还要满足高尚的、完善的伦理道德方面的欲望。认为劳资冲突不是经济利益上的对立,而是感情、教养和思想上存在差距而引起的对立,解决这个问题的方法不是革命,而主要是对工人进行教育,改变其心理和伦理道德观点。

(4) 强调法律对经济的制约作用

他们认为,国家的法律、法规至上,它是解决经济发展过程中的重要因素,国家应通过立法,实行包括社会保险、孤寡救济、劳资合作以及工厂监督在内的一系列社会措施,自上而下地实行经济和社会改革。

由于新历史学派的出发点主要是解决当时德国的劳资矛盾,因此,他们的社会保障理论仅仅是实现这个目标的一种手段。他们的主张涉及各个方面,不仅包括经济领域,也包括社会领域,而社会保障是其整个理论中的一个重要内容。而且,他们的社会保障主张被俾斯麦政府所接受,成为德国首先实行社会保障制度的理论依据。当时德国社会正处于社会化大生产的起步和发展阶段,需要相对稳定和不断扩大的劳动力队伍,而德国新历史学派理论实质正是主张通过建立社会保障制度,增进社会福利,缓和尖锐的劳资矛盾,创造相对稳定的社会环境,从而稳定劳动力队伍。

新历史学派提出的社会保障思想,对德国社会保障制度的建立和发展产生了深远的影响。正是在这种背景下,1883年,德国颁布了世界上第一部社会保险法即《疾病社会保险法》,并随之实施了一系列社会保障法律。德国新历史学派的这些主张,后来在美国等国家得以发展,成为西方资本主义国家建立社会保障制度的一个重要思想基础。

2. 庇古的"经济福利"思想

1920年,英国经济学家庇古的巨著《福利经济学》的出版标志着福利经济学的正式诞生。庇古也被推崇为"福利经济学之父"。

庇古以马歇尔等人的一般经济理论为基础,以完全竞争为前提,系统地论述了福利概念及其政策应用,建立了福利经济学的理论体系。

庇古以边际效用价值论为基础,把福利分为两类:一类是广义的福利,即"社会福利";另一类是狭义的福利,即"经济福利"。广义的福利包括由于对物质的占有而产生的满足,涉及"自由"、"家庭幸福"、"精神愉快"、"友谊"、"正义"等内容,但这些是难以计量的。而经济学所要研究的是可以用货币计量的那部分社会福利即经济福利。经济福利虽然只是总福利的一个部分,但却具有决定性的影响,它可以一定程度上反映社会的状况。庇古认为,人们追求的是最大限度的满足,而使人们得到满足的是物的效用,因而一个人的经济福利就是由效用构成的。每个人获得的效用总计起来,就构成了全社会效用的总和,而效用的总和也就是全社会的经济福利。

庇古把国民收入量的增加和均等化的收入分配看作是福利经济学研究的主题,并采用两个标准作为检验社会福利的标志:一是国民收入的大小,二是国民收入在社会成员中的分配情况。认为凡是能够增加国民收入总量而不减少穷人的绝对份额,或者增加穷人的绝对份额而不影响国民收入的总量,都意味着社会福利的增进。

庇古的国民收入极大化和收入均等化这两个福利经济学的命题在西方经济学说中做了一项开创性的工作,即首次将社会福利问题与国家干预收入分配问题结合起来作为一个重要的专门领域加以研究,认为为增进社会福利,一个社会就需要在两个方面做出努力:一是为增进社会福利就必须增加国民收入量,增加国民收入量,就必须使生产资源在各个生产部门中的配置达到最优状态;二是政府通过税收机制把富人收入的一部分转移给穷人,社会福利就会增大。

庇古这种"收入均等化"主张的基本依据是边际效用递减规律,即一个人的收入愈多,货币收入的边际效用就愈少;反之,则反是。由此推论,如果政府一方面采取征收累进所得税、遗产税之类的措施,另一方面采取一些社会福利设施,如养老金、失业保险、医疗保险、免费教育等,将货币收入从富人那里"转移"一些给穷人,就可以增加货币的边际效用,从而使社会满足总量增加。

在此基础上庇古提出了一系列实施社会保障计划的准则和措施,主要有三方面。① 福利措施应当不以损害资本增值和资本积累为宗旨,否则就会减少国民收入和社会福利。因此,从富人那里转移收入,"自愿转移"要比"强制转移"好。② 不论采取直接转移收入还是间接转移收入措施,都要防止懒惰和浪费,以便做到投资于福利事业的收益大于投资于机器的收益。③ 反对实行无条件的补贴,认为最好的补贴是那种"能够激励工作和储蓄"的补贴,在实行补贴时应附有以下条件,即先确定受补贴者自己挣得生活费用的能力,再给予补贴。否则,就会使某些有工作能力的人完全依靠救济。

庇古的"经济福利"思想无疑对英国"福利国家"的形成产生了重要的推动作用。

3. 凯恩斯的有效需求不足理论与国家干预思想

1929—1933年资本主义世界的经济大危机使得原来占统治地位、以市场自由经济论为中心内容的新古典经济学说顿时衰落。在此背景下,凯恩斯的经济理论应运而生。

1936年凯恩斯在《就业、利息和货币通论》中,彻底摒弃了"供给会自动创造需求"的传统经济学信条,运用总量分析方法,提出了有效需求不足理论以及相应的国家经济干预思想,最早对社会保障制度进行了实证分析和推理。

有效需求不足理论是凯恩斯用来解释决定就业量的因素和导致"非自愿失业"成因的基本理论。凯恩斯认为,一个国家的总就业量取决于有效需求的大小,失业是由于有效需求不足所造成的。所谓"有效需求"是指能够给资本家带来最大利润量的社会总需求,或使商品的总供给价格与需求价格达到均衡状态时的总需求。

凯恩斯认为,正是由于边际消费倾向递减、资本边际效率递减和心理上的流动偏好这些基本心理规律的作用,造成资本主义通常情况下消费需求和投资需求的不足,因此,总会有"非自愿失业"的存在。而市场机制本身没有力量使总需求与总供给相等,这就不可避免地要出现萧条和失业。凯恩斯正是从所谓有效需求不足和市场机制无法使经济达到充分就业均衡的论断,推导出只有依靠国家干预才能使资本主义经济实现充分就业的政策性结论。

在凯恩斯的国家干预思想中,社会保障占有相当重要的地位。他主张通过累进税和社会福利等办法重新调节国民收入的分配。国家对社会福利领域的干预有助于增加消费倾向,实现宏观经济的均衡。其作用机理是,通常社会保障收入在经济萧条时期增加缓慢,而支出增加迅速;在经济繁荣时期,社会保障支出增加缓慢,收入增加迅速,这样,社会保障收支的一快一慢运动就会自发地作用于社会总需求,从而具有调节和缓和经济波动的自动稳定器的作用。

凯恩斯的理论对于随后福利国家的兴起具有特别重要的意义。如果说以往的政府干预论主要论述了通过累进所得税等方式转移一部分财富给穷人的合理性，那么凯恩斯不仅强调了政府应该干预，而且从技术上论证了政府应该怎样干预，干预到什么程度。如果说以往的社会福利论者主要还是从社会、伦理等角度出发，要求政府采取措施为全民提供福利，凯恩斯则主要从挽救资本主义制度的角度出发，论证了大规模政府干预的必要性。凯恩斯的理论从结构上扩大了社会政策应干预的范围，"充分就业"已不再仅仅是与贫苦工人的生存有关，而是涉及整个资本主义经济体系能否顺利运转的问题。从此，福利制度已不仅是给穷人撒下的最后一张安全网，而且也是给现存的制度撒下的最后一张安全网，因此，它的建立也就成为社会主义者、劳工、激进的改革者以及维护现有制度的明智之士共同关心的问题，这为以后政治上的协商一致奠定了基础。

4.《贝弗里奇报告》中的福利国家思想

1941年贝弗里奇受英国战时内阁委托，负责起草有关战后福利制度重建的基本框架的报告。1942年11月正式出版的《贝弗里奇报告（社会保险和相关服务）》，具有两个十分显著的意义：一是该报告把各种改革者的不同愿望融进了一个有内在联系的框架之中，是当代福利思想的集大成者；二是该报告确立了战后英国福利体系重建的基本框架，标志着福利国家思想开始由理论转变成现实。

《贝弗里奇报告》中确立了战后英国福利体系重建的四条基本原则。① 普遍性原则。社会保障应是普遍而非选择性的（即只针对穷人）。② 满足最低需求原则。社会保障应旨在维持生存所需的最低限度的收入并防止贫困。③ 充分就业原则。贝弗里奇认为，一个没有维持充分就业以防止大规模失业的社会保障计划是不能令人满意的。他一再强调，社会保障必须与充分就业联系起来。④ 费用共担原则。社会保障计划实行由雇员、雇主和财政部三方承担社会保障费用的原则。

《贝弗里奇报告》中还确立了战后英国社会保障计划的基本结构。"国家所组织的社会保险和社会救济的目的是在保证以劳动为条件获得维持生存的基本收入，即保证每个人的生活水平不致低于国家最低生活标准。"至于有些阶层要求的保障超出了最低生活标准的需要，即可以通过参加私人举办的自愿保险计划去解决。因此，社会保障应采取三种方式：满足基本需要的社会保险，对特殊情况的国民补助,作为补充基本补助的自愿保险。

《贝弗里奇报告》一再强调,社会保障计划"不是一个交换条件和随便给人提供好处的计划,也不是通过提供好处使受益者从此可以卸去个人责任的计划,而是一个以劳动和捐款为条件,保障人们维持生存所必需的收入,以便使他们可以劳动和继续保持劳动能力的计划"。

按照这些原则,贝弗里奇设计的社会保障计划涵盖了养老、疾病、残疾、死亡、工伤、失业和家庭津贴等七大保险项目。虽然该报告中并非处处闪耀着独创的光辉,但是饱受战乱之苦的人们却将它看成是战后重建更公正、更合理的社会的象征和福音,"福利国家"一词在《贝弗里奇报告》发表后不胫而走,并且很快转变为战后英国以艾德礼首相为主的工党政府的施政方针。

《贝弗里奇报告》是一份较为完整的现代福利国家的蓝图。它的问世,标志着英国福利思想的发展已完成了由理论向实际政策的过渡,同时也意味着福利思想发展的某种终结。在此之后的几十年里,人们更多的是围绕具体福利政策的争论,而不是提出和确立新的原则,换言之,社会保障的经济研究也由此转入专业化的技术性分析阶段。

三、二战后西方主要的社会保障理论

第二次世界大战后,西方学者关于社会保障理论的研究又有了一些新的见解,典型的论述主要包括以下几种。

1. 新剑桥学派的社会保障经济理论

战后流行于英国的新剑桥学派认为分配失调是资本主义一切社会问题的症结所在,因此从改善收入分配出发,论证了社会保障制度实施的必要性。其代表人物罗宾逊夫人从资本主义收入分配的不合理性出发,主张用累进税改变分配结构,通过给低收入家庭以补助,加强社会福利等社会保障措施以解决国民收入分配不均的问题。

2. 货币主义的社会保障经济理论

货币主义代表人物弗里德曼认为,高效率来自市场竞争,如果对低收入者给予"最低生活水平的维持制度",会挫伤人们的劳动积极性,最终有损于自由竞争和效

率,因此,弗里德曼反对凯恩斯对低收入者发放差额补助的社会保障制度。但是完全取消又会遭到社会公众的反对。为了既救济贫困,又不损害竞争和效率,弗里德曼主张采用负所得税。通过负所得税,既帮助低收入者维持最低生活水平,又不挫伤人们的工作积极性。

3. 供给学派的社会保障经济理论

供给学派从其自由主义原则出发,指责社会保险削减了个人储蓄,抑制了人们的工作积极性。失业保险鼓励人们失业,使政府财政连年出现赤字,有加剧通货膨胀的危险。他们主张大幅度削减政府开支,对社会保障计划进行改革,采取"紧急援助、严格的福利和对儿童补贴相结合"的社会保障制度,从而鼓励就业,提高生产率,减少政府开支;同时主张通过人寿保险来弥补社会保险的不足。供给学派的代表人物罗伯尔茨指出:"社会保险制度正处在危机之中,因为它计划要对一代又一代人支付不断增长的实际社会保险金。解决这一问题的途径就是削减社会保险金的增长计划,从工资指数转化为物价指数化,将从根本上消除长期的社会保险问题。此外通过商业人寿保险来弥补社会保险的不足。"

四、西方社会保障理论对我国的启示

在我国城乡二元化社会保障制度改革的实践中,我们要始终坚持马列主义同中国的具体实际相结合,同时,我们还应重视吸收和借鉴西方社会保障理论的科学成分。西方发达国家由于其人口相对较少、经济发展水平高、城乡差别不大,在其城乡社会保障制度建立和完善的过程中,没有出现过我国这样明显的城乡分离状态。但是尽管如此,西方国家关于社会保障的主要理论、基本经验和重要做法仍然值得我们借鉴。

1. 中国社会保障制度的理论研究应拓宽视野

中国社会保障制度研究不应该只限于应用性研究,还应该重视基本理论问题的研究,包括社会保障制度的理论依据、社会保障与国家宏观经济调控、社会保障与收入分配等。城乡二元化社会保障制度的改革和创新涉及我国城镇化的发展,涉及社会的稳定,更涉及农民切身利益的维护,因此,我们应吸取西方社会保障理论的精华,吸收国外社会保障制度改革的经验教训,探索社会保障制度改革与市场经济、与经济增长、与发展的关系,探索解决二元化社会保障制度的新途径。

2. 创建有中国特色的社会保障制度

西方国家社会保障理论对西方国家社会保障制度建设的实践起了重要的指导作用。我国有自己特殊的国情,长期以来城乡社会结构的二元化,导致我国社会保障制度的二元化,但随着市场经济体制的逐步建立和完善,社会保障制度的重要性就越来越引起人们的重视,而且我国城乡二元化的社会保障制度是西方社会保障理论所没有研究过的,因此,我们要以马克思主义保障理论为指导,吸收西方社会保障理论的科学成就,针对我国特殊的国情,建立具有中国特色的社会保障制度。

3. 重视农村社会保障制度的建设

纵观西方国家社会保障理论的提出,无不是针对国内尖锐的矛盾、复杂的社会问题,都是为了降低市场经济带来的社会风险,以便维持社会的稳定。我国城乡二元化的社会保障制度是在计划经济条件下形成的,计划经济条件下的"国家保障"为公民提供了一张可靠的"安全网",随着市场经济体制的逐步建立和完善,我国要建立符合市场经济特征的社会保障制度,而我国80%的人口是农民,原先计划经济条件下农村的社会保障制度正随着农村经济体制改革的深入,农村人口老龄化的加快,农村城镇化的发展和农村劳动力的转移而面临新的挑战。广大农民得不到社会保障,正成为我国严重的社会问题。因此,必须重视农村社会保障制度建设,改革城乡二元化的社会保障制度。

4. 加快社会保障的法制化步伐

社会保障制度的法制化是西方社会保障理论的重要主张,也是当今世界各国社会保障制度发展中的惯例,更是21世纪社会保障制度发展的一大趋势。而我国的法制建设是在改革开放以后才得到迅速发展的,长期以来,我国社会保障的法制建设方面立法不健全、层次较低,以政策代替法律、法规等,严重制约了我国社会保障的发展和完善。因此,我国迫切需要健全社会保障法,为社会保障制度的完善提供法制保障。十届全国人大二次会议通过的宪法修正案已将社会保障制度载入了宪法,意义十分重大,但相关的配套法律、法规仍有待继续制定和完善。

第四节　马克思主义有关社会保障的理论

一、马克思与恩格斯的社会保障思想

社会主义社会如何建立和完善社会保障制度,马克思和恩格斯对此并没有直接而系统地进行论述,仅仅是在相关文献中要求实行个别的社会保障制度,并提出了相关的几项原则。这些原则对我国社会保障制度的改革有重大的指导意义。马克思、恩格斯的社会保障思想主要体现在以下几方面。

1. 社会保障是资本主义存在的基础

马克思认为,在资本主义生产方式下,仅仅依靠家庭保障无法满足劳动力扩大再生产的费用支出,资本主义要生存和发展,就必须救济处于赤贫的社会阶层,采取一些社会保障措施。虽然这一部分社会保障所需要的费用,对于资本家毫无用处,但从长远观点来看,对资本家和资本主义的发展都是有益的。

2. 社会保障再分配思想

马克思认为,社会总产品经过分配和再分配,最终将会形成补偿基金、消费基金和积累基金,这是社会发展的必要条件。马克思指出,在社会产品的分配问题上,社会成员应当按照平等的原则不折不扣地享受劳动成果,在人类生产的分配之前,应该有一些必要的扣除。

马克思认为,社会总产品中应该扣除:用来补偿消费掉的生产资料的部分;用来扩大生产的追加部分;用来应付不幸事故、自然灾害等的后备基金或保险基金。在扣除以上三项后剩下的总产品中的其他部分是用来作为消费资料的;在把这部分进行个人分配之前,还应当从里面扣除:与生产没有关系的一般管理费用;用来满足共同需要的部分,如学校、保健设施等;为丧失劳动能力的人等设立的基金。

我们从马克思的上述思想中可以看出:第一,在物质生产过程中,需要消耗掉一定量的生产资料,为了保证社会再生产的顺利进行,必须补偿消耗掉的部分;第二,为了防备自然灾害和不幸事故的发生,建立后备基金或者保险基金是必要的,

并且这是保证社会再生产顺利进行的必要条件;第三,在个人消费分配之前,应该为教育、保健等共同需要部分以及为丧失劳动能力的人等设立基金。

3. 社会主义仍然需要进行社会保障

资本主义社会保障是建立在资本主义发展的基础之上的,它的实质是为资本主义的发展创造条件。保障基金是工人剩余价值的一部分。那么,社会主义是否还需要社会保障？对此,马克思、恩格斯作了初步的分析。

马克思认为,社会保障基金是一切社会生产方式所共有的基础。马克思指出:"如果我们再把剩余劳动力和剩余产品缩小到社会现有生产条件下,一方面,为了形成保险基金和准备金,另一方面,为了按社会需求所决定的程度来不断扩大再生产所必要的限度。最后,如果我们把那些有劳动能力的人必须为社会上还不能劳动或已经不能劳动的成员而不断进行的劳动,包括到① 必要劳动和② 剩余劳动中去,也就是说,如果我们把工资和剩余价值、必要劳动和剩余劳动的独特的资本主义性质去掉,那么,剩下的就不再是这几种形式,而只是它们的为一切社会生产方式所共有的基础。"这种共有的基础是什么呢？马克思指出:这就是劳动者的个人消费;有劳动能力的人为社会上还不能劳动的儿童和已经不能劳动的老人、病人、残疾人而劳动。

以上分析可见,马克思的社会保障思想体现在以下两个方面:① 在生产中,社会保障是现代社会中劳动力再生产的必要条件,使劳动者对未来的生活质量增加安全感;② 在分配中,在支付工资进行消费性分配之前应该进行事前扣除,建立社会保障基金,这是劳动力价格的一个重要组成部分,最终进入消费领域。很显然,马克思主张社会主义仍然需要有社会保障,以及为社会保障而提供的后备基金。当然,由于条件的限制,马克思不可能对社会主义的社会保障问题进行系统的论述。对此,列宁进行了详细的阐述。

二、列宁的社会保障思想

列宁最早系统阐述了社会主义社会保障理论,他的社会保障思想对社会主义革命成功后的苏联、东欧社会主义国家以及中国产生了重大影响。

1. 社会保障原则

列宁在《劳动者保险纲领》中认为，劳动者的最佳保险形态是国营劳动者保险，并提出了以下四项原则。① 对各种情况（伤害、疾病、年老、残疾）下失去劳动能力的劳动者，对怀孕和生育的女性劳动者以及家中主要劳动力死去后的寡妇和孤儿，实行救济；并在劳动者由于失业而丧失工资收入时，也必须给予保障。② 保险的实施范围必须包括劳动者本人及其所有家属。③ 所有的受保人必须根据补偿原则得到工资的全额补贴，而且保险费用必须全部由企业或国家来负担。④ 必须在各地并根据受保人完全自治原则建立统一的保险组织，由它来管理各种保险。此后，列宁又对这几项原则进行了进一步的阐述和完善。

2. 社会保障权利

列宁的社会保障思想还体现在苏联的宪法中，在苏联，首次具体而明确规定社会保障权利的宪法是 1936 年宪法。该宪法第 120 条规定，苏联公民拥有在老年、疾病以及丧失劳动能力时享受物质保障的权利。这种权利通过由国家负担并广泛发动劳动者社会保险，为劳动者提供免费医疗以及提供劳动者能广泛利用的疗养设施等来得到保障。1977 年，苏联通过了新宪法，这个宪法对社会保障的规定更加具体化。该宪法第 43 条规定，苏联公民在年老、疾病、完全或部分丧失劳动能力以及丧失抚养者时，拥有享受物质保障的权利。这种权利体现在以下几个方面：国家和集体农庄支付劳动者和集体农庄社员的社会保险费、临时丧失劳动能力的津贴，国家与集体农庄负责支付老年养老金、残疾养老金和丧失抚养者养老金，为丧失劳动能力的公民介绍工作，关注老年人和残疾人等。在这个宪法中，首次规定了集体农庄社员也享有社会保障权利。

3. 列宁社会保障思想的特征

第一，社会保障的实施对象具有普遍性，所有劳动者都属于社会保障实施的范围，医疗以及其他一些社会保障制度的实施对象是全体社会成员。

第二，社会保障的权利应当完全得到保障。

第三，所有社会成员都能够无差别、平等地享受社会保障待遇。

第四，社会保障实施内容具有全面性和多样性，任何丧失劳动能力的社会成员,都可以享受社会保障待遇。

第五,社会保障费用由国家或社会来负担,劳动者等国民不负担任何社会保障费用。

第六,随着社会经济的发展,不断提高社会保障水平。

列宁的社会保障思想,成为苏联建国以后建立和发展社会保障事业的理论依据,对社会主义国家社会保障制度的建立、发展有重要的指导意义。

第五节 转变经济发展方式理论

经济发展方式是经济发展的方法和形式,包括经济增长方式、经济结构、经济运行的方式和质量、收入分配、环境保护、工业化及现代化的进程等多方面的内容。经济发展方式不同于经济增长方式,经济增长方式注重的是 GDP 的增长,以产出量作为主要衡量指标,而经济发展方式除了包含经济增长方式的内容外,还包括产业结构、收入分配、居民生活以及城乡结构、资源分配和利用、环境保护等方面。

一、转变经济发展方式理论提出

改革开放之后,党中央及时做出把党和国家的工作重心转移到经济建设上来、实行改革开放的战略决策,促进了我国经济和社会的全面发展。

1982 年,党的"十二大"提出要把经济工作转移到以提高经济效益为中心的轨道上来,改变在经济建设中存在的重速度、轻效益的状况。

1987 年,党的"十三大"指出必须坚定不移地贯彻执行注重效益、提高质量、协调发展、稳定增长的战略。

1992 年,党的"十四大"提出要抓住有利时机,加快发展,同时要从实际出发,量力而行,走出一条既有较高速度又有较好效益的国民经济发展路子。1995 年党的十四届五中全会提出,要积极推进经济增长方式从粗放型向集约型转变。

1997 年,党的"十五大"提出要转变经济增长方式,改变高投入、低产出,高消耗、低效益的状况,真正走出一条速度较快、效益较好、整体素质不断提高的经济协调发展的路子。

2002年，党的"十六大"提出要坚持以信息化带动工业化、以工业化促进信息化，走出一条科技含量高、经济效益好、资源消耗低、环境污染少、人力资源优势得到充分发挥的新型工业化路子。

2007年6月，胡锦涛总书记在中央党校省部级领导干部进修班发表重要讲话，第一次提出了要实现经济发展方式转变。2007年10月，党的"十七大"报告提出了加快转变经济发展方式的新要求，要做到"两个坚持"和"三个转变"：转变经济发展方式要坚持走中国特色新型工业化道路，坚持扩大国内需求特别是消费需求的方针；促进经济增长由主要依靠投资、出口拉动向依靠消费、投资、出口协调拉动转变，由主要依靠第二产业带动向依靠第一、第二、第三产业协同带动转变，由主要依靠增加物质资源消耗向主要依靠科技进步、劳动者素质提高、管理创新转变。

二、转变经济发展方式的新途径——统筹城乡发展

改革开放以来，我国的经济建设得到了迅速发展，但贫富差距也在不断扩大，突出体现在不同行业之间、东西部之间、城乡之间。计划经济体制下形成的城乡二元结构造成的城乡差距有进一步扩大之势，因此，统筹城乡发展，缩小城乡差距是转变经济发展方式的新途径。

统筹城乡发展就是要更加注重农村的发展，解决好"三农"问题，坚决贯彻工业反哺农业、城市支持农村的方针，逐步改变城乡二元经济结构，逐步缩小城乡发展差距，实现农村经济社会全面发展，实行以城带乡、以工促农、城乡互动、协调发展的策略，实现农业和农村经济的可持续发展。

统筹城乡发展的内涵不仅仅指经济范畴，还包括城乡经济与社会发展中的物质文明、精神文明、政治文明、社会文明和生态文明五个方面。统筹城乡发展的内容主要包括以下几个方面。

第一，统筹城乡规划建设。改变目前城乡规划分割、建设分治的状况，把城乡经济社会发展统一纳入政府宏观规划，协调城乡发展，促进城乡联动，实现共同繁荣。

第二，统筹城乡产业发展。以工业化支撑城市化，以城市化提升工业化，加快

工业化和城市化进程,促进农村劳动力向第二、第三产业转移,农村人口向城镇集聚。建立以城带乡、以工促农的发展机制,加快现代农业和现代农村建设,促进城市文明向农村辐射,提升农村经济社会发展的水平。

第三,统筹城乡管理制度。突破城乡二元经济社会结构,纠正体制上和政策上的城市偏向,消除计划经济体制的残留影响,保护农民利益,建立城乡一体的劳动力就业制度、户籍管理制度、教育制度、土地征用制度、社会保障制度等,给农村居民平等的发展机会。统筹城乡社会保障制度,城乡社会保障一体化发展是转变经济发展方式的必然要求。

第四,统筹城乡收入分配。根据经济社会发展阶段的变化,调整国民收入分配结构,减轻农民负担,增加农民收入,加快农村公益事业建设。

第三章 我国社会保障制度的历史沿革和评价

第一节 我国城乡二元化社会保障制度的形成和发展

一、城镇社会保障制度的形成和发展

1949年新中国成立不久,即着手建立面向城镇企业劳动者的社会保险制度,城镇各项社会保险的经费一般由企业与国家提供,个人不缴费,范围覆盖到城镇机关、事业单位和国有企业的职工,且以国有企业的职工为主体。其形成和发展过程主要分为以下几个阶段。

1. 初创阶段(1949—1957)

这一阶段主要是着手建立全国统一的社会保险制度;制定一系列发展社会福利、职工福利的政策、方针和建立必要的设施;颁布一系列优抚工作、社会救济工作的政策法规等,使社会保障制度基本走上正规化、制度化。

1949年在北京召开的全国人民政治协商会议通过的起临时宪法作用的《共同纲领》明确规定,要在企业中"逐步实行劳动保险制度"。这是制定全国统一的企业社会保险制度的法律依据。1950年,根据国务院的指示,劳动部和中华全国总工会在总结革命根据地和解放区举办社会保险经验的基础上,拟定了《中华人民共和国劳动保险条例草案》,经过多次讨论和修改后,于1951年2月26日正式颁布实施。这是我国第一部全国统一的社会保险法规。条例规定首先在100人以上的国营企业、公私合营、私营及合作经营的工厂、矿场及其附属单位和铁路、邮电、航运三个产业的各企业单位、附属单位实行。实行劳动保险的企业,其行政方面或资方

须按月缴纳相当于该企业全部工人与职工工资总额的3%作为劳动保险金,但不得在职工的工资内扣除,也不得向职工另行征收。职工凡遇疾病、负伤、残疾、年老、死亡和生育等事项,均按一定条件和标准享受补助工资、医药费、补助金、退休金、抚恤金的待遇以及疗养、休养和其他集体福利。同时,他们供养的直系亲属也可以享受到一定的保险待遇。条例的实施,一方面对发展生产、繁荣城乡经济、安定人民生活和进行社会主义建设起到了重要作用,另一方面对确定我国企业职工社会保险体系的框架结构具有重要的意义。

1953年,国家进入有计划建设时期,随着国家财政经济状况的逐渐好转,为适应大规模经济建设的需要,政务院修订公布了《中华人民共和国劳动保险条例》。一方面扩大了实施范围,即由过去的实施范围扩大到一般工厂、矿场和交通事业的基建单位和国营建筑公司;另一方面提高了部分待遇标准。如退休费由原来的按本人工资的35%—65%提高到50%—70%;短期病假(6个月以内)待遇由本人工资的50%—100%提高到60%—100%;长期病假(6个月以上)待遇由本人工资的30%—50%提高到40%—60%;死亡丧葬费因工由2个月企业平均工资改为3个月企业平均工资,非因工由1个月企业平均工资改为2个月企业平均工资。

1956年,在国家经济进一步好转的情况下,条例的实施范围又扩大到商业、外贸、粮食、金融、供销合作、民航、石油、地质、水产、国营农牧场、造林等13个产业和部门。至此,全国企业职工参与社会保险的人数达到1 600万人,这些职工占当年国营、公私合营、私营企业职工总数的94%。

为了加强对职工职业性伤害的保障,1957年,卫生部制定和颁布了《职业病范围和职业病患者处理办法的规定》。在国家机关工作人员的社会保险方面,由于国家机关、事业单位和党派团体工作人员的工龄计算、工资标准和社会保险费用的开支渠道方面与企业不同,所以,从1950年开始逐渐以颁布单项法的形式建立了国家机关、事业单位等工作人员的社会保险制度,如1950年12月颁布了《革命工作人员伤亡褒恤暂行条例》,对革命工作人员的伤残死亡待遇做了规定。1952年6月,政务院颁布了《关于各级人民政府工作人员在患病期间待遇暂行办法》。1955年又颁布了《国家机关工作人员退休处理暂行办法》和《国家机关工作人员退职处理暂行办法》。1956年颁布了《中华人民共和国女工保护条例草案》,对女工怀孕、生育、哺乳等方面的待遇做了规定。

此外,在社会救济、社会福利和社会优抚方面,也都建立了相应的规章制度,使新中国社会保障方面的工作逐渐走上正常化的轨道。

2. 调整阶段(1958—1966)

这一阶段以新中国成立初期创立的各项基本制度为主要依据,不断完善社会保障制度的内容,改进管理,修订不合理的待遇标准,等等。

在退休制度方面,统一退休规定。1957年11月16日,劳动部草拟了《国务院关于工人、职员退休处理的暂行规定(草案)》,1958年2月6日经国务院全体会议修改通过,主要从以下几方面进行了修改和增补:① 制定了工人、职员因工作致残完全丧失劳动能力后退休待遇的内容;② 放宽了退休条件;③ 增加了因身体衰弱和丧失劳动能力,经医生证明不能继续工作的可以退休的内容;④ 对有特殊贡献人员的退休优惠待遇提高了5%;⑤ 取消了1953年《中华人民共和国劳动保险条例》中规定的在职养老补助的规定,使达到退休年龄的老职工能够及时撤离工作岗位。

在退职制度方面,统一了退职规定。1952年初,政务院财政经济委员会制定了《国营企业工人、职员退职处理暂行办法(草案)》;1955年12月,国务院又制定了《国家机关工作人员退职处理暂行办法》。这两个文件都未公开发布和执行。1958年3月7日,全国人大常委会第94次会议原则批准了《国务院关于工人职员退职处理的暂行规定(草案)》,3月8日公布试行。该规定对工人职员的退职条件和退职标准进行了统一,并且规定了退职费总额以30个月本人工资为最高限额,使工人职员的退职问题得到妥善解决。

在疾病保险方面,改进了公费医疗和劳保医疗制度。针对企业职工的劳保医疗制度和国家机关工作人员公费医疗制度中存在的管理和浪费问题,卫生部和财政部颁发了《关于改进公费医疗管理问题的通知》;劳动部和全国总工会于1966年4月15日联合发出了《关于改进企业职工劳保医疗制度几个问题的通知》。这两个文件分别对国家机关工作人员的公费医疗和企业职工的劳保医疗整顿问题提出了具体意见,主要是:看病要收挂号费;营养滋补品除特批外,一律实行自理,职工因工负伤,因职业病住院,本人适当负担膳食费等。

在职业病保险方面,规定了职业病范围和职业病患者处理办法。1957年2月,卫生部制定和实施了《职业病范围和职业病患者处理办法的规定》,把14种比较明显的职业病列出。规定职业病由本单位医疗机构或指定的医疗机构负责治疗的医师判定,确定为职业病的,发给职业病证明书。

在精简下放职工的社会保险待遇方面,1962年6月1日,国务院制定和颁布了《关于精简职工安置办法的若干规定》,规定凡是精简下来的老弱病残职工,符合退休条件的作为退休安置;不符合退休条件的作为退职处理。对家庭生活有依靠者,发给退休补助费;对家庭生活无依靠者,由当地民政部门按月发给相当于本人原标准工资40%的救济费。此外,对精简下来回乡、下乡职工的有关待遇也做了规定。

在社会福利方面,1958年全国掀起"大跃进"运动,社会福利等工作被称为社会主义制度的优越性而大为宣传,有些企业的社会福利水平过高,脱离了当时的实际,造成了很大的浪费,随后由于自然灾害的影响,职工的生活水平下降。在社会救济方面,1962年内务部、财政部颁发了《抚恤、救济事业费管理使用办法》,对合理、及时地使用抚恤费、救济事业费,保证社会保障工作有序进行起了很大的作用。在优抚工作方面,1958年7月,国务院颁布实施了《关于现役军官退休处理的暂行规定》,不仅表明了军官退休制度步入正规化,而且标志着军人社会保障体系的形成,即军官退休制度与对军人的抚恤制度、对烈军属的优待制度共同构成了军人社会保障体系。

3. 受创阶段(1966—1976)

从1966年至1976年的"文化大革命"时期是我国社会保障制度的受创阶段。在此期间,我国的政治、经济、文化等方面都遭到了浩劫,正在逐步发展起来的社会保障制度也同样受到了重创。例如"文化大革命"一开始,工会、劳动部门、内务部等被撤销,社会保险无人监督、执行,社会保险政策、法令在许多地方和单位得不到贯彻执行。

4. 重建和改革阶段(1976年至今)

1976年粉碎"四人帮"以后,特别是随着党的十一届三中全会的召开,整个中国进入拨乱反正的时期,社会保障制度开始步入恢复与发展改革的阶段。

在社会保险方面,除了继续执行"文化大革命"以前的法规、政策以外,1978年以后对有关制度进行了修订和局部改革：① 修改退休退职规定，在原有制度的基础上，适当提高了退休待遇标准和退职生活费标准；② 放宽了离职休养条件，对新中国成立前参加革命战争、脱产享受供给制待遇和从事地下革命工作的老干部，达到离退休年龄的，都允许离职休养；③ 修改了国家工作人员病假期间生活待遇的规定，1981年4月6日，国务院颁发了《国家机关工作人员病假期间生活待遇的规定》，该规定主要是提高待遇标准，对新中国成立前参加革命工作的干部，其待遇按不同级别分别从优处理。

在疾病医疗保险方面，除了恢复建立于20世纪50年代初的企业职工的疾病保险和机关工作人员的疾病保险制度，各地都进行改革尝试，希望解决劳保医疗费用开支过大、药品浪费严重等问题。1989年，卫生部、财政部颁发了《关于公费医疗管理办法的通知》，对公费医疗的范围、管理等问题提出了原则性意见。

在社会福利和社会救济、优抚工作等方面也都进行了相应的恢复和改革。

随着我国市场经济体制的逐步确立，城镇社会保障制度也进行了相应的改革，主要体现在以下几个方面。

在养老保障方面，改变了"企业保障"的模式，推行了退休费用的社会统筹，增加了社会共济作用，有利于企业的平行竞争。2002年，养老保险费征缴收入达2 110多亿元，同比增收250多亿元，创历史新高。2002年底，我国养老保险参保人数已超过1.1亿人，同比增长220万人。为了应对人口老龄化的到来，对社保资金由原来的现收现付制改变为部分积累制，到2012年，城镇职工养老保险费年总收入达到19 693亿元，年总支出为15 502亿元，滚存结余达到23 667亿元。改变过去退休费用由国家企业包揽的办法，实行国家、企业、职工三方合理分担费用，明确了企业职工基本养老保障制度实行社会统筹和个人账户相结合的原则。推行了基本养老金的社会化发放，从1995年国务院提出深化企业职工养老保险制度改革的任务以来，养老金的社会化发放工作逐步展开，目前基本养老金社会化发放率达到98%。

在失业保障方面，1999年1月，我国出台了《失业保险条例》，使失业保险制度在覆盖范围、缴费方法、监督管理等方面都逐步走上了法制管理的轨道，并逐步扩大失业保险的覆盖范围。把失业保险和促进就业相结合，加强对下岗人员的转业培训。建立了下岗职工基本生活保障制度,1998年6月,国务院发布了关于做好国有企业下岗职工基本生活保障和再就业工作的通知,指出再就业服务中心是保障国有企业下岗职工基本生活和促进再就业的有效措施。1999年,十五届四中全会又对加快完善社会保障体系建设提出了明确的要求,提出按照"三三制"原则落实资金,坚持实行企业、社会、财政各自负担的办法落实保障下岗职工基本生活的资金,又提出了三条保障线相互衔接的具有中国特色的社会保障制度,2002年,累计有2 550万国有企业下岗职工进中心领取基本生活费,国有企业下岗职工进中心比例为90%,进中心的下岗职工基本上都能领到生活费,下岗职工出中心实现再就业的比例达到67%。① 2005年初,江苏、浙江、广东、福建等12个省市的再就业服务中心全部关闭。截至2008年,下岗现象不再出现,在全国范围内实现了下岗职工基本生活保障制度与失业保险制度的并轨。2014年,全国失业保险参保人数为17 043万人,比2013年增加626万人,增幅达到3.8%。2014年,全国失业保险基金收入为1 380亿元左右,当年全国共有422万失业人员领取了失业保险金,基金总支出为615亿元,当年基金结余为765亿元。

在医疗保险方面,改变了过去公费医疗、劳保医疗由国家包揽的办法,提出了职工医疗保险基金由国家、单位、个人共同筹集的办法。党的十四大之后,医疗保险改革探讨社会统筹和个人账户相结合的方式,并在江西九江和江苏镇江进行试点。1998年12月,国务院出台了《关于建立城镇职工基本医疗保险制度的决定》。2000年10月,国务院决定在全国同步推行城镇职工基本医疗保险,基本医疗保险覆盖范围不断扩大。到2002年,全国98%的地市启动了基本医疗保险改革,全国医疗保险参保人数达9 000万人,由于基本医疗保险基金有了稳定的来源,因此从根本上改变了原公费医疗、劳保医疗制度下发生的拖欠职工医疗费和职工待遇苦乐不均的现象,基础管理得到加强。

在社会救济方面,1999年10月,《城市居民最低生活保障条例》正式在全国范围内施行,对城镇居民规定了最低生活保障线,将城镇所有生活在保障线标准以下的居民纳入救助范围。2002年,中央财政用于国有企业下岗职工基本生活保障支出近

---

① 王蕾.我国社会保障有关问题综述[J].经济研究参考,2003(66):30—37.

130亿元。1998—2002年,中央财政安排的"两个确保"及"低保"资金约1 937亿元,城市居民最低生活保障对象由1998年的184万人增加到目前的1 961万人。

针对城镇中不符合职工养老保险参保条件的城镇非就业居民,国务院于2011年出台了《关于开展城镇居民社会养老保险试点的指导意见》,将年满16周岁(不含在校学生)以上的城镇非就业居民纳入城镇居民基本养老保险。城镇居民基本养老保险制度采用政府补贴和个人缴费相结合的方式,将个人账户和社会统筹结合起来,为城镇非就业居民老年生活提供保障。政府对城镇居民基础养老金部分进行补助,其中对中西部地区给予全额补助,对东部地区进行50%补助。个人缴费、地方政府缴费、其他来源的缴费全部计入个人账户。个人缴费部分共分为100至1 000元10个缴费档次,个人可根据自己的实际经济水平进行参保缴费。城镇居民基本养老保险制度的建立有力地保障了城镇非就业居民的养老问题。

而针对城镇中不符合职工医疗保险参保条件的城镇非就业居民,国务院于2007年出台了《关于开展城镇居民基本医疗保险试点的指导意见》,试点建立城镇非就业居民以大病统筹为主的基本医保制度。城镇非就业居民医疗保险采用个人缴费和政府补贴相结合的方式,各地政府根据当地实际发展水平来确定适当的筹资水平。城镇居民基本医疗保险大大解决了城镇非就业居民住院和门诊大病的医疗费用支出,缓解了居民经济压力。

二、农村社会保障制度的建立

1. 农村社会保障制度的建立

在中国漫长的农业社会,家庭既是基本的生活单位,又是基本的保障主体。农民依靠耕作土地获得基本的生存保障,而当遇到特殊困难,单个家庭难以提供保障时,家族往往是求助并能提供帮助的主要对象,在这种传统的保障形式中,土地保障起了巨大的作用,离开了土地,农民的生活就无以为托。

新中国成立之初,第一部《中华人民共和国宪法》中就制定了社会救灾救济、劳动保险等相应条款。这是我国历史上第一次把包括农村在内的救灾救济列为一项国家制度,由此应逐步建立城乡统一的社会保障制度。然而,当时国内外严峻的政治经济形势,伴随着城乡经济二元化的发展,我国的社会保障也是城乡二元化。在城镇建立了以社会保险为核心内容的社会保障制度,而对农村劳动者采取的仍然是家庭保障为主、社会保障为辅的保障形式,没有建立相应的社会保险制度。

新中国成立之初,在农村主要着手建立以社会救助、社会福利和优抚安置为内容的集体保障制度,具体有以下几个方面。

一是农村"五保"制度的建立。"五保"制度是我国对无法定抚养义务人抚养,无维持正常生活的劳动能力,无保障正常生活经济来源的老人、残疾人、孤儿实行生活照顾的一种社会救济制度。这是家庭保障制度的一种补充,它对安定社会秩序、保障社会最贫困群体的基本生存发挥了巨大作用。农村"五保"制度建立于农业合作社时期。1956年颁布的《高级农业合作社示范章程》中规定:"农业生产合作社对于缺乏劳动能力或完全丧失劳动能力、生活没有依靠的老弱寡、残疾社员在生产和生活上给予适当的安排和照顾,保证他们吃、穿和烧材的供应,保证年幼的受教育和年老的死后安葬。"1964年10月,二届人大通过的《1956—1976年全国农业发展纲要》规定,农业合作社对无依无靠的鳏寡孤独要做到"保吃、保穿、保烧(燃料)、保教(儿童和少年)、保葬,使他们的生养死葬确有依靠"。随着农村"五保"制度的发展,"五保"制度又增加了"保住"、"保医"等内容。对"五保"对象,实行集中供养与分散供养相结合的制度。1958年"大跃进"期间,农村敬老院发展到15万所,收养老人300多万人。但是,大部分"五保"对象还是采取集体供给、分散或专户赡养的形式。①

二是农村救灾救济制度的建立。农村救济救济制度是在遭到自然灾害造成的吃、穿、住、医等方面的困难时,由国家或社会提供急需的维持最低生活的资金或物资的社会救济措施。农村临时救济的对象主要是家庭人口多、劳动力少或因突发事故等种种原因导致临时发生生活困难的村民。救济包括以下几种情况:① 因自然灾害发生生活困难的;② 因疾病、生育等特殊情况影响生活的;③ 季节性救济对象,即春、夏荒期间,农村有些困难户缺粮断炊,冬令季节有些困难户缺乏御寒衣被,需要给予救济。除对极少数困难户给予一定时期的定期救济外,对大部分救济对象一般实行临时救济的办法。1958—1978年,国家下拨救灾款94.5亿元,保障了救济对象

---

① 郑功成.中国社会保障制度变迁与评估[M].北京:中国人民大学出版社,2002:241.

的基本生活,在物质十分短缺的情况下有效地维护了农村社会的稳定。①

三是农村合作医疗制度的建立。农村合作医疗制度是20世纪50年代随人民公社化发展起来的一种解决农村居民最基本的医药服务的制度。这种制度以政府组织、集体经济扶持和农民互助合作为基础,基本采取自愿、受益和适度的原则,通过合作形式,民办公助、互助共济。20世纪60—70年代在中国大地上蓬勃发展,到70年代末,全国90%以上的生产大队(村)举办了合作医疗,成为我国农村主要的医疗保健制度。在农村合作医疗体制下,政府利用其资金积累优势建立起了以县医院为龙头的农村卫生网络,并大力开展了地方病、传染病等的预防和治疗。基层卫生机构依靠生产队公益金提取、农民缴纳保健费和业务收入(药品利润),保证其主要经费来源,基本解决了农村缺医少药的问题,大大降低了农村居民的死亡率,提高了平均寿命水平。

2. 农村社会保障与城市社会保障的区别

在二元经济结构中形成的我国农村社会保障与城市社会保障有以下几方面的不同。

(1) 国家社会保障责任的分配不均衡性

所谓"社会保障责任",是指社会保障的提供者,对公民的基本生活所承担的一种确保或维持性质的社会责任。这种责任,之所以称为社会责任,一方面,维持公民的生存需求,实际上就是维持政治统治的秩序资源的基础;另一方面,公民基本生活和生存需求的满足,只有依赖国家和社会。因为当公民陷入基本生活或生存需求无法维持的状态时,意味着个人或社区的支持公民基本生活或生存需求的物质基础即将崩溃或丧失,显然会演化成社会安全秩序的破坏力量。因此,国家和社会必须为此负起责任,承担起经济投入或物质条件供养的义务来。

国家社会保障责任不均衡分配,是指国家通过政治统治的社会政策和调节手段,将社会保障责任在国家、社会、社区和个人之间,依计划体制和区域进行有差别的分配。国家和社会主要承担城市人口的社会保障责任,而农村人口则由农村家庭、社区承担。城市职工保障基金的经费筹集,由国家财政与企事业单位包下来。

---

① 郑功成. 中国社会保障制度变迁与评估[M]. 北京:中国人民大学出版社,2002:241.

农村人口则无权享受国家和社会以国家财政提供的社会保障,只能由农村集体经济组织与家庭承担社会保障责任。

(2) 保障模式及其变迁依赖的制度路径不同

以1951年我国颁布的职工《劳动保险暂行条例》为基点,中国社会保障制度便沿着城乡两种不同的路径发展、演变。城市社会保障制度模式依赖于城市工业制度,它随着企业生产和分配制度的演变而变迁,大体经历了四个发展阶段,即劳动保险制度—国家责任性企业保障制度—企业责任性保障制度—社会保障制度。事实上,我国于1951年设计的劳动保险制度,因其基金可在全国范围内调剂,具有一定的社会机制性,故有学者称这种模式为"企业+社会"保障模式。1969年,财政部规定企业不再缴纳劳动保险费,劳动保险待遇从企业"营业外支出"账户中列支。由此,劳动保险制度成为完全的企业保险制度。但由于企业并非自负盈亏,其利润上交国家,同时,亏损也由国家补偿,企业并没有经济负担,所以,这一时期的企业保障实质是一种国家责任性保障。随后,20世纪80年代的经济体制改革动摇了国家责任性企业保障的基础。由于企业自负盈亏,保险费支出增加了企业成本,影响了企业经济效益,于是从1984年开始,劳动部在一些县市试行退休费用的社会统筹,自此也改变了企业保障的模式。十几年来的城市社会保障制度改革基本上改变了企业主导的状况,逐渐建立了社会主导的保障模式。

与城市不同,农村社会保障模式依赖于农村土地制度及农业生产和经营方式的变革而变化,大体经历了五个阶段,即家庭保障+政府、社区扶助—集体保障+国家救助—家庭保障+国家救助—家庭保障+社会保障试点—家庭保障+国家救济。但由于以集体所有制为内核的农村土地制度以及与之相关联的农业生产方式并没有发生实质性的变化,从而决定了农村以土地经营为基础的家庭保障主导模式没有得到根本改变。与城市相比,农村社会保障具有以下几个特点:① 社会化程度低,新中国成立六十多年来,农村的社会保障依然停留在政府、集体或社区的救济和救助的低层次上;② 非制度性,农村的社会保障大多不是建立在权利与义务对等的正式的制度基础上,而农村社会养老保险和合作医疗保险仅在小范围进行试点,并未形成稳定而又规范的制度;③ 保障模式改造相对滞后,近几十年来,中国农村经济转换和社会变革进程加快,尤其是工业化、城市化程度得到快速提升,而农村社会保障模式仍然根植于传统的自然经济基础上,远远满足不了农村社会经济发展的需要①。

(3) 社会保障的模式不同

社会保障的模式,涉及社会保障是否具有制度规范的保证。社会保障涉及面很广,如保障范围、保障水平、经费来源、运行机制等方面都必须有制度保证。在城乡二元化的经济结构中,城乡社会保障分别形成了两个相对独立的不同模式的社会保障体系,即制度保障模式和剩余保障模式,前者是城市社会保障体系,对保障对象的身份限定准入,保障水平、经费营运都有一系列的规范限定。

农村社会保障都是一种剩余保障模式。农村的经济组织人民公社,是为国家工业化进行原始积累服务的政社合一组织。人民公社利用其生产资料的所有权和经营活动的支配权,对劳动成果的分配首先保证国家对农产品的征购,其次才是集体提留的扣除,然后才是工分赋值。集体提留首先是留足生产发展基金,余下的是集体保障基金,因此这是剩余保障模式,其保障范围、保障水平、保障对象、营运机制等因集体提留的不稳定性而具有不确定性。这种保障模式一方面增强了农村社区集体保障功能,有利于提高农民抵御风险的能力;另一方面,这又是以牺牲农业生产效率为代价的②。

(4) 社会保障水平差异巨大

社会保障水平指社会在一定时期内向社会成员所提供的社会保障范围和社会保障基金的量的总称。社会保障范围通常用社会保障项目的多少来反映,社会保障项目越多,社会保障范围就越广,社会保障水平就愈高。社会保障基金的量是指社会能够集中到的用于各种保障项目给付的资金的规模,一般用人均社会保障支出或社会保障支出与 GDP 的比值来反映,它的值越大,社会保障水平就越高。

一般而言,社会保障项目按照社会保障制度所应付的风险事件(如年老、残疾、死亡、疾病、生育、工业伤害、失业、贫困等)分为养老保险、医疗保险、工伤保险、生育保险、失业保险及社会救助等。中国早期的城市劳动保险制度只涉及前四项,在

---

① 杨翠迎.中国社会保障制度的城乡差异及统筹改革思路[J].浙江大学学报(人文社科版),2004(3):13.
② 耿忠平.社会保障学导引[M].上海:同济大学出版社,2003:266.

几十年发展与改革的基础上,又对贫困和失业给予了特别的关注,加强了失业保险和最低生活保障制度的建设。目前城市社会保障制度涉及的保障项目已相当齐全,而相比之下,农村社会保障项目十分缺乏。从社会保障资金水平来看,1991—2001年,城市人均社会保障支出占人均GDP的比重平均为15％,已经达到某些发达国家20世纪70年代的社会保障水平,而农村只有0.18％,城市人均享受的社会保障费用支出是农村的90倍之多。以公共卫生投入为例,1998年全国卫生总费用为3 776亿元,其中政府投入为587.2亿元,用于农村的卫生费用为92.5亿元,仅占政府投入的15.9％,城市人口享受到的国家公共卫生和医疗投入是农村人口的6倍。不论从社会保障项目的数量还是社会保障资金水平来看,中国城乡社会保障水平的差异都是非常惊人的。①

第二节 我国城乡二元化社会保障制度的强化

一、改革开放前农村社会保障的特质及其固化

改革开放之前,我国农村社会保障制度完全依存于农村人民公社体制。农村人民公社制度是为国家工业化进行原始积累服务的政社合一组织,一方面它的建立破坏了农村传统的家庭经济保障功能,另一方面人民公社平均分配的制度安排具有一定的保障作用。中国制定了人民公社六十条,该条例规定基本核算单位的生产队,每年可以从分配的总收入中扣留2％或3％的公益金,作为社会保障和发展集体福利事业的费用,许多公社、大队还相继建成了敬老院、福利院,使老有所养、残有所为,较普遍地以生产大队为单位建立了医务所(室),推行农村合作医疗制度,使农民病有所医。一些经济发达的公社、大队还互助合作建新村,兴办福利事业,实行社员退休养老制度、助学奖学金制度以及统办红、白喜事制度等。半农半医的赤脚医生按大队干部的报酬水准获得工分和现金补贴。药费从各生产队的公益金中抽取,作为药品周转金。社员看病用药的费用按成本收现金。到1965

---

① 杨翠迎.中国社会保障制度的城乡差异及统筹改革思路[J].浙江大学学报(人文社科版),2004(3):13.

年,农村绝大多数地区的县、公社和生产大队都已建立了医疗卫生机构,其流动资金、人员的费用、设备的投入等都由集体经济提供。

二、改革开放后至新世纪初城乡二元化社会保障的差异不断加大

人民公社解体以后,原有的集体保障消亡,而新的社会保障体系又没有建立起来。国家把主要的资金用于建立城市社会保障,计划经济时期形成的城乡分割的社会保障体制得到了强化。与城市社会保障相比,农村社会保障层次低下、范围狭小、覆盖失衡、项目不全、社会化程度不高、保障标准欠科学。建立社会保障网络的乡镇1998年仅占全国乡镇总数的41%,建立社会保障基金会的不到村民委员会总数的20%[①]。

随着人民公社的解体,家庭联产承包制的推行,集体经济形式发生了变化,不少地区集体公共积累明显减少,与公益金相联系的各项事业受到削弱。到1989年,实行合作医疗的行政村下降到全国行政村的5%左右。卫生部1998年进行的"第二次国家卫生服务调查"结果显示,全国农村居民中得到某种程度医疗保障的人口只有12.56%,其中合作医疗的比重仅为6.5%。这说明合作医疗的作用大大下降,相当规模的农村居民失去了社会或社区提供的集体医疗保障,不得不恢复家庭保障和自我保障。1998年,城市居民自费医疗的比重是为44.13%,农村居民自费医疗的比重达到了87.44%(见表3-1)。

表3-1 1998年中国医疗保障制度构成(%)

调查指标	城乡总计	城市合计	农村				
			合计	一类	二类	三类	四类
公费医疗	4.95	16.01	1.16	1.07	0.76	1.98	0.26
劳保医疗	6.22	22.91	0.51	1.40	0.54	0.15	0.03
半劳保医疗	1.62	5.78	0.20	0.64	0.10	0.07	0.05
医疗保险	1.88	3.27	1.41	2.39	1.63	1.16	0.12

---

① 方青.从"集体保障"到"社会保障"——中国农村社会保障(1949—2000)[J].当代中国史研究,2002(1):101-107.

续表

调查指标	城乡总计	城市合计	农村				
			合计	一类	二类	三类	四类
统筹医疗	0.39	1.42	0.05	0.15	0.03	0.01	0.00
合作医疗	5.54	2.74	6.50	22.21	3.24	1.62	1.83
自费医疗	76.40	44.13	87.44	71.79	93.17	94.77	81.49
其他形式	2.98	3.73	2.73	0.34	0.52	0.23	16.22

资料来源:《中国卫生年鉴》,人民卫生出版社,2002,第483页。

由表3-1可见,我国农民中绝大多数是自费医疗,来自政府的转移支付和具有风险分担的合作医疗、医疗保险所占比例很小。其结果是导致农民有病不敢看,农民的卫生保健指标恶化。根据1998年的调查,农村36%的农民应就诊而未就诊,65%的农民应住院而未住院,上述两个比例比1993年有所增加。以2000年5岁以下儿童死亡前治疗情况为例,农村56.6%的孩子死在家里,而城市91.3%的孩子死在医院里。这也导致了农村因疾致贫、因病返贫现象突出。

从城乡社会保障体系来看,农村社会保障项目不全,各项目之间缺乏有机联系,没有相应的配套政策措施,共济性差,难以构成整体优势。

目前农村以养老、医疗为重点的社会保障工作仅在小范围内实行,没有在全国大范围内大面积推广,社会保障基金调剂范围较小,在如何确定福利水平与经济发展的关系方面,国家没有一个具有法律意义的数量规定。在农村社会养老保险当中由于农民投保档次较低和投保时间较短,养老标准极低。按1998年全国历年(1986年以来)累计8 000多万农村居民投保的150.4亿元养老金计算,人均也只有180元左右。家庭供养是农村养老保障的主要形式,1987年占了67.5%,1992年上升到了92.4%;但是城镇却以退休供养作为主要的养老保险形式,它所占比重由1987年的56.1%上升到1992年的65.1%。农村合作医疗中,医疗费用报销比例一般在30%左右,根本谈不上满足对农民医疗保障的要求。在社会救助上,国家虽然做出了很大的努力,但仍是杯水车薪。在1990—1999年的10年中,国家和各级政府社会救济金的总和为 7.9 亿元,定期救助的人数也只有 52.8 万人[①]。

三、新世纪以来城乡二元化社会保障分离模式的进一步强化

进入新世纪以来,社会保障的城乡二元化问题越来越引起人们的重视。这一阶段是城乡二元化社会保障差异最为固化的阶段,但这一阶段也是我国城乡社会保障分割的最后阶段。此后,城乡社会保障逐渐走向融合。1998 年以后,由于资金缺乏和保障水平低等原因,农民参保积极性不高,农村养老保险基本处于停滞状态。为扭转这一局面,确保全体农村居民能享受到基本养老保险保障,2009 年 9 月 1 日,国务院出台了《关于新农村社会养老保险试点的指导意见》,开始新农保试点工作,并要在 2020 年之前实现对农村适龄居民的全覆盖。不同于传统农保的是新农保实行"统账结合"模式。国家对基础养老金部分进行补助。比起旧农保,新农保进步了不少,打破了"保富不保穷"的制度障碍,但比起城镇职工养老保险,差距还是很大,甚至有进一步加大的趋势。2010 年,城镇居民人均领取基本养老保险费为 16 741 元,而农村居民仅为 699 元,城镇居民人均领取的养老保险费是农村居民的 23.95 倍。新农保的缴费标准有 100 元、200 元、300 元、400 元和 500 元共五档可供农村居民选择,而 2011 年开展的不同于城镇职工的城镇居民基本养老保险却有 100 元至 1 000 元共十档缴费标准。农民即使有余钱想选择较高的档来缴费,以为将来年老体衰时维持一定水平的养老保障做出更有利的选择,也是不可能的。

2003 年,国务院开始在全国部署建立新型农村合作医疗制度,在农村重建合作医疗制度,缓解农民群众"看病难、看病贵"的问题,减轻了广大农民的经济负担,提高农民健康水平。但与城镇职工医疗保障制度比起来,新农保不论是资金投入还是保障水平都较低。2005 年,城镇居民人均卫生费用为 1 118.5 元,农村居民人均为 318.3 元,前者是后者的 3.5 倍,这也说明了政府在城乡卫生费用投入上差异巨大。2005 年城镇职工医疗保险与新型农村合作医疗对市民和农民人均基金支出分别为 781.88 元和 34.50 元,职工医保支出是新农合的 22.66 倍。新农合目前在东部地区已经实现全覆盖,在中西部地区覆盖率也已经达到 85% 左右。虽然新农合的参

---

① 国家统计局农村调查总队.中国农村统计年鉴(2000)[M].北京:中国计划出版社,2001.

保人数和比例均高于城镇职工医疗保险,但新农合不论是筹资水平还是保障水平均与城镇职工医保仍存在较大差距。2005年,城镇职工参保人数为1.38亿人,当年基金收入为1 405亿元,人均基金收入1 018.12元;农村地区有7.57亿人参加新农合,人数是城镇的5.5倍,而基金收入仅为75.36亿元,仅占城镇基金收入的5.36%,农村人均基金收入也是少得可怜,仅为42.09元。基金收入少,人数多,必然保障水平就低。

进入21世纪以来,大量的农村剩余劳动力向城市的转移已成为常态,但这些转移到城市的农村剩余劳动力基本上都在非正规部门就业。很多中小私营企业为了降低经营成本不愿意为农民工缴纳失业保险。相对于农民工来说,城镇居民大多就业于正规部门,企业基本上都为城镇居民购买了失业保险。因此,同样面对失业的时候,城镇居民相对比较有保障,而农民工就只能靠自己,没有保障。

在社会福利方面,不论是城镇职工还是居民,都有较多的社会福利。譬如面向职工的有为职工保健和生活而发放的各项现金补贴、职工困难补助、安家费、住房交通补贴等,还有多种工作津贴,如高温作业津贴、高空作业津贴、夜班津贴等。此外,城镇居民还享有社区公共服务,如就业服务、老年服务、救助服务、文化教育体育服务等。对于农民来说,以上的社会福利与服务几乎都不享有。

第三节 我国城乡二元化社会保障制度形成的原因分析

一、基于新中国成立初期我国工业化战略取向的客观要求

新中国成立之初,我国就提出了实现社会主义工业化的宏伟目标。我国二元化社会保障制度正是为适应工业化的要求而推出的重大举措之一。①

第一,从发达国家的经验来看,工业化是以机器大工业生产取代传统手工生产为特征的,工人成为社会化劳动分工体系的一员。他们离开土地,离开农村,集中于工厂与城市从事工业及相关产业劳动,其劳动成果的绝大部分归雇主或国家,小

---

① 李迎生.社会保障与社会结构转型[M].北京:中国人民大学出版社,2001:69.

部分则以工资形式分配给工人作为生活来源。而当工人遭遇失业、疾病、工伤、年老等困难时,如果社会不采取适当措施,他们便将处于生活无着的境地。因此,为工人建立与现代大机器工业生产形式相适应的社会保险制度就成为一种客观必要。所不同的是,如果说西方国家社会保险制度的建立是工业化结果的话,我国城市社会保险制度,在相当程度上可视为工业化的一个起点、前提或组成部分。

第二,最初形成的社会保险制度没有包含农民,除农民可凭借土地取得最基本的生存保障外,一个重要的原因在于这样的设计是为了保证为推进工业化提供稳定的原料、农产品与资金来源。西方国家除通过海外掠夺取得积累资金外,一般是通过农业的积累取得推进工业化的资金来源。新中国成立之初,不可能大规模利用外资,这就决定了我国工业化所需的资金只能靠内部积累,除工业自身积累外,主要靠农业积累。为此,中国建立了以计划体制为核心的工业化资源动员机制,这种机制通过农产品国家定价,从农民手中低价收购,对城市居民和企业低价销售,以维持大工业低工资和低原料成本的特征,使工业不断产生超额利润,最后又通过大工业利税上缴,集中起国家工业化的建设资金。国家正是通过工农业产品价格的"剪刀差",征收农业税与实行粮食统购统销政策支撑工业发展的。在这种情况下,为农民建立与城市工人一样的社会保险制度便是不可能的了。

二、城乡二元化社会保障制度是城乡二元经济结构的产物

二元经济结构的定义比较多,但主要是指在一个国家的经济中出现了经济和社会方面的分化,主要表现为不同部门和地区之间存在技术水平的差异、发达程度的差异,在对待本土和外来的社会制度方面存在着习俗和态度方面等差异。就世界范围而言,二元经济结构并不是一种普遍现象,也不是发展的必经阶段。

我国社会严重的城乡二元经济,既是历史发展的必然,也是当时政策选择的必然。新中国成立后,由于国际上对我政治上孤立,军事上威胁,经济上封锁,因此中央政府选择了"苏联"模式,以政府职能取代市场职能,以国家计划代替市场调节进行资源配置。在这种计划体制下,必然要求计划对象群体相对稳定,城市和农村作为社会经济的两大门类,相对稳定是首先应该保证的。这是城乡壁垒的经济发展

根源。在经济发展中,一系列现实的政治和社会问题又一步步促使城乡壁垒的加深。①

与此相联系,从先进工业化国家社会保障的历程来看,一般都是先有面向城市企业雇佣劳动者的社会保险制度的诞生,而后经过较长的时期,当社会结构在工业化、城市化的基础上走向城乡一体化,城市工业已能通过自身的积累来反哺农业而实现农业经营的规模化与机械化以后,才有农民社会保险制度的出台与社会保障制度的城乡一体化。以养老保险为例,先进工业化国家城乡劳动者养老保险制度的实施,都间隔了较长的一段时期,表3-2反映了部分国家和地区城乡社会保障一体化的时间及经济发展水平。

表3-2 部分国家和地区城乡社会保障一体化的时间差

国家和地区	建立社会健康保险制度的时间(年)		建立社会养老保险制度的时间(年)		建立农村社会养老保险时农业占GDP的比重(%)
	城市	农村	城市	农村	
德 国	1883	1887	1889	1957	5.7
日 本	1927	1961	1941	1971	6.0
丹 麦	1892	1969	1891	1977	6.9
美 国	1965	—	1935	1990	2.0
加拿大	1958	1968	1927	1990	3.4
中国台湾	1950	1989	1950	1994	—

中国城乡二元化的经济结构在工业化起步时期就严重存在,随着工业化的推进,这种情形理当逐步缓解,乃至最终消失。然而,计划经济体制一系列城乡分割的政策导致二元经济格局的凝固化,由此导致社会保障城乡二元化的长期存在②。

三、城乡二元化社会保障制度与户籍制度和城乡分治的格局

我国城乡二元化社会保障制度与户籍制度和城乡分治的格局有关。

其一是户籍制度。新中国成立最初几年,国家对户口迁移的控制还是比较宽

---

① 耿忠平.社会保障学导引[M].上海:同济大学出版社,2003:263.
② 李迎生.社会保障与社会结构转型[M].北京:中国人民大学出版社,2001:68.

松的,当时城乡之间的户口迁移一般不受限制。1957年12月18日,中共中央、国务院联合发出《关于制止农村人口盲目外流的指示》,要求通过严格的户口管理,做好制止农村人口盲目外流的工作。1958年1月9日,毛泽东以主席令颁布了全国人大常委会通过的《中华人民共和国户口登记条例》。根据该《条例》,户籍管理以户为基本单位。只有当人与住址相结合,在户口登记机关履行登记后,法律意义上的"户"才成立。户分为家庭户和集体户。公民在经常居住的地方登记为常住户口,一个公民在同一时间只能登记一个常住户口。公民在常住地市、县范围以外的地方暂住三日以上的须申报暂住登记。婴儿在出生后一个月以内须申报出生登记,并随母落户。公民迁出本户口管辖区,必须在迁出前申报迁出登记,领取迁移证,注销户口。不按条例规定申报户口或假报户口者须负法律责任。《条例》第10条规定:"公民由农村迁往城市,必须持有城市劳动部门的录用证明,学校的录取证明,或者城市户口登记机关的准予迁入证明,向常住地户口登记机关申报办理迁出手续。"这样就正式确定了户口迁移审批制度和凭证落户制度,并以法规的形式限制农村户口迁往城市。1958年9月和1962年12月,有关部门先后规定:"对农村县镇前往大中城市"及"中小城市迁往大城市的,特别是迁往北京、上海、天津、武汉、广州等大城市的"要严加控制。1977年11月,国务院批准了公安部《关于户口迁移的规定》,确定了户口迁移的主要原则:"从农村迁往市、镇(含矿区、林区等,下同),由农业户口转为非农业户口,从其他市迁往北京、上海、天津三市的,要严加控制。从镇迁往市,从小市迁往大市,从一般农村迁住市郊、镇郊农村或国营农场、蔬菜队、经济作物区的,应适当控制。"至此,以城乡二元为基本框架,由特大城市、大城市、中小城市、镇(含矿区、村区等)、市郊、镇郊、农村或国营农场、蔬菜队、经济作物区、一般农村梯次构成的等级制社会结构便完全成型了[①]。有城市户口的,就可以享受城市的各项福利保障制度,没有城市户口的,就无法在城市生活和定居,更谈不上享受城市的福利保障。

其二是劳动就业制度。1952年8月1日,政务院发出《关于劳动就业问题的决定》,指出在当时的历史条件下,国家还不可能在短期内吸收整批的农村劳动力到

---

① 孟醒.统筹城乡社会保障[M].北京:经济科学出版社,2005:105.

城市就业,因此必须做好农民的说服工作,当时城市的实际情况是,存在不少闲散劳动力,失业、半失业现象存在,1952年城市失业人员达376.6万,失业率高达13.2%,到1957年,失业率仍达5.9%。至于农村,20世纪50年代即存在剩余劳动力,他们都有进城谋生的意愿。一遇灾荒,更有大批灾民背井离乡,成为所谓"盲流"。事实上,农村人民公社为了大力发展农业生产也需要大量劳动力,城市工业化刚刚起步,就业位置有限,如果允许大批农民进城就业,不仅进城农民无业可就,而且会加重城市原有的就业压力。1957年12月13日,国务院公布《关于各单位从农村中招用临时工的暂行规定》,明确规定城市"各单位一律不得私自从农村中招工和私自录用盲目流入城市的农民。农业社和农村中的机关、团体也不得私自介绍农民到城市和工矿区找工作",甚至规定"招用临时工必须尽量在当地城市中招用,不足的时候,才可以从农村中招用"[1]。由上述可见,20世纪50年代形成的劳动就业政策,原则上规定城市劳动部门只负责城市非农业人口在城市的就业安置,不允许农村人口进入城市寻找职业。

上述政策的相继实施,是城乡二元化社会保障制度出台并得以维持的前提与最直接根源。这些政策(制度)的长期存在而导致的我国独特的城乡二元社会格局的凝固化,导致了社会结构转型的困难与二元社会保障体系向一体化过渡的艰巨性[2]。

第四节 我国城乡二元化社会保障制度的客观评价

一、二元化社会保障制度的积极影响

1. 二元化的社会保障制度促进了工业的快速发展

在新中国成立初期,二元化的社会保障制度使国家以较低的成本,通过人民公社集体保障、土地保障等维持了农民的最基本生活,农业积累被源源不断地转化为推动工业发展的资金和原料,从而促进了工业的快速发展。

---

[1] 中华人民共和国法规汇编(1957年7月—12月)[M].北京:法律出版社,1958:482-483.
[2] 李迎生.社会保障与社会结构转型[M].北京:中国人民大学出版社,2001:72.

据统计,1978年以前农业部门为国家工业化提供的全部积累为6 058亿元,其中以剪刀差形式提供5 239亿元,以农业税形式提供819亿元。这期间国家财政对农业的投入累计为1 577亿元,扣除这一数字,则农业部门为国家工业化提供的积累约为4 500亿元,依靠这笔积累,加上其他的措施,国家不断增加对工业的投资,促进了工业的快速发展。从1952年到1979年,我国工业投资累计达到3 679.6亿元,新增工业固定资产2 520.7亿元。从1950年到1977年,中国工业年均增长率为13.5%,比与我国条件相当的印度,高出一倍多。1952年,我国公民所有制企业的固定资产原值为149.2亿元,1978年增加到3 193.4亿元。从1949年到1978年,我国工业总产值增长38.2倍,占工农业总产值的比重由30%提高到72.2%。我国建立起了比较完备的工业体系,为我国的现代化和城市化奠定了物质基础[①]。

2. 二元化社会保障制度为农民提供了最基本的生活保障

虽然二元化社会保障制度使农村居民不能享受城市劳动者的种种社会保险和各项福利待遇,但是国家通过人民公社的集体保障、土地保障等,在农村实行了"五保供养制度"、"农村合作医疗制度"、"农村救济制度"等,为农民提供了最基本的生活保障,避免了在国家工业化、城市化过程中大量农民由于失去基本生活保障而流入城市从而引起社会动荡的现象。

二、二元化社会保障制度的消极影响

1. 其不符合我国宪法的规定,是对农民的不公平

我国宪法规定,中华人民共和国公民在年老、疾病或者丧失劳动能力的情况下,有从国家和社会获得物质帮助的权利。而二元化的社会保障制度使农民被排斥在现代社会保障制度之外,农民仅享有土地保障、家庭保障等,在农村没有建立起以社会保险为核心内容的社会保障制度,城市居民不但享有稳定的社会保障制度,而且其社会保障水平远远高于农村的社会保障水平(见表3-3)[②],这种情况不符合我国宪法的规定,是对农民的不公平。

[①] 李迎生.社会保障与社会结构转型[M].北京:中国人民大学出版社,2001:73.
[②] 杨翠迎.中国社会保障制度的城乡差异及统筹改革思路[J].浙江大学学报(人文社科版),2004(3):15.

表3-3 1991—2001年中国城乡社会保障资金水平的比较

指标	年份										
	1991	1992	1993	1994	1995	1996	1997	1998	1999	2000	2001
城市社会保障水平(%)	13.30	14.25	14.87	14.78	14.63	14.38	14.64	15.44	17.42	17.39	17.30
城市人均社会保障支出(元)	250	332	437	580	710	802	890	987	1 141	1 230	1 324
农村社会保障水平(%)	0.27	0.21	0.17	0.15	0.15	0.17	0.16	0.18	0.16	0.16	0.17
农村人均社会保障支出(元)	5.1	4.7	4.9	5.7	7.4	9.5	9.8	11.2	10.5	11.4	13.2

注：本表根据《中国统计年鉴》、《中国农村统计年鉴》1992—2002年相关资料整理而成。其中城市社会保障支出主要包括在职职工社会保险及福利支出、离退休职工社会保险及社会福利费支出和城市社会救济福利费支出等三部分，不包括房租补贴、物价补贴、各种实物补贴、社区服务设施等费用项目；农村社会保障支出主要包括农村社会救济及福利支出，1999年以前还包括农村社会保障基金会基金额，但不包括农村乡镇企业公益金用于社会福利、农村社会养老保险、农村合作医疗保险等费用的项目。

2. 二元社会保障制度扩大了城乡之间业已存在的差距

由于在户口、就业、福利设施建设等方面对城乡人口采取了差别对待的制度性安排，工农业产品之间存在严重的剪刀差，加之农民有各种税费负担，在我国，城乡劳动者的收入差别一直就存在。

社会保障制度从它建立的本意上来看，是要通过对国民收入的再分配消除贫富差距，实现社会公平，促进社会、经济的全面发展。我国城乡二元化的社会保障制度反而扩大了城乡之间业已存在的差距。据浙江大学杨翠迎教授研究，1991年至2001年间，中国城乡居民收入差距呈倒S曲线状，且有缓慢扩大的趋势，而现行社会保障制度没有改变这种曲线趋势，相反，更加剧了曲线上升的趋势。1994年城乡居民的收入比为2.86，含社会保障收入后，这一比值上升为3.32，社会保障使城乡居民收入差距增加了16%；2001年，城乡居民收入比为2.9，而含社会保障收入之后，这一比值上升为3.44，社会保障使城乡居民收入差距增加了18.6%（见表3-4）。[①]

[①] 杨翠迎. 中国社会保障制度的城乡差异及统筹改革思路[J]. 浙江大学学报(人文社科版), 2004(3):15.

表 3-4　1991—2001 年中国社会保障制度对城乡居民收入差距的影响

指标	年份										
	1991	1992	1993	1994	1995	1996	1997	1998	1999	2000	2001
城乡居民收入比	2.40	2.58	2.80	2.86	2.71	2.51	2.47	2.51	2.65	2.79	2.90
含社会保障的收入比	2.73	2.99	3.25	3.32	3.14	2.91	2.88	2.95	3.15	3.32	3.44

3. 二元化的社会保障制度不利于城乡统筹发展

在特定时期，农村集体和家庭相结合的保障形式虽然从最基本的生存意义上保证了农民的需要，但随着农村人口的继续增加与土地面积的减少，这种保障方式变得越来越脆弱。按照世界工业化的一般趋势，工业化总是伴随城市人口增加与农村人口减少，最终社会结构在城市化的基础上实现城乡一体化。

进入 21 世纪，统筹城乡社会经济发展、建设全面的小康社会，是中国社会发展的关键及现阶段的目标，然而在城乡制度安排上，延续了 50 多年的社会保障制度及与之相关的户籍制度、农业税收制度、土地制度等，仍然是城乡融合、统筹发展的严重障碍。城乡统筹，就是要求劳动力、资本、土地和技术等要素在城乡之间能够合理流动，促进城乡经济发展的良性互动。而二元化的社会保障制度是大大有利于城市劳动者的，且实行于工业化起步阶段，项目齐全，待遇较高，个人不负责，经过几十年的演变，已使国家和企业不堪重负，这种情况下，吸引农民进城就业并给予相应的社会保障待遇，便是不可能的了。由此可见，二元化的社会保障制度首先限制和阻碍了劳动力要素的流动，不利于全国城乡统一的劳动力市场的形成，一方面大量剩余劳动力滞留农村，造成劳动力资源的极大浪费，而另一方面，即使一部分劳动力流动到城市，这些劳动力也只能以"二等"身份在城市里从事着那些城市居民不愿意干的脏、苦、累的工作。尽管他们为现代化的城市建设做出了巨大贡献，但他们还是无法被城市接纳，不能同城市居民享有平等的生存权利。近年来，尽管中国在社会保障制度、户籍制度等方面做过许多努力，一些政策也有所松动，但力度不大，二元结构依然存在。因此，二元化的社会保障制度仍然是中国统筹城乡经济社会发展的一大障碍。[①]

---

① 高君.推进城乡社会保障统筹发展的几点思考[J].长春师范学院学报(人文社会科学版)，2005(3):12-13.

第四章 我国城乡社会救助一体化研究

我国的社会救助制度,不仅是保障和改善民生的"最后一道防线",更是维护社会和谐安定的重要保证。改革开放以来,我国的社会救助体系不断完善,建立健全了以城镇最低生活保障和农村五保供养为主,医疗卫生、教育、就业、住房等专项社会救助为辅的社会救助保障体系。

近年来,我国城镇化进程不断推进,原有的不合时宜的旧体制逐渐被打破,适应时代发展的新体制正逐步规划与建立,新旧体制的更新换代过程中又不断突显出矛盾交织的社会问题。在这种复杂的社会环境中,只有尽快建立与社会发展相适应的社会救助体制,才能实现经济的长久发展和社会的安定和谐。社会救助体制的建立与发展,任重而道远。

第一节 我国城乡社会救助制度现状

一、我国城乡社会救助制度发展的积极方面

1. 社会救助制度法治建设不断完善

1993年,上海率先建立了城市最低生活保障制度,这标志着我国社会救助制度已经从临时性措施向常设性制度建设转型,社会救助对象也由原先的特殊人群向普通贫困者的方向过渡。随着社会的不断发展,社会救助体系也在逐步完善。1997年,国务院发布了《关于在全国建立城市居民最低生活保障制度的通知》,随后又于1999年9月颁布了《城市居民最低生活保障条例》。同年,中华人民共和国第九届全国人民代表大会常务委员会第十次会议通过了《中华人民共和国公益事业捐赠法》,使得社会救助民间慈善捐赠方面有了专项法律的保障。2000年,民政

部发布了《救灾捐赠管理办法》。2003年,国务院废止了《城市流浪乞讨人员收容遣送办法》,颁布并实行《城市生活无着的流浪乞讨人员救助管理办法》,明确规定了社会救助中的行政救助部分具有明显的非强制性。2006年,国务院颁布《农村五保供养工作条例》和《关于在全国建立农村最低生活保障制度的通知》,这两项规定迈出了构建农村低保制度的关键性一步。2009年,国家发布了《中共中央、国务院关于深化医药卫生体制改革的意见》和《国务院关于印发医药卫生体制改革近期重点实施方案(2009—2011年)的通知》。2014年2月21日,国务院公布了《社会救助暂行办法》,完整、系统地确定了我国社会救助制度体系的相关要求,明确将最低生活保障、医疗救助、住房救助、教育救助、就业救助等八项制度以及社会力量参与作为基本内容。①

2. 社会救助制度财政投入力度不断加大

随着我国城市化进程的不断推进,我国社会救助制度财政投入力度也随之不断加大。据国家民政部门相关统计数据显示:截至2014年12月,全国共救助城乡低保对象约7 089万人,占全国总人口的5.3%左右,其中农村低保对象5 209万人,城市低保对象1 880万人。②据统计,全国农村地区共有特困救助对象529.5万人,各级政府财政支出救助金达188.3亿元。就临时救助方面来说,2014年,临时救助人数由城市家庭125.3万户次和农村家庭176.5万户次组成,共救助301.8万户次。③全国范围内共有1 891个社会救助管理服务站,未成年保护中心有274个,救助床位达10.8万余张,附属工作人员1.9万余人。2013年8月至2014年年底,全国范围内救助生活无着落流动人员2 161.3万人。与此同时,各级政府财政部门不断加大社会救助资金、资源的投入,共支出低保救助金1 538.6亿元。中央财政补助仍占主导地位,共投入救助资金1 101.48亿元。另外,我国城乡低保的平均保障标准为月人均411元和年人均2 776.6元,同比增长10.1%和14.1%;城乡低保月人均补

---

① 王丹. 公共治理视角下我国社会救助制度研究[D]. 呼和浩特:内蒙古大学,2014.
② 新华网. 民政部:截至去年12月全国共救助城乡低保对象约7 089万人[EB/OL]. (2015 - 06 - 27)[2016 - 08 - 10]. http://www.gov.cn/xinwen/2015 - 01/30/content_2812575.htm.
③ 新华网. 民政部:截至去年12月全国共救助城乡低保对象约7 089万人[EB/OL]. (2015 - 06 - 27)[2016 - 08 - 10]. http://www.gov.cn/xinwen/2015 - 01/30/content_2812575.htm.

助水平分别达到274.6元和125.3元,同比增长9.1%和12.5%。[①]

3. 社会组织积极参与社会救助

党中央、国务院一直以来都十分重视社会组织积极健康发展问题,社会组织的重要性在国家"四个全面"战略布局中体现得更为深刻。不断激发社会组织的发展活力,创新社会治理体制,提升社会治理能力,已成为我国城市化进程中的重要举措。政府通过相关政策的支持,鼓励和引导更多的社会组织参与到社会救助中来。在政府优惠的财政补贴、税收优惠和费用减免等政策引导下,社会组织参与社会救助工作的积极性和主动性空前高涨。目前,社会救助模式正在进行创新改革,将原先由政府主导模式逐渐转化为政府向社会组织购买服务模式,通过采购、承包、委托等多元化方式,把社会救助服务逐步分担到社会组织身上,形成政府与社会组织共同进行社会救助的合力,实现救助模式的更新换代。2011年开始,中央财政开始支持社会组织参与社会救助服务试点项目。2013年,乌兰浩特市城乡困难群众大病医疗救助基金会成功获得了2013年度中央财政支持社会组织阳光救助承接社会服务试点项目,立项金额38万元,实际支出38万元,一共有88名困难大病群众享受到了救助。2014年,鄂尔多斯市慈善总会获得了中央财政支持社会组织参与社会服务救助贫困家庭脑瘫儿童康复试点项目,立项资金50万元[②]。

社会组织的发展,从另一角度来说,能够反映出当前社会保险与社会救助制度存在一定的局限性,但这也正是社会组织蓬勃发展的现实必要性。社会组织作为一支强有力的社会力量,融入当前社会救助系统中来,其发挥的作用将越来越显著,地位也会越来越突出。

二、我国城乡社会救助发展的消极表现

1. 城乡社会救助覆盖面存在差距

改革开放以来,我国的社会救助体系不断完善,建立健全了以城镇最低生活保障和农村五保供养为主,医疗卫生、教育、就业、住房等专项社会救助为辅的社

[①] 新华网.民政部:截至去年12月全国共救助城乡低保对象约7 089万人[EB/OL].(2015-06-27)[2016-08-10]. http://www.gov.cn/xinwen/2015-01/30/content_2812575.htm.

[②] 数据来源:中国社会组织网.

会救助保障体系。但由于我国城乡经济社会发展水平参差不齐,人文环境、社会风俗等有所差异,形成了较为偏向于城市居民社会救助的城乡二元社会救助制度,广大的农村地区农民及其他弱势群体很难享受到国家全方位的社会救助政策。同时,农村的社会最低生活保障制度建立较晚,因此与城市相比其差距也逐步加大。根据数据显示:从2007年开始,我国农村最低生活保障的覆盖面大幅增加(见表4-1、图4-1、表4-2、图4-2)。2007年,农村最低生活保障人数同期增长了123.9%。2009年,农村最低生活保障的覆盖面进一步扩大,比城镇低保覆盖面高出了2.91个百分点。① 近年来,虽然我们一直在努力缩小城乡之间的差距,但现实情况却不容乐观。

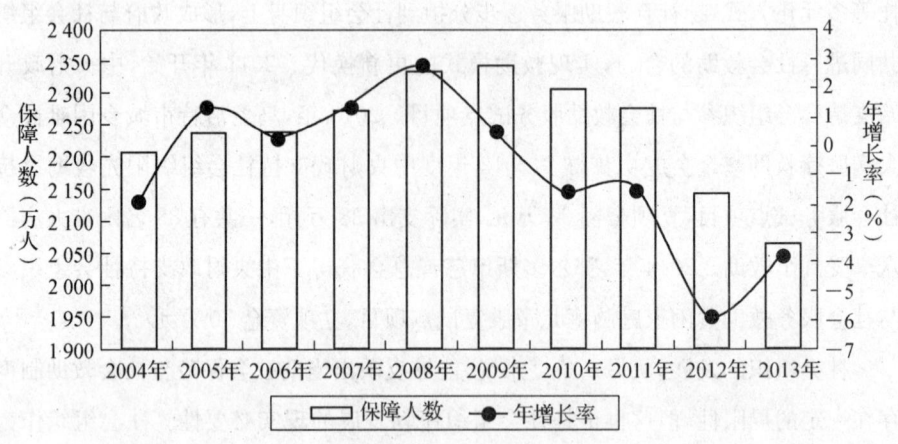

图4-1 城市居民最低生活保障覆盖人数

表4-1 城市居民最低生活保障人数及年增长率

单位:万人,%

指标	年份									
	2004	2005	2006	2007	2008	2009	2010	2011	2012	2013
保障人数	2 205.0	2 234.2	2 240.1	2 272.1	2 334.8	2 345.6	2 310.5	2 276.8	2 143.5	2 064.2
年增长率	-1.9	1.3	0.3	1.4	2.8	0.5	-1.5	-1.5	-5.9	-3.7

---

① 朱德云,马静.我国城乡社会救助均等化:现实考察与实现路径[J].中央财经大学学报,2012(8):1-6.

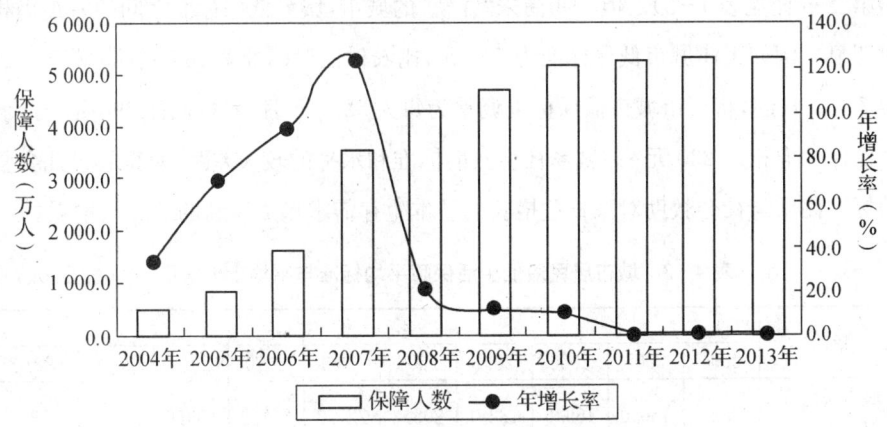

图 4-2 农村居民最低生活保障覆盖人数

表 4-2 农村居民最低生活保障人数及年增长率

单位:万人,%

指标	年份									
	2004	2005	2006	2007	2008	2009	2010	2011	2012	2013
保障人数	488.0	825.0	1 593.1	3 566.3	4 305.5	4 760.0	5 214.0	5 305.7	5 344.5	5 388.0
年增长率	32.9	69.1	93.1	123.9	20.7	10.6	9.5	1.8	0.7	0.8

资料来源:《中国民政统计年鉴 2014》

2. 城乡社会救助标准和水平参差不齐

我国的城乡社会救助标准和水平自新中国成立以来就存在着较大差距。直到 2004 年,我国在农村地区实施低保制度后,政府相关财政投入逐步向农村倾斜,才缩小了城乡社会救助在救助标准与救助水平上的差距。但城乡长时间的失衡发展,决定了城乡社会救助的标准与应有水平的零差距化不能一蹴而就。从表 4-3、表 4-4 中,我们可以明显看到,2009 年城市低保平均标准是农村的 2.26 倍。近年来政府加大对农村低保的发展力度,逐步缩小了城乡低保差距,但到 2013 年,城市月低保标准仍是农村月低保标准的 1.83 倍。据 2015 年最新数据显示:上海、北京、南京等地相继对城乡居民最低生活保障标准做出调整,逐步实现城乡低保标准的"并轨"。上海市的城乡低保标准为每人 790 元/月,位居第一;北京为每人 710 元/月,位居第二①(详见表4-5)。但一些尚未"并轨"的城市,城乡低保标准之间的差距仍相对明显。例如天津城市低保标准为705元,比农村低保标准多165元;郑州于2015年7月1日起,将全市城市低保标准调整为每人520元/月,农村低保290元/月,城乡低保标准相差230元②。城乡社会救助标准和水平的较大差距,使得农村社会救助标准偏低与社会救助对象日益增长的基本生存需求形成了新的矛盾激增点。③

表4-3 城市居民最低生活保障平均标准与平均支出水平　单位:万/人,月

指标	年份									
	2004	2005	2006	2007	2008	2009	2010	2011	2012	2013
城市居民低保平均标准	152.0	156.0	169.6	182.4	205.3	227.8	251.2	287.6	330.1	373.3
城市居民低保平均支出水平	65.0	72.3	83.6	102.7	143.7	172.0	189.0	240.3	239.1	264.2

表4-4 农村居民最低生活保障平均标准与平均支出水平　单位:万/人,年

指标	年份							
	2006	2007	2008	2009	2010	2011	2012	2013
农村居民低保平均标准	850.8	840.0	987.6	1 209.6	1 404.0	1 718.4	2 067.8	2 433.9
农村居民低保平均支出水平	414.0	465.6	604.8	816.0	888.0	1 273.2	1 247.9	1 393.5

资料来源:《中国民政统计年鉴2014》

表4-5 2015年城乡低保标准表　单位:元/月

地区	城市低保标准	农村低保标准	调整时间
上海	790	790	2015年4月1日
北京	710	710	2015年7月1日
天津	705	540	2015年4月1日
南京	700	700	2015年7月1日
杭州	660	660	2014年12月1日
拉萨	640	2 450元/年	2015年
广州	600	560—600	2014年1月1日

---

① 中国社保网. 2015 各地城乡居民最低生活保障标准一览表[EB/OL]. (2015-07-08)[2016-08-10]. http://www.shebao5.com/fagui/111880.html.
② 中国社保网. 2015 各地城乡居民最低生活保障标准一览表[EB/OL]. (2015-07-08)[2016-08-10]. http://www.shebao5.com/fagui/111880.html.
③ 朱德云,马静. 我国城乡社会救助均等化:现实考察与实现路径[J]. 中央财经大学学报,2012(8):1-6.

续表

地区	城市低保标准	农村低保标准	调整时间
武汉	580	320	2015年1月1日
郑州	520	290	2015年7月1日
哈尔滨	510	3 000元/年	2014年10月1日
合肥	510	510	2015年1月1日
石家庄	500	2 700元/年	2013年12月
呼和浩特	515—565	3 644元/年	2015年1月1日
沈阳	505—580	295—355	2015年7月1日
济南	500—550	300	2015年4月1日
西安	480—510	255—265	2014年10月
昆明	475—530	215—295	2015年4月1日
太原	453—505	288—505	2015年1月1日
南昌	450—480	280	2015年1月1日
长沙	450	450	2015年7月1日
海口	450	360	2013年7月1日

除了城乡社会救助标准与水平存在较大差异之外，通过对城乡社会救助实际补差的绝对值进行比较后发现，农村社会救助人均补差值也远远落后于城市。综合表4-6，我们可以看到，从2006年到2009年，城市社会救助年平均补差额占城市最低收入人均消费支出的比重在29.31%到42.12%之间，相同情况下，农村该数值则保持在25.48%到34.65%之间，远低于城市该数值的水准。

表4-6　城乡最低生活保障年均补差水平占最低收入人均消费支出的比重

年份	年平均补差水平		最低收入人均年消费支出		年平均补差水平/最低收入人均年消费支出（%）	
	城镇	农村	城镇	农村	城镇	农村
2006	1 003.20	414.00	3 422.98	1 624.73	29.31	25.48
2007	1 232.40	465.60	4 036.32	1 850.59	30.53	25.16
2008	1 724.40	604.80	4 532.88	2 144.78	38.04	28.20
2009	2 064.00	816.00	4 900.56	2 354.92	42.12	34.65

资料来源：《中国民政统计年鉴2010》，《中国统计年鉴2010、2009、2008、2007》

综合表4-7,通过城乡医疗专项社会救助的资金投入比较,也能看出城乡社会救助专项社会救助制度也存在较大差距。例如表中数据显示,在2008年和2009年两年时间内,我国农村医疗救助的人次数是1 489.5万人,明显高于城市医疗救助的854万人。但再结合医疗救助人均支出数,就会发现城市医疗救助人均支出水平均高于农村水平。而且2009年,农村医疗救助人均支出水平比城市低了88.1元,城乡医疗专项社会救助的发展还是不均衡的。另外,农村社会救助中的就业、教育等专项救助和临时性救助的救助水平,较之城市来说,都有明显差距。

表4-7 城乡医疗救助支出水平比较

项目	2008年	2009年	比上年增减(%)
城市医疗救助			
城市医疗救助人次数(万人次)	443.60	410.40	-7.50
占城市社会救助人口的比重(%)	17.31	16.25	-1.06
平均支出水平(元/人次)	483.50	764.70	58.20
农村医疗救助			
民政部门医疗救助人次数(万人次)	759.50	730.00	-3.90
占农村社会救助人口的比重(%)	13.19	12.33	-0.86
平均支出水平(元/人次)	360.30	676.6	87.80

资料来源:《中国民政统计年鉴2010》

3. 城乡社会救助中的政府财政支出责任不同

我国社会救助制度中的资金来源主要还是由政府承担,但各级地方政府所承担的责任有所不同。总的来说,还是中央政府负担大于地方政府。在支出方面也是对城市社会救助项目的支出要比农村社会救助项目的资助多得多。结合表4-8,我们可以较为直观地看出2008年和2009年,城市的社会救助的政府财政支出多于对农村社会救助项目的支出。2008年,城市低保的中央政府救助支出占全国支出的66.4%,而农村低保的中央政府支出只占到了40.03%。对其他城镇社会救济和对其他农村社会救济的主要资助支出,则基本靠地方政府承担相应责任。由此可见,中央政府主要负责最低生活保障制度的相关资金的支出,除城乡低保以外的社会救助项目的重担则分担到地方政府的身上。但在现实生活中,地方政府的财政支出要负担辖市区的经济、政治、文化、社会等多方面项目的正常运营,自身财力就有限,现在除低保以外的财政支持又有高达99%的部分由其支撑,往往会出现有心无力的尴尬局面。传统的对于社会救助财政支出的责任划分并不合理,间接导致农村社会救助制度发展的滞后性。

表 4-8 2008、2009 年政府城乡最低生活保障、城乡救济支出比较

年份	2008 年			2009 年		
项目	全国支出（万元）	中央（%）	地方（%）	全国支出（万元）	中央（%）	地方（%）
城镇居民最低生活保障	4 054 894.3	66.4	33.6	5 008 686.5	71.69	28.31
农村居民最低生活保障	2 339 432.8	40.03	59.97	3 876 236.8	65.92	34.08
其他城镇社会救济	317 322.9	0.028	99.972	329 874.5	2.73	97.27
其他农村社会救济	931 410.3	0.005	99.995	1 222 396.5	4.4	95.6

资料来源:《中国民政统计年鉴 2010》

第二节 我国城乡社会救助制度面临的问题与挑战

社会救助制度的发展是一件事关国计民生的大事,近年来,我国社会救助事业得到党和国家的重点关注,社会救助体系得以补充与完善,城乡社会救助的覆盖面都有所扩大,社会救助事业得到较高水平的发展。但是,在应对不断变幻的新环境,不断变更的新格局,不断产生的新问题时,仍然存在制度和政策层面的现实性问题。

一、我国社会救助制度模式存在问题

第一,认识上存在误区。我国社会救助政策的相关制定者与切实的实施者,对社会救助制度的认识存在误区。① 对社会救助制度的认识还存在不足之处,没有全方位地了解社会救助的意义、目标、对象等,使得社会救助制度相关政策的制定与其在实际生活中的贯彻实施,存在一定灰色地带。② 对社会救助制度本身的作

用过于高估。社会救助制度只是社会保障制度的一个支点,不存在万能的制度,制度本身总归是受一些客观条件限制的,所以在制定社会救助制度时应尽量考虑各个方面的利弊。③ 过度依赖社会救助制度,为懒汉提供了温床。

第二,我国的城乡社会救助发展存在较大差距,发展不均衡。农村社会救助制度明显滞后于城市社会救助制度,保障标准仍然处于较低水平,城乡社会救助标准只能维持基本温饱,无法适应物价的变化,更起不到缩小贫富差距的作用。

第三,被救助家庭收入的核查具有一定难度。① 确实存在社会救助申请人为成功申请救助资金而弄虚作假或不配合调查的情况。② 有不少农村地区在社会救助过程中,并没有按照国家规定的救助标准来执行救助,存在部分村委会按照下指标的方式进行民主"选穷"。③ 对家庭收入的核查方式、方法有待改革。居民收入是一个动态过程,而对其核查过后的一段时间内会一直按照已查数据进行救助,因数据会丧失有效性,导致社会救助存在不公平的问题。

第四,无奖惩措施。虽然我国在社会救助对象的申请上有明确规定,但没有配套的奖惩措施,多数接受社会救助的贫困者还是无偿享受救助资金和资源,并不需要去履行相应的义务。长此以往,一些人会形成一种好吃懒做的常态,加重政府社会救助的负担。

二、我国社会救助制度立法存在问题

第一,立法理念与意识存在滞后性。我国社会救助立法中最不能忽视的就是立法观念滞后这个问题。当前,我国社会救助立法工作严重滞后于社会救助事业的发展。中国尚未形成科学的社会救助立法思想,对社会救助的认识也尚且停留在政府的施恩和慈善性事业,并未真正认识到享有社会救助是公民的一项基本权利。这样使得立法者也受到思想的束缚,无法从人民的利益出发制定保障人权的社会救助相关法律。

第二,法律边界模糊。我国尚未制定并实施全国统一的社会救助法律法规,社会救助长期处于一种无法可依的状态。近年来,国务院、民政部门多次出台有关社会救助的政策、措施、条例,各级政府与相关部门也是遵循所颁布的通知、意见等规范性文件开展社会救助工作。缺乏配套的法律法规,直接影响各级政府、部门对社会救助工作的认知与重视,容易存在执行不规范、政策不连续等问题。

第三,社会救助立法程序规范缺失。中国在社会救助具体立法过程中,重实体轻程序,因此缺乏立法的程序性规范。目前,中国出台的有关社会救助制度的法律规范很多,但这些法律规范大多缺少执行的方式及救济的方式,使得社会救助在具体实施过程中,工作人员和受助者均不知道应遵循何种受助形式。

三、我国社会救助制度管理体制存在问题

目前我国政府并没有出台一套完整的、系统的社会救助标准,而是将相关权力下放到各级政府及相关部门,由各地根据实际情况自行制定相关政策。由于各地情况有所不同,地方政府自行确定社会救助标准,使得社会救助标准的合法性、合理性完全依托于地方政府制定政策的能力与水平。这就会造成各地社会救助实施效果差异较大,甚至出现有悖于公平原则的问题与现象。现阶段,社会救助标准的设定存在一定的弊端,这也加剧了现实生活中实施社会救助的不公平性。如地区经济发展水平、地区居民收入及劳动力市场价格的差异,家庭结构类型以及救助对象困难需求程度等实实在在的差异性,并没能科学地体现在社会救助的标准之中。少数地方管理部门还会存在"等、靠、要"思想问题,在社会救助过程中偏重于政府的救助责任而轻视对社会本身社会救助潜力的挖掘。

四、社会救助制度缺乏行之有效的外部监督机制

想要实现社会救助制度的高效运行,必须建立健全相应的监督约束机制。我国法律已出台相应的监督机制条款,但实际操作中,并没能很好地实现监督监管的有效机制。以2008年汶川地震为例,汶川大地震发生后,中纪委、民政部门等联合发布了《关于加强对抗震救灾资金物资监管的通知》,从政策上为抗震救灾工作提供了保障。但实际的救灾情况仍与希冀有所差异,这正是因为外部监督体制与机制的不完善。虽然相关部门明确表示不非法侵占、截留抗震救灾物资,但这只是一种工作决心与态度,可归属于内部监督。例如,对于善款善物的监管,是由慈善机构进行跟踪与监督的,登录民政部、红十字总会等网站进行查询时,会发现对于捐赠者、捐

赠款项有较为详细的记录,但对于截至目前利用了多少善款、其收支与分配情况、救灾物资招标情况等的记录却是寥寥无几。对此,却没有相关机构或组织提出质疑。这种缺少外部监督机制的记录方式,会造成善款、物资在数年后去向不明,也会因此挫伤民众的捐赠热情,弱化民间救助对政府救助的补充作用。综上所述,建立健全外部监督制度,是实现社会救助正规化、合理与合法化必不可少的一环。

五、社会救助的主体过于政府化

自改革开放以来,我国政府便肩负起了社会救助的职责,成为社会救助的直接实施者。这种模式虽然可以全面统筹资金与资源,但也会阻碍社会与民间救助组织作用的发挥。由于政府在很长一段时间内对社会救助相关事宜的统筹、包办,使得大多数人会产生"社会救助就是政府职责"的思想误区,也会间接淡化社会成员之间的关系。社会救助的理想化发展模式应是通过社会成员之间的互帮互助,激发社会正能量,政府只是介于其中,起中介作用。因为政府本身的资金、资源是有限的,不可能事必躬亲、大包大揽。一个国家的救助水平是由社会成员之间互帮互助的意愿与行为决定的。因此,充分发挥社会与民间救助组织的作用,是对政府进行社会救助事务的调节与补充。另外,社会救助主体过于政府化也会降低社会救助资金、资源的利用效率。通常情况下政府的救助行为都带有一定的政治诉求。通过政府的救助,并不一定能保证被救助者会获得重新在社会上生活的能力。这种治标不治本的救助行为,会使社会救助的资金、资源浮于形式,资源利用的作用不能得到有效发挥。

第三节 国外城乡社会救助的经验及启示

一、美国的"综合型"社会救助模式

1. 美国社会救助制度的历史沿革

1935年,罗斯福政府颁布《社会保障法》,这标志着世界上第一个完整的社会保障体系的建立,也首次明确了"社会保障"的含义。美国一直是世界最大的经济体,经济与社会发展水平较高,但在这样一个富裕的国度,贫困问题仍是其政府必须面对和解决的关键性问题。

美国的社会救助制度是从20世纪30年代着手建立的。在这之前,美国社会需要救助的弱势群体是依靠社会和民间慈善组织的帮扶维持基本生活的。1929年,由于金融危机导致美国失业率高达20%,新的危机贫穷问题出现,社会矛盾异常尖锐。当时的罗斯福政府随即提出新的解决方案,并签署《联邦紧急救助法》,将妇女儿童、失业补偿和残疾人补偿纳入社会福利体系中,建立美国第一个社会救助机构即"联邦紧急救助署",自此美国政府开始承担社会救助责任,开启了社会救助新时代。20世纪60—80年代,是美国社会救助制度的发展阶段。1960年美国经济飞速增长,国力也日渐雄厚,与此同时也加大了民权运动的诉求,促使美国福利制度全面扩张。1964年,美国政府开始倡导"与贫困作战"方案,强调民权法案的平等,以消除由主观因素而产生的歧视与不平等。通过减税,提高收入与人们的购物积极性。用"工作机会"法案,激发人们积极就业的潜在欲望。虽然该方案是针对较少数人设计的,但它提出了应对贫困的态度与目标,通过创造更多的就业机会,使更多的贫困群体可以参与其中,获得救助,进而消除贫困。20世纪80年代至今,美国处于社会救助制度的改革与发展阶段。随着美国各项福利资金支出的增加,其财政压力不断加大。1996年,克林顿总统签署了《个人责任与工作机会协商法案》,美国政府随之开始了社会救助制度彻底、完全的改革,增加了新的福利内容,修订了原有的救助体系,扩大了州政府在社会公共政策执行方面的权利与义务,形成了独具特色的预防与救助双道并行的崭新的社会救助体系。

2. 美国社会救助体系的主要内容

(1) 美国社会救助对象

美国统称低收入者为"穷人",也就是生活在贫困线以下的社会群体。但由于美国各州的具体生活水平及对"贫困线"的定义有所差异,对穷人的具体标准也就会产生不同的界定。1965年,美国政府根据家庭规模和家庭总收入两个维度,设定了贫困的标准线,并在随后几年不断进行修正。据美国社会福利部2013年公布的官方数据来看,一个美国普通家庭基本生活所需的最低收入标准为(除夏威夷州和阿拉斯加州以外）：四口之家家庭年收入低于 23 550 美元（1 美元约合人民币 6.2 元），三口之家家庭年收入低于 19 530 美元，两口之家家庭年收入低于 15 510 美元。① 由于美国各州的设定标准不一，如密苏里州，三口之家家庭月收入少于 1 789 美元，两口之家家庭月收入少于 1 427 美元，单身家庭月收入少于 1 064 美元也归入穷人行列。美国设定的穷人标准，是在没有计算房屋产权及财政补贴等救助基础之上的，这个数字更是远高于联合国制定的年收入 456 美元的穷人标准。②

（2）美国社会救助项目

美国的社会救助项目可以分为现金救助和非现金救助两大类。

现金救助项目主要包括：抚养未成年儿童家庭救助（AFDO）、贫困家庭临时援助（TANF）和补充性保障收入项目（SSI）。③ 抚养未成年儿童家庭救助是以现金形式资助单亲家庭、父母失业或丧失劳动能力的家庭，通常该项目对子女救助到年满 18 岁。该救助项目于 1935 年立法，在二战后救助人数迅速增长。④ 1988 年美国享受此救助项目的儿童达到 730 万。此项救助的资金 55% 由联邦政府承担，40% 由州政府承担，其余的 5% 由地方政府承担。⑤ 此项救助项目的一半以上的资金来源于联邦政府，而受益资格和受益标准与水平则由州政府根据受益人的家庭收入和救助标准决定。因此不同的州政府会根据自身情况制定不同的标准。贫困家庭临时援助项目是由《个人责任和工作调解法案》（PRWORA）缔造，前身为 1935 年《社会保障法案》中存在的"未成年儿童家庭援助计划"（AFDC）。⑥ 受益人群主要是单亲家庭或父母有一方长期失业或无劳动能力的家庭，以户主为女性的家庭为主。除此之外，该项目也尤为重视帮助和督促失业者再就业，通过提高受助者工作愿望等途径来解决福利依赖问题。补充性保障收入项目的救助对象为 65 岁以上的贫困老年人口或者是伤残人群。据统计，仅 1988 年，美国就有 450 万人得到了该项目的资助，政府总开支为 146 亿美元。

非现金救助项目主要包括：食品券（Food Stamp）、医疗救援（Medicaid）和住房

---

① 世界各国贫困标准研究[R]//中国国际扶贫中心课题组研究报告,2010(1).
② 世界各国贫困标准研究[R]//中国国际扶贫中心课题组研究报告,2010(1).
③ 祖玉琴.美国社会救助制度探析[J].特区实践与理论,2009(4):38－41.
④ 汪中芳.美国社会救助体系建设及其启示[J].中国民政,2009(5):30－31.
⑤ 祖玉琴.美国社会救助制度的探析与启示[J].决策咨询通讯,2009(1):4－7.
⑥ 世界各国贫困标准研究[R]//中国国际扶贫中心课题组研究报告,2010(1).

补助(House Relief)。食品券计划始于1961年,1964年被确定为永久性食品救助计划。[1] 食品券计划是由联邦政府和地方政府向无收入或低收入的残疾人、失业者、老年人发放的一种能在指定商店购买特定食物的支付票券。[2] 政府定时转账到券中,持卡人可以购买面包、水果、肉制品、蔬菜等。除了少数的无家可归者,此券不能在餐馆进行消费。该项目的目的是为了保障贫困者能获得基本的饮食,满足他们对基础食物的需求。在美国,看病是非常昂贵的,因此,医疗照顾与医疗救助项目也成为政府最重要的保障项目。医疗救援项目于1965年设立,主要是为低收入家庭或贫困者提供基础医疗救助服务。相关医疗费用由政府承担,联邦政府承担费用的25%到50%,州政府则需承担50%到78%的医疗费用。[3] 住房补助是联邦政府为了解决低收入阶层住房短缺和住房条件低下的问题而建立的援助计划。[4] 通过政府出资承建公共性质的住房并提供租房补贴的方式,保障贫困者解决相应的住房问题。除此之外,美国社会救助制度的"综合型"模式还包括教育救助、就业培训援助及安居计划等,在给被救助者提供援助的同时,鼓励贫困家庭获得就业、教育及住房的机会,增强被救助者自救、自助的发展能力,避免贫困者长期依赖政府救助。

3. 美国社会救助制度的特点

(1) 社会救助内容丰富

美国社会救助的内容是十分丰富的。从项目角度可分为现金救助项目和非现金救助项目,从形式上又可分为一般生活救助项目和特殊保障项目。由此可以看出,美国的社会救助制度从一般生活的保障到特殊需求的满足,都有系统而严密的体系,是一种全方位、综合性的社会救助体系,形成了各领域相对独立,又互为补充的制度模式,扩大了救助人群的覆盖面积,提升了社会救助水平。

(2) 合理的救助对象及救助标准的界定与划分

科学合理地界定救助对象、制定救助标准,可以使救助资金、资源实现有效利用的最大化。美国社会救助的对象分为一般生活救助对象和特殊救助对象两种。

---

[1] 牛文光. 美国社会保障制度的发展[M]. 北京:中国劳动社会保障出版社,2004.
[2] 祖玉琴. 美国社会救助制度探析[J]. 特区实践与理论,2009(4):38-41.
[3] 王海燕. 中美社会保障制度比较研究[D]. 北京:中共中央党校,2010.
[4] 王淼. 美国社会保障制度的历史考察[D]. 重庆:西南政法大学,2008.

美国联邦政府和州政府根据自身情况设定适合本地区的救助标准和救助水平，并规定没有申请到特殊救助资格的申请人可以获得基本的一般生活救助资格。这样的救助制度大大提高了社会救助的针对性和效率性，避免了救助资源的浪费与闲置。

（3）充足的社会救助资金来源

美国社会救助的资金来源多数是由政府出资和社会捐赠组成的。政府筹资主要有中央筹办、地方筹办、中央与地方共同筹办三种形式，根据中央与地方的权限，设定筹资比例。现阶段，美国的社会救助资金多数也是靠联邦政府与州政府划定筹资比例共同承担。另外，美国十分重视通过税收等优惠政策鼓励社会人士和相关慈善组织自愿参与，这对政府筹资起到了有效的补充作用。美国的基金会等社会团体是十分普遍的，经过基金会等社会团体联合进行的募捐活动，能够筹集亿万美元用于社会救助事业，大大减轻了政府单独筹集救助资金的困难。

二、德国的"针对型"社会救助模式

1. 德国社会救助制度的历史沿革

俾斯麦政府于 19 世纪末创建了德国特色的社会保险制度，由私人和行政区负责，称为福利事业或者救贫事业。1942 年，德国政府又出台了救济法令，规定了公共救济的种类、救助程度、救助标准及救助水平。1962 年，前联邦德国政府颁布了新的《联邦社会救助法》，并在随后几年对救济范围和救济支付进行了相关修改。1975 年，绝育和计划生育救济项目也列入联邦社会救济法。20 世纪 80 年代，随着德国失业率的攀升和收入不平等程度的提高，贫困人口开始增多，领取社会救助的总人数迅速膨胀，救助支出也急剧上涨。因此，从 20 世纪 90 年代起，日益放缓的经济发展速度难以支撑德国持续增长的福利开支，包括社会救助制度在内的社会保障制度进入改革时期。根据施罗德政府提出的社会救助改革方案，2005 年 1 月 1 日起《联邦社会救助法》作为第 12 篇并入德国《社会法典》。此次改革核心理念是拽紧"福利"与"工作"之间的联系纽带，从原来强调再分配和权利，转而强调社会融合以及权利和义务的平衡，个人在获得福利待遇时也要在能力范围内履行社会责任。其主要内容是将具有就业能力的失业者的失业救济金和社会救助金合并为失业金Ⅱ,为求职的社会成员提供基本生活保障;社会救助则成为主要是为了因应紧急事件或突发状况所产生的困境,作为最后一道社会安全网为部分或完全丧失就业能力以及处于特殊困境的人提供合乎人性尊严的最低生活保障。

2. 德国社会救助的内容

(1) 社会救助对象

德国的社会救助对象较为广泛,主要包括因病致贫者、无家可归者、失业人员和酗酒吸毒者四类。其他的贫困者在遇到难题时,也可申请社会救助,法律都将保障其被救助的权利。即使贫困者没有主动申请社会救助,其所在社区及其他社会慈善组织在得知其实际情况后,也会做出相应的救助措施帮助其渡过难关。虽然德国经济一直处于发展阶段,失业率也相对较低,但德国的贫困人口比例仍居高位。据德国联邦统计局2014年公布的数据显示:虽然德国的经济增长率在欧盟地区名列前茅,失业率水平相对较低,但2013年,仍有1 300万群众处于贫困待救助范围,占总人口的16.1%。① 如果一个有小于14周岁孩子的三口之家,月可支配收入低于2 056欧元(约合人民币1.60万元),也可视为贫困。②

(2) 社会救助项目

德国社会救助项目主要分为低收入家庭的生活救济和特殊生活处境下的救济两大类。生活救济主要针对的是那些依靠自身的资产和收入等能力,不能负担自身日常生活费用的群体。除此之外,生活救济也为住在庇护所或类似慈善机构里需要救助的群体提供救助。建立特殊生活处境下的救助,主要是为了保障贫困人口基本生活的基础救济。其内容包括生病期间救助、满足老年人特定需要的额外救助等,这也间接体现了德国社会保障体系的完整性与高福利性。1993年11月1日,联邦德国在《寻求庇护者法案》中对外国人的救助又做出重要修正③,具体内容如下表所示:

---

① 中国财经报网.德国贫困人口比率高达16%月收入低于979欧元[EB/OL].(2014-10-30)[2016-08-10]. http://www.cfen.com.cn/web/meyw/2014-10/30/content_1134425.htm.

② 中国财经报网.德国贫困人口比率高达16%月收入低于979欧元[EB/OL].(2014-10-30)[2016-08-10]. http://www.cfen.com.cn/web/meyw/2014-10/30/content_1134425.htm.

③ 中国社会救助网.德国社会救助的特点[EB/OL].(2007-03-20)[2016-08-10]. http://www.dibao.org/jzgs/info-5430.shtml.

救助对象	有义务离开德国,但对他们的遣送暂时中断的庇护者、外国人和战争难民
救助方式	以福利方式发放;根据受助者的实际情况,福利可以以凭证或其他类似补助或现金福利的方式发放
救助期限	3 年
对病人福利的限制	对病人的福利(相对于社会救助)的数额受到严格限制,只能用于治疗疾病和病痛所必须的药物和牙科治疗。只有在药物不能解决病痛的前提下,才能支付假牙所需费用

根据《寻求庇护者法案》的要求,接受社会救助的外国人首先要利用自己的财产维持基本生活,若在领取 3 年以上社会救助后,仍旧不能离开德国,德国政府不会采取其他手段终止受助者滞留德国,可以根据《社会救助法》领取相关福利[①]。

3. 德国社会救助的特点

第一,德国社会救助的范围较为广泛。根据德国《联邦社会救济法》的规定,无论是德国人还是外国人,只要是遇到该法所列的各种生活困难时,都可以申请社会救助。第二,德国社会救助经费充足。德国每年用于社会保障的资金支出约占整个财政支出的 30%,比例较高。就拿人口仅有 60 多万的埃森市来说,其用于社会救助的资金高达 1.126 亿欧元,相当于人民币 11 亿左右。第三,德国社会救助的标准和水平较高。一个两孩家庭在父母双双失业的前提下,就可以到当地政府领取每个月 1 732 欧元的救济金,约合人民币 17 300 元。第四,德国社会救助制度还配备具有抚恤性质的社会补偿制度,为战后德国市场经济的快速复苏提供了有力保障。

三、英国的"全面型"社会救助模式

英国是世界上最早建立社会救助制度的国家,其社会救助制度的发展及完善历程、立法现状等,都为世界各国社会救助制度的发展提供了宝贵的历史经验。

1. 英国社会救助制度历史沿革

中世纪时期,英国开始着手建立社会救助制度,通过基督教的慈善施舍和同业行会的互助互济来解决贫困问题。基督教会利用自己的收入为流浪者、贫困者提

---

① 中国社会救助网. 德国社会救助的特点[EB/OL]. (2007 - 03 - 20)[2016 - 08 - 10]. http://www.dibao.org/jzgs/info-5430.shtml.

供慈善救济,行会则通过互助共济和贫困救助两种途径来确保会员的基本生活。修道院是当时英国贫困群体的救济所和避难所。教区主要承担救助贫困群体的责任。1531年亨利八世颁布了《救济物品法令》,英国政府开始负责分发救济物品。1601年伊丽莎白一世《济贫法》的颁布,标志着英国社会救助制度开始走向系统化、正规化,社会救助的重任也开始由英国政府承担。英国院内社会救助制度也是英国社会救助制度的主要表现之一。院内救济的核心理念是规范管理贫困者和惩罚贫困者,对社会救助对象的救助申请资格审查十分严格,限制了社会救助对象的人身自由。当时的贫民习艺所是院内社会救助制度的主要组织机构。直到18世纪后期,旧济贫法受到猛烈冲击,贫困不再被看作是堕落和自身造成的结果,政府也着手规划新形势下的社会救助制度改革进程。1795—1834年期间颁布的《斯皮纳姆兰法令》,以法律手段承认社会救助权利的普遍性及对贫困群体最低生活标准的保障,标志着英国社会救助制度进入了崭新的历史时期。1834年,英国政府对济贫法进行了严格的修正。废除以教区为单位的济贫行政,扩大地方单位救助,实行中央监督和管理体制,并组织济贫法实施委员会,对社会救助相关工作进行管理和监督。另外,停止对游手好闲和身体健康的贫困群体采取院外救济,缩小社会救助对象范围,将社会救助对象限制为丧失劳动能力的老弱病残幼。[①] 英国社会救助制度在发展、改革、完善中最终定型。

2. 英国社会救助的内容

(1) 社会救助对象

按照英国政府的相关规定,英国社会救助的对象主要有:年满16周岁,收入不能满足最低生活需要者;已工作,但收入低,需要进行牙科治疗、外科手术者;不在社会保障范围内的穷人,如单身母亲、40岁以上的盲人、70岁以上领不到退休金的老人等;领取社会津贴期满,但是未获得新工作的人。[②] 除上述人员以外,流浪游民也可以申请社会救助。

(2) 社会救助内容

英国社会救助体系主要分为生活救助、医疗救助和灾害救助三方面。[③] 生活

---

① 刘继同.英国社会救助制度的历史变迁与核心争论[J].国外社会科学,2003(3):60-66.
② 王艳霞,田梦云.英国社会救助研究[J].职大学报,2008(1):99-102.
③ 曹清华.英国现代社会救助制度反贫困效应研究[J].河南师范大学学报(哲学社会科学版),2010(5):85-88.

救助是最核心的组成部分,采取现金和实物两种方式对生活在国家法定贫困线以下的困难群众实施救助,帮助其维持基本生活条件。医疗救助是针对贫困群体中的病患群体提供免费的基本医疗健康服务,以改善贫困人群健康状况。该救助由政府负责,主要包括残疾生活津贴、病假津贴等内容。灾害救助是针对遭遇自然灾害而陷入贫困的人群提供的物质帮助,保障其基本生活水平,帮助受灾民众重新获得生存能力,具体包括救助灾民生命、实施精神救助等。

3. 英国社会救助特点

第一,英国社会救助对所有的被救助者一视同仁,无差别对待。第二,英国政府在进行社会救助时,无论遇到什么困难,都能够满足贫困者维持基本生活水平的要求,将社会救助资金运用效果最优化,政府在承担繁重的社会救助时,能够尽量实现最佳效果。第三,英国政府注重鼓励贫困群体脱贫。对于单身父母,政府会制订特别计划帮助单身父母就业或创业。失业6个月以上的青年劳动者必须参与志愿者工作、环保工作或接受职业培训。通过政策规定与积极引导,帮助贫困者自食其力、逐步脱贫。

四、新加坡的"自立型"社会救助模式

1. 新加坡社会救助对象

新加坡的中央公积金制度能够满足多数人对于社会保障方面的需求,对于那些不符合中央公积金要求的社会群体,新加坡政府才会通过社会救助制度进行扶持。新加坡政府十分关注社会救助制度的公平与效率,遵循的是公平、公正、适当性和效率性原则。新加坡社会救助的对象往往是那些依靠自身力量无法维持最低生活水平的个人和群体,也包括那些由于年老、疾病等原因使得生活陷入困境的群体。

2. 社会救助内容[①]

新加坡社会救助的内容包括社区关怀计划和社会援助计划两大类。

(1) 社区关怀计划

社区关怀计划由新加坡社会发展、体育和青年部下属的社区发展理事会负责实施和管理,主要帮助贫困人口重新渡过难关,获得经济上的独立。社区关怀计

---

① 汪朝霞,史巍. 新加坡政府的社会救助计划[J]. 国外社会科学,2009(3):71-74.

划主要包括自立、成长和激发三部分。

自立，主要是通过就业扶持计划等手段帮助受助者重新获得工作机会，增强生活的能力。该项目的申请者必须是新加坡公民或者是拥有永久居住资格的公民，家庭月收入在1 500新元以下，没有来自其他方面的财力支持，且本身具有想要自立的意愿。申请者还要与就业顾问签订相关合同，并遵守就业顾问对其制定和约定的就业方面的相关事宜。就业扶助计划援助包括教育补助、为满足生活基本需求的现金补助、水电、基础设施、租金补助。救助标准需要经过社区发展理事会对申请者实际情况评估后进行确定。

成长，该项目主要是帮助有孩子，但无力承担孩子成长过程中相关费用的家庭。（见表4-9）

表4-9 新加坡社区关怀计划之成长

成长计划内容	申请条件	救助内容	救助标准
幼儿园经济援助计划	1. 必须是新加坡公民或已取得永久居住资格的儿童 2. 参加一项教育部制订的教育计划 3. 家庭月收入低于1 500新元	专门为不能支付幼儿园相关费用但需要将孩子送进幼儿园的家庭设立，该计划在非营利性幼儿园中进行，家长申请该项目后会获得一定的津贴	补助幼儿园每月费用的90%，最高补助金额为每月82新元。在儿童进入幼儿园时可以获得最高200新元的一次性补助，用来支付保险、保证金及注册费等
托儿所经济援助计划	1. 必须是新加坡公民或有永久居住资格的儿童 2. 年龄在7岁以下且已经进入符合该计划的托儿所 3. 在家庭里是前4胎 4. 家庭月收入1 500新元以下 5. 母亲有工作或正在寻找工作	主要帮助那些需要将孩子送进儿童照顾中心，但因为父母工作原因又无力支付该笔费用的家庭	根据家庭收入及孩子数量划分6个救助标准，收入水平高的家庭获得的补助要比收入水平低的家庭少，孩子多的家庭要比孩子少的家庭获得的补助少

续表

成长计划内容	申请条件	救助内容	救助标准
学生托管经济援助计划	1. 必须是新加坡公民或有永久居住资格的儿童 2. 年龄在7—14岁 3. 就读于教育部注册的学校 4. 母亲或父亲有全职工作或固定兼职 5. 家庭月收入在2 500新元以下	帮助那些因父母工作需要将孩子送到托管中心,而又无力承担费用的家庭	申请人向托管中心申请,符合资格后即可,主要是为7—14岁的儿童提供放学后的照顾和为在特殊学生托管中心的残疾儿童提供救助
儿童成长扶助计划	1. 必须是新加坡公民或有永久居住资格的儿童 2. 是家庭新生儿或6岁以下儿童 3. 没有上幼儿园或托儿所 4. 家庭月收入在1 500新元以下	帮助有新生婴儿及6岁以下儿童的贫困家庭,为其提供更好的学前教育、亲子关系沟通、儿童培养技巧等	各区家庭服务中心来负责资格评定,通过儿童成长扶助计划服务中心的评定

激发,是帮助长期需要社会救助的贫困老人及残障人士等更好地融入城市生活的项目。救助内容主要是每月的现金补助,提供免费的医疗救助和子女教育补助等。

(2) 社会援助计划[①]

新加坡社会援助计划主要有住房援助计划、教育援助计划、就业援助计划等。

新加坡从1964年开始推行"居民有其屋计划",为帮助低收入者能够顺利购房,新加坡于1968年开始推行公共住房计划。低收入者可以用公积金账户的全部存款和每月缴纳的公积金购买房屋。若存款不够亦可向建屋发展局申请贷款,用于偿还日后需要缴纳的公积金。在教育方面,新加坡一直都投入大量资金,并实行多项奖学金和教育基金项目,还为贫困家庭子女提供免费校服与书本。1991年开

---

① 汪朝霞,史巍.新加坡政府的社会救助计划[J].国外社会科学,2009(3):71-74.

始,新加坡设立教育储备专项基金,用来资助贫困家庭学生完成学业。新加坡就业援助计划强调的是从根源解决问题,帮助失业者重新获得自力更生的能力,协助贫困者克服就业困难,增加受聘和就业机会。

3. 新加坡社会救助特点

第一,兼顾效率与公平原则。新加坡社会救助项目,十分注重帮扶贫困群体再就业,鼓励他们自力更生,维护社会公平与效率。第二,社会救助制度以法律制度为基础。第三,重点关注儿童及儿童教育。为每个阶段的儿童提供教育救助,关怀儿童成长。第四,通过各种激励手段激发受助者自立的潜力。新加坡社会救助制度不养懒汉,通过各类激励手段鼓励贫困群体自力更生,靠自己的能力和勤劳发家致富,从根本上解决贫困群体对社会救助的依赖性。

五、国外社会救助制度构建经验及启示

随着我国城市化进程的不断推进,国民经济得到迅猛发展,贫困人口的数量较之以前大幅度减少,但因经济结构的不断调整与变化,社会分配也随之发生变革。允许一部分人先富裕起来,先富带动后富的政策虽然改善了一部分人的经济条件,但受技术、劳动要素等各方面因素的影响,我国的贫富差距不断加大,使得一部分贫困潦倒的困难者急需社会救助制度的帮扶。由于我国社会救济制度建立得较晚,因而应该借鉴社会救助制度较为健全的国家的宝贵经验。但任何国家的社会制度都不是普适性的,我国应根据自身发展阶段与特点甄选出与我国国情相符合的精髓之处加以有效利用,方能促进我国社会救助制度朝着高效化、全面化方向发展。

1. 加快社会救助制度的法制化建设

英国、美国、德国、新加坡等国家在法律建设上一直走在世界的前沿,在社会救助方面也遵循了法制先行的理念,不断建立健全社会救助相关法律,用法律保障制度的开展。英国因"福利国家"著称,主张"救助社会弱势群体是国家应尽的义务"。1834年,英国出台了《济贫法》,这是世界上较早对社会救助进行制度安排的国家。德国一直都强调社会救助制度是国家"扶贫助困"的法定责任。德国的社会救助制度有两个较为明显的特点:一是有明确统一的责任、权利分配,对中央政府、市政府等国家机关、机构在社会救助方面的权利与义务都有明确规定;二是在社会救助资

金的来源方面,对中央政府和地方政府的出资比例也有明确的划分。另外,德国社会救助制度在法律保障方面较为成熟,社会救助相关事宜都要按照《社会救助法案》来进行,并赋予受救助者向法院申诉的权利。美国的社会救助制度发展得比较全面,具有突出的"福利性"和"政府主导性"特征,并在严格的法律保障范围内进行。美国的社会救助制度从一般生活的保障到特殊需求的满足,都有系统而严密的体系,是一种全方位、综合性的社会救助体系,有效缓解了美国贫富差距带来的社会矛盾。目前,我国的社会保障制度尚在构建之中,首先,要在社会保险法颁布的基础上,制定配套法规,实现真正的有法可依。其次,加快社会救助专项法律的出台,提升社会救助法律规范的立法层次,并在此基础上逐步建立健全政策、细则,形成全社会进行社会救助工作的有力保障。

2. 完善配套的扶助政策,提高救助者的自我救助能力

英国、德国、美国、新加坡这些国家十分强调国家责任,在救助制度上突显了"福利性"特征,与此同时,他们也十分强调保障公民尊严,在提升公民自我发展和自我救助方面也有着较为人性化的特点,通过有效调控社会救助制度,来改变因制度漏洞产生的"占便宜"、"等、靠、要"等消极救助心理。

在英国,贫困者只要通过家庭经济状况的调查,就可获得相应的社会救助。除此之外,英国还有具有临时救急性质的社会津贴补贴制度。津贴种类多、覆盖范围广。近年来,英国受"第三条道路"思想的影响,逐步对现有的社会救济制度进行调整,变消极福利为积极福利,提出了"不承担义务就没有权利"、"社会投资国家"的口号,强调就业和保障相适应,重视教育和职业观念培训。德国的社会救助制度进行了一定的改革:一是在控制社会救助成本方面采取变"需要原则"为"低收入家庭的真实消费";二是采取多种手段促进无业者、失业人员进行就业,特别是采取一定的方法检验求助者是否积极就业,并通过立法降低消极就业拒绝就业者的社会救助标准。就我国目前形势来看,农村受助者远远多于城市受助者,单纯依靠社会救助制度本身来解决农村的贫困问题是行不通的。结合我国实际情况,建立健全解决农村贫困问题的长效机制,一方面要改革传统的社会救助制度对农村贫困者的施救方式,另一方面要尽最大努力帮助农民脱贫致富,减轻公共财政在社会救助上的压力。

3. 实施分类救助，开展专项救助

美国、英国、德国、新加坡等具有较为先进的社会救助制度的国家都会将社会救助项目进行细分，这种分门别类地将社会救助分为基本生活救助、特殊救助、专项救助等形式，可以使救助资金、资源得到更加合理和高效的利用。现实生活中，社会救助的对象有的是因为永久性丧失劳动力无法维持基本生活，有的只是暂时性失业导致的短暂的生活贫困，针对不同的情况进行不同类别的社会救助，将大大减少救助资金、资源、机会的浪费与丧失，达到物尽其用的效果，并能减少不公平现象的发生。

4. 确立就业优先发展的战略

促进就业是提升社会救助效能的有效途径。为提高社会效能，减轻社会救助负担，应促进有劳动能力的贫困者积极就业。首先，应推进第三产业的蓬勃发展，特别是社区范围内服务业的发展。社区服务业最显著的特点就是就业容量大，能够解决很大一部分贫困者的就业问题。其次，鼓励劳动密集型企业尤其是中小企业的发展，那些不需要技术的加工环节，能够提供大量的就业机会，较好地解决贫困者的就业问题。再次，通过教育与再教育，提高贫困者的文化知识素养，同时还可以通过岗位技能培训，提高贫困者的就业技能，提高他们的就业能力。最后，国家的财政应给予强有力的政策支持，在金融体制方面大胆创新，为贫困者提供资金等优惠条件，鼓励他们积极就业或自主创业。

5. 发展义工队伍，完善公益性社区服务体系

在美国等发达国家，义工早已成为评价一个人综合素质和社会责任感的指标之一。在美国，如果没有义工的经历，在升学和求职过程中就会受到负面的影响。如果可以将社会义工与社会救助制度相结合，用"以工代赈"的方法来完善公益性社区服务体系，受助者通过"以工代赈"的方式获得劳动报酬，代替原先直接接受社会救助资金和资源的传统方式，将大大减轻我国社会救助的巨大压力。20世纪30年代美国经济大萧条时期，罗斯福总统采用"以工代赈"的方法组织了大量的城市失业者参加基础设施建设工程，在减缓社会救助压力、提供社会工作岗位的同时，也为以后美国经济的发展奠定了坚实基础。我国的"以工代赈"政策被归属为农村扶贫政策，让贫困农民参加"以工代赈"工程建设，既能获得工作岗位和劳动报酬，又减轻社会救助资金、资源紧张的压力。当下，针对我国社会救助现存的问题，亦可在城市中实行"以工代赈"的方法，缓解社会救助负担。

第四节 我国城乡社会救助一体化的思考和建议

统筹城乡社会救助一体化发展,是事关国计民生的大事,是经济社会发展的切实需求,也是社会救助制度本身自我完善的必然要求。近年来,随着我国城市化进程的不断推进,各级政府在社会救助支出方面投入力度有着显著性增加,使我国城乡社会救助在均衡化发展上有了长足进展。由于我国农村社会救助制度建立得较晚,外加在政策、资金、资源上的滞后发展,城乡社会救助标准和水平还是有一定的差距。因此,应加大对农村社会救助的扶持力度,从政策、资金、资源等方面全方位提升农村社会救助水平,努力缩小与城市社会救助的差距,最终实现城乡社会救助的均衡发展。

一、完善我国社会救助制度模式

我国在解决社会救助问题的过程中,强调政府责任的同时也要注重强化公民的责任意识。进一步理清政府、社会和个人在社会救助中各自承担的责任,完善现行社会救助模式,更好地缓解社会救助的压力。

1. 建立健全层次多元社会救助制度

社会救助不仅仅是满足贫困者"吃饭"问题,更应建立健全社会救助保障综合性机制。

第一,完善医疗救助制度。医疗救助在我国医疗保障体系中占据重要位置,也是提升我国社会救助制度较为关键的一个环节。因此,各级政府部门应更加注重该环节的改革与创新,出台相应法律法规,建立医疗救助专项基金,扩大城乡医疗救助覆盖面,鼓励多渠道筹措资金,将社会资本纳入其中,支持民间医疗救助事业的规范性发展。针对农村地区,要进一步完善新农合制度,保证农村人口尤其是农村贫困人口的全覆盖;在城市医疗救助的发展过程中,应当与城镇职工基本医疗制度高度衔接,尽可能多地将贫困者纳入医疗保险与救助制度之中。第二,构建农村专项救助制度。首先,应全面健全农村五保供养制度,规范供养标准自然增长机制,以确保贫困群体能够享受到不低于当地平均水平的救助。其次,应注重农村养老机构等基础设施的建设与管理,设立专项救助资金保证项目顺利进行。另外,要从相关政策、制度、资金等角度吸收民营经济扶持农村专项救助项目的开展与实施。通过政府与民间组织的力量,全面提升农村五保政策的高效运行。第三,完善教育救助制度。加大义务教育体制改革,扩大义务教育范围。借鉴外国在教育领域的先进经验,关注儿童身心健康发展,将教育公平落在实处。

另外,从各国现有的社会救助制度相关方面的经验也可以看出,层次多元、项目齐全的社会救助制度是未来发展的趋势。在解决贫困群体基本生活的同时,应尽快落实应保尽保的政策,扩大社会救助的覆盖面,完善医疗救助、教育救助等其他形式的社会救助制度。

2. 合理界定社会救助对象,细化救助标准

社会救助对象的合理界定,可以更好地实现社会救助的公平公正,也能有针对性地进行必要的救助,真正解决贫困者的困难。社会救助对象的界定一方面要尽可能确保其全民性,另一方面则要确保救助对象界定的科学性。由于我国城乡经济发展不平衡,各个地区各个贫困群体的贫困原因和结果都存在一定差异,若采用统一的划分标准,会直接影响社会救助的实际效果。因此,应结合不同地区不同情况,科学、合理划分社会救助对象。

首先,进一步完善社会救助的申请制度和资格审查制度。对各种收入,如劳务性收入、财产性收入等进行严格评估。亦可以采用走基层、群众调查和评议等辅助方式确定社会救助对象。其次,完善家庭经济情况调查制度。可以和民政部门、社区等共同合作,全面了解申请者家庭主要成员、收入情况及致贫原因等,确定其贫困程度是否符合社会救助标准。对不同贫困水平的贫困者采取有针对性的救助方式,最大程度实现社会救助的救助效益。在合理界定救助对象、严格审查救助资格的基础上,逐步细化合理的救助标准。就我国目前情况来看,社会救助应更为注重解决温饱问题。在划定贫困线时,可综合多种方法,评估不同地区的贫困标准,尽可能减少因划分不科学而导致的救助不公平问题。

二、完善我国社会救助制度资金筹集及管理体制

1. 社会救助制度资金来源多元化

目前,类似美国这些社会救助制度较为完善的国家在社会救助资金和资源筹集方面,除了政府承担主要责任以外,还充分发挥慈善和救济等非政府组织的作用。而我国在筹集救助资金和资源方面做得还是比较欠缺的,在未来的发展中,我国也应逐步实现筹措社会救助资金和资源方式的多元化。因为大量的政策、物资、服务等各类社会救助资源蕴藏于政府各部门和社会组织中,整合并统筹发挥好这些资源,就能够实现"$1+1>2$"的效果,实现社会救助成效最大化。

一是加大各级政府的财政资金投入力度。合理分配中央政府和地方各级政府在社会救助资金投入方面的比重,还应确保相关救助资金能够及时有效地投放到位。二是规范社会救助财政转移支付手段。统筹考虑各级政府、民政部门等骨干救助单位目前在社会救助资金支出方面的实际情况,结合我国国内生产总值、国民生产总值、财政收入与支出情况以及救助标准、人均指标等因素,对社会救助资金进行准确预算,最终确定政府间转移支付的决策依据与程序。三是协调好税收与社会救助资金来源的关系、比例。我国社会救助资金主要是来源于政府,而政府可综合各方面要素,固定税收收入与社会救助资金支出之间的比例,调整和开征相关税源,创新社会救助资金筹措方式。四是积极发展慈善事业,充分发挥民间组织的力量。慈善事业的建立与发展,能够有效弥补单纯的政府社会救助的不足。慈善事业与政府救助相结合,还能促成我国财政投入与民间资本运作相得益彰的社会救助新局面。

2. 完善我国社会救助制度资金管理

加强对社会救助资金的监管,将救助资金用在真正需要它的受助者身上,才能体现出社会救助制度的关怀与扶持效益。首先,政府应将社会救助资金进行分账核算、专款专用。其次,发放救助资金应根据民政部门对救助资金发放办法的规定进行,对于交通不便利及偏远地区尤其是金融机构设立不健全的地区实行现金发放,现金发放后要对资金进行追踪监管。再者,加强救助资金的内部行政监督、财政监督,外部社会监督和审计监督,有效防范救助资金的私用、滥用。最后,应遵守

《社会救助暂行办法》相关规定,对社会救助资金的管理要采取责任追究方式,对徇私舞弊、滥用职权及玩忽职守的情况进行法律责任追究。

3. 加强我国社会救助制度资金的整合力度

社会救助职能部门应以收入分配制度改革为契机,在加大中央政府社会救助补助资金投入的同时,提升财政困难地区的社会救助水平,促使这类地区能够得到充足的社会救助资金。进一步完善"以奖代补"机制,对金融安全责任实施监督和管理,确保社会救助资金分担机制科学合理。梳理农村五保户配套资金融资渠道。进一步完善城市和农村最低生活保障资金的管理办法、中央财政对流浪乞讨人员救助补助资金的管理办法、自然灾害救助资金管理办法等。对地方社会救助资金使用制度进行指导和完善,通过监管确保资金安全使用。借助绩效评价指标和评价方法的完善进一步完善社会救助制度评价体系,同时开展社会救助制度年度绩效评价。

完善社会组织登记管理程序,发挥社会力量、慈善组织的潜力,通过政府引导,使其参与到社会救助中来,从而拓展社会救助资金来源渠道。在此基础上建立社会救助资金独立管理机构加强资金管理,从而保障社会救助制度良性运行。中国正是因为没有实现社会救助管理权力与资金权力的分离,才导致社会救助资金存在管理风险。中国只有建立这种社会救助资金独立管理结构,才能将救助管理权力同资金管理权力分离,真正有效地实现社会救助资金使用的透明性和监管的有效性。

三、完善我国社会救助制度管理体制

1. 整合社会救助机构,明确各自职能

随着城市化进程的不断推进,我国的社会救助制度也应进行制度与机制的改革创新,应构建符合当前新常态的新型社会救助统筹管理和运行机制。

首先,建立联席会议机制。我国社会救助体系错综复杂,比如社会救助政策的制定与实施由中央到地方分属若干不同部门,因此,有必要进一步明确各个部门之间的职责与权限,理顺关系,加强沟通,可有效减少政出多门、救助重叠等现象的发生。其次,整合政府、社会民间组织社会救助的施救潜力,实现"整体作战"。一方

面要整合政府的救助资金、资源,提高资源有效利用率,实现城乡社会救助资源配置的最优化;另一方面要整合社会组织等机构的资金、资源。社会组织的力量是无穷的,应建立健全相应机制,鼓励民间资本设立专项救助基金,并委托第三方进行管理,实现公平、公正、资源最有效利用。与此同时,加强政府、民政部门、社会和个人对资金、资源的全方位监督。最后,应重视社会工作者、志愿服务者的社会作用,形成全社会参与社会救助的合力。

2. 加大配套制度建设,建立健全社会救助的支撑体系

社会救助体系的全面优化,离不开人才、信息、平台等其他配套制度的效能提升。首先,要推进社会救助主体的合理界定。设立专门的社会救助行政管理机构,推进社会救助制度向正确的方向发展。其次,要提升社会救助专业化队伍素质的提升。社会救助涵盖的内容广泛、政策性强、业务技术要求高,需要大量的专业人才的培养与利用。再者,要推进社会救助信息化建设。我们正处在一个互联网飞速发展的新时代,"互联网+"与信息化成为我们生活中必不可少的一部分。通过推进社会救助信息化发展,可以实现社会救助网络化联动,社会救助的申请者可以通过互联网,共享社会救助在就业、教育、医疗等各方面的信息,提高社会救助的针对性和专业性。与此同时,利用互联网,还能够实现社会救助信息的统计与分析,可以为政府等相关部门提供政策制定的有效参考。最后,要推进基层社会救助平台建设。基层社会救助组织的平台建设有利于充实社会救助机构人员与设施建设,统一受理困难群众的救助申请进而实施统一救助,确保救助不重不漏,实现救助效能的最大化。

四、完善我国社会救助制度立法

我国是社会主义法治国家,社会救助制度的建立,也应该建立在法律基础之上。首先,要做好社会救助制度建设的立法规划工作,统一编制,系统梳理,各部门形成立法联动机制,避免政出多门、推诿扯皮现象的发生。其次,要做好社会基础调研。扎实的基础调研工作可以查找出社会救助法律制度的缺陷,并能针对问题提出相应对策、措施,最终形成规范统一的社会救助法律体系。再者,要规范现行法律体系,补充社会救助相关法律条例,形成更为完整、系统的综合型法律体系。结合基础调研,找出现行法律中不合时宜的部分进行修订,并补充与细化社会救助

原则、对象、救助标准等法律要素,让社会救助工作走上法律化的正轨。最后,优化社会救助立法程序。健全的社会救助法律除了有实体法的硬性规定外,高效运转的程序法也是其重要组成部分。在立法过程中,要按照一定的法定程序对社会救助法律的执行进行指导,更好保障社会救助法律的实施。另外还应完善社会救助的审查批准程序、公民参与程序及动态监管程序。进一步明确社会救助对象、救助标准、救助内容等,保障社会救助执法的有效性与程序化。

五、夯实救助基础,完善城乡居民最低生活保障制度

社会救助制度是一项整体工程,而最低生活保障制度则是社会救助制度的基础与核心,俗话说"基础不牢,地动山摇",城乡居民最低生活保障制度完善,则社会救助制度牢固。

首先,积极探索分类施保的相应措施。科学界定纳入低保的贫困者资格,按照其贫困程度给予相应标准的救助与保障。其次,促使尚有劳动能力的低保对象积极就业或自主创业。部分接受低保保障的贫困者并没有丧失劳动能力,针对该类群体,就要鼓励他们进行再就业或给予一定优惠政策进行自主创业。政府等相关部门应积极拓展劳务输出渠道,通过多种途径帮助有劳动能力的低保受助者重新就业。政府还要加强对其职业能力方面的培训,提升救助对象就业竞争力。上海市人民政府出台《关于进一步加强社会救助工作的意见》,强调在给贫困群体提供合理的社会救助的同时,也强调应该尽可能为有劳动能力的受助者提供就业机会。[①] 再者,加强城乡居民最低生活保障制度的制度化和规范化管理。在明确最低生活保障制度的各项工作程序的同时,建立健全举报监督机制。

六、转变社会救助制度设计理念,强调权利义务的统一

在社会救助过程中,政府不仅仅是发放社会救助资金的"救世主",也是社会优质服务的提供者。随着社会文明程度的不断提高,在未来社会发展进程中,社会救助应该更加注重制度化与效率性。我国也应顺应时代潮流,从国情出发,建立和发

---

① 王建云.我国城乡社会救助制度一体化探析[J].长沙民政职业技术学院学报,2013(2):21-24.

展与经济社会发展水平相适应的社会救助制度,实现社会保障的可持续发展。纵观各国社会救助制度的发展,政府仍然承担社会救助的主要责任,我国也不例外,是社会救助政府负担的典型代表。但我们不能只强调权利,不注重受助者义务的履行。政府在帮助贫困者时,应更加侧重于怎么帮助他们脱离贫困的苦海,而不是永无止境地一味主动地进行社会救助。"授人以鱼不如授人以渔",对于那些有劳动能力,能够凭借政府的救助与扶持重新就业的贫困者,政府应提供给他们更多的就业机会或创业优惠。在社会救助的过程中实现权利与义务的统一。

现代社会救助制度正逐渐由传统的非制度的慈善救济向制度化的社会救助发展。各国的社会救助制度也从以往的人道主义形式向维护人权发展,社会救助已经成为贫困人口共享社会关怀的一种形式。但目前我国社会救助制度形式仍重视经济、物质帮助,缺乏精神、心理慰藉。众所周知,物质救助只能是在一定时间、一定范围内缓解贫困者困境,想要长期有效的社会救助,还是要通过国家政策引导,逐步激发其积极向上的生活理想与潜能,融入社会发展的主流。这是目前世界各国社会救助未来的发展方向和趋势,也是我国社会救助制度的未来发展趋势。

第五章 我国城乡养老保险一体化研究

社会保障的作用是通过二次分配的调节尽可能地维护社会公平,从而实现社会稳定。社会的稳定涉及诸多非常复杂的因素,关键因素之一即老百姓的稳定,而老百姓的稳定与否,则与直接关系到他们"后顾之忧"的社会保障相关,其中养老保险则是具有高度关联性的领域和战略问题。在人类的发展史中,任何人都无法抗拒生、老、病、死的自然规律。一般情况下,人从出生到死亡,必然会经历老年岁月,这就必然会面临养老问题。作为拥有13亿人的世界第一人口大国,中国人口老龄化正进入快速发展期。超过60岁的老龄人口早已突破2亿人大关,其相当于巴西整个国家的人口规模。近期中国政府在养老问题上动作频出,以应对"未富先老"等严峻现实。[1]

养老保险是社会保障体系中的最重要部分。一般认为,社会养老保险制度是国家和社会根据一定的法律法规,为保证劳动者在达到国家规定的解除劳动义务的劳动年龄界限或者因年老丧失劳动能力退出劳动岗位后的基本生活而建立的一种社会保险制度。[2] 随着人类从原始社会进入现代社会,从人数众多的群居生活向小规模家庭的发展,老年风险的普遍化和日益社会化,以及家庭保障功能的持续下降,使养老问题已经不再是个人或者家庭的问题,而是重要的社会问题。[3] 新中国成立后,我国城乡养老保险的发展经过较为复杂的历史阶段和变革,在城乡二元体制下,曾以城镇居民社会养老保险制度、职工基本养老保险制度、新型农村社会养老保险制度三种形式共同构成。由于我国城乡社会养老保险制度建立时间较短

---

[1] 华春雨等.中国聚焦:世界第一人口大国对养老投入更多关注[EB/OL].(2015-08-28)[2016-08-06]. http://money.163.com/api/15/0829/08/B261ENBB002554OB.html? sg.
[2] 余滢.城乡一体化进程中的社会问题及其对策研究[M].成都:西南财经大学出版社,2013:37.
[3] 余梦秋.城乡一体化社会养老保险制度建设研究[M].成都:西南财经大学出版社,2014:1-3.

且碎片化现象较为严重,阻碍了城乡劳动力的自由流动,并在一定程度上扩大了城乡之间的差距,影响到了我国城乡一体化新格局的形成,因此,近年来,我国的社会养老保险制度城乡一体化既是学界争论的焦点,也是政府社保制度改革的难点。2014年2月21日,国务院颁布《关于建立统一的城乡居民基本养老保险制度的意见》(国发〔2014〕8号),决定将新型农村社会养老保险制度与城镇居民社会养老保险制度合并实施,建立全国统一的城乡居民基本养老保险制度,从而开启了我国城乡养老保险一体化建设的新篇章。

第一节 我国城乡养老保险制度的演进与现状

一、我国城乡社会养老保险制度发展的历史演进

我国的社会养老保险制度是在新中国成立后逐步建立起来的,实行"重城市,轻农村;重工业,轻农业"的城乡二元体制,导致了我国的养老保险制度的建设也是先城市、后农村,和二元户籍制度一起维持城乡二元分割状态,为城市和工业的发展积累资金。新中国成立初期就开始了城镇职工基本养老保险制度的构建,但是直到20世纪80年代中期才开始在一些经济比较发达的农村地区探索农村社会养老保险制度,至今仍处于较低发展水平。之后曾陆续针对农民工群体、失地农民群体等设计相应的社会养老保险制度,直至2014年,国务院提出建立全国统一的城乡居民基本养老保险制度,使我国的城乡一体化养老保险制度发展进入了新的历史时期。

1. 我国社会养老保险制度形成阶段(1950—1984)

1949年10月1日新中国成立后,中央根据我国国情实施了二元治理结构,重视城市的发展,我国的社会养老保险制度的建设也是首先从城市开始的,而且在相当长的时间内,没有建立农村养老保险制度,因此,在这一阶段,我国的社会养老保险制度就是指城镇社会养老保险制度。我国城镇社会养老保险制度起步于20世纪50年代,跟随着我国社会经济制度的变迁而不断变革。1950年3月15日,政务院财经委员会发布《关于退休人员处理办法的通知》,标志着国家开始承担职工退

休养老保障事务的职责;1951年,政务院公布实施《中华人民共和国劳动保险条例》,在小范围内实行养老保险。此后又出台了相关的规定,逐步形成和确立了我国的城镇职工养老保险制度,并逐步发展。1966—1977年"十年动乱"期间,由于特定的历史原因,我国社会养老保险制度建设和发展也进入了停滞阶段。"十年动乱"结束后,国家在退休养老保障方面颁布了诸多法规文件,让过去停滞的退休养老制度逐步得到恢复和完善,但是这一时期的变革并没有实现我国养老保险的社会化,农村的养老主要依靠家庭来实现,我国农村地区没有建立社会养老保险制度。

2. 我国社会养老保险制度探索阶段(1984—1997)

1984年,以党的十一届中央委员会第三次会议《关于经济体制改革若干问题的决定》为标志,我国经济体制改革进入了以城市为重点、以国营企业为中心的时代,开始重建养老保险社会统筹制度。1991年的《关于企业职工养老保险制度改革的决定》,确立了我国养老保险社会统筹、三方共担费用的原则和基金筹集制度,部分城市开始了基本养老保险社会统筹与个人账户相结合的尝试。在这一阶段,我国开始探索农村社会养老保险制度的建立和发展。但是,在城乡二元体制的管理背景下,农村社会养老保险制度的设计与城镇社会养老保险制度的设计完全不一样。1986年,民政部根据国家"七五"计划的要求,开始在农村探索建立社会保险制度。在前期试点的基础上,民政部于1992年1月制定了《县级农村社会养老保险基本方案(试行)》,被称为"老农保"。这一时期的农村社会养老保险几乎是完全依靠农民个人进行筹资,而且其资金的投资渠道单一,抗风险能力相对较低。与此同时,国家则着力对实行统账结合的城镇社会养老保险制度进行了统一和完善。这些措施让城乡社会养老保险制度难以衔接,从而进一步固化了我国社会养老保险制度的城乡分立。[1]

3. 我国社会养老保险制度发展阶段(1997—2014)

1997年7月16日,国务院颁发《关于建立企业职工养老保险制度的决定》,以此统一全国各地的社会保险制度,明确指出了"社会统筹与个人账户相结合的模

---

[1] 余梦秋.城乡一体化社会养老保险制度建设研究[M].成都:西南财经大学出版社,2014:36-43.

式"是我国城镇企业职工社会保险的统一模式,并将养老保险制度的内容进行了统一,统一了缴费比例、个人账户的规模、养老金的支付标准等。自此,我国各地的城镇企业职工社会养老保险由不同的具体规定开始走向统一。1998年3月,劳动与社会保障部的成立(根据2008年3月全国人民代表大会通过的国务院机构改革方案,劳动保障部与人事部合并为人力资源和社会保障部),改变了过去分割管理的较为混乱的局面,为社会养老保险制度改革的进一步推进奠定了必要的组织基础。这一阶段,农民工群体的社会养老保险进入人们的视野,2001年12月,劳动和社会保障部发布《关于完善城镇职工基本养老保险政策的有关问题的通知》,明确规定了农民合同制职工参与养老保险的措施,这是我国第一次明确规定农民工参加养老保险的具体办法。根据党的十七大和十七届三中全会精神,2009年9月1日,国务院印发《关于开展新型农村社会养老保险试点指导意见》,开展新型农村社会养老保险试点,进一步加快建立覆盖城乡居民的社会保障体系,解决广大农村居民老有所养问题,即"新农保"。这一制度填补了我国农村养老保障的空白,并在2012年实现了制度全覆盖。这一制度的建立与完善对保障农村老年居民基本生活,破解城乡二元体制结构,形成城乡经济社会发展一体化的新格局发挥了重要的作用。

4. 我国社会养老保险制度完善阶段(2014年至今)

随着我国市场经济发展,生产要素需要在城乡之间合理自由的流动,以达到资源合理配置的目的,农村社会养老保险制度也进行了重大的改革,我国一些地区开始探索统筹城乡的社会养老保险制度建设,我国的养老保险体系建设进入了一个新的发展时期,一部分地区在新型农村社会养老保险制度的基础上,结合当地的实际发展情况,适当调整养老保险制度的安排,建立了一套覆盖城乡居民的社会养老保障体系。这项制度的出现打破了以往城乡二元次的结界,使得国家社会养老体系向城乡一体化的方向发展。2014年2月21日,国务院颁布《关于建立统一的城乡居民基本养老保险制度的意见》(国发〔2014〕8号),决定将现行的新型农村社会养老保险制度与城镇居民社会养老保险制度合并实施,建立全国统一的城乡居民基本养老保险制度,旨在将现有新农保、城居保有机整合,达到制度名称、政策标准、管理服务及信息系统四个方面的统一。意见提出到"十二五"末,在全国基本实现新农保和城居保制度合并实施,并与职工基本养老保险制度相衔接;2020年前,全面建成公平、统一、规范的城乡居民养老保险制度,与社会救助、社会福利等其他社会保障政策相配套,充分发挥家庭养老等传统保障方式的积极作用,更好地保障参保城乡居民的老年基本生活。该文件对建立统一的城乡居民基本养老制度进行了目标、标准、实施方法等方面的详细阐述。①

二、我国城乡社会养老保险制度发展的现状

随着经济的快速发展,居民的各种福利体系正在不断完善,城乡居民社会养老保险制度便在这样一种情况下产生,怎样做好城乡居民社会养老保险的统筹与衔接便成为政府着手要解决的主要问题。按照党的十八大精神和十八届三中全会关于整合城乡居民基本养老保险制度的要求,依据《中华人民共和国社会保险法》有关规定,在总结新型农村社会养老保险(以下简称新农保)和城镇居民社会养老保险(以下简称城居保)试点经验的基础上,国务院决定,将新农保和城居保两项制度合并实施,在全国范围内建立统一的城乡居民基本养老保险(以下简称城乡居民养老保险)制度。② 其主要内容如下。

1. 参保范围

年满 16 周岁(不含在校学生),非国家机关和事业单位工作人员及不属于职工基本养老保险制度覆盖范围的城乡居民,可以在户籍地参加城乡居民养老保险。

2. 基金筹集

城乡居民养老保险基金由个人缴费、集体补助、政府补贴构成。

(1) 个人缴费

参加城乡居民养老保险的人员应当按规定缴纳养老保险费。缴费标准目前设为每年 100 元、200 元、300 元、400 元、500 元、600 元、700 元、800 元、900 元、1 000 元、1 500 元、2 000 元共 12 个档次,省(区、市)人民政府可以根据实际情况增设缴费档次,最高缴费档次标准原则上不超过当地灵活就业人员参加职工基本养老保险的年缴费额,并报人力资源社会保障部备案。人力资源社会保障部会同财政部依据城乡

---

① 杨燕绥.中国老龄社会与养老保障发展报告(2014)[M].北京:清华大学出版社,2015:118-119.
② 国务院.国务院关于建立统一的城乡居民基本养老保险制度的意见[EB/OL].(2014-02-26)[2016-08-06]. http://www.gov.cn/zwgk/2014-02/26/content_2621907.htm.

居民收入增长等情况适时调整缴费档次标准。参保人自主选择档次缴费,多缴多得。

(2) 集体补助

有条件的村集体经济组织应当对参保人缴费给予补助,补助标准由村民委员会召开村民会议民主确定,鼓励有条件的社区将集体补助纳入社区公益事业资金筹集范围。鼓励其他社会经济组织、公益慈善组织、个人为参保人缴费提供资助。补助、资助金额不超过当地设定的最高缴费档次标准。

(3) 政府补贴

政府对符合领取城乡居民养老保险待遇条件的参保人全额支付基础养老金,其中,中央财政对中西部地区按中央确定的基础养老金标准给予全额补助,对东部地区给予50%的补助。

地方人民政府应当对参保人缴费给予补贴,对选择最低档次标准缴费的,补贴标准不低于每人每年30元;对选择较高档次标准缴费的,适当增加补贴金额;对选择500元及以上档次标准缴费的,补贴标准不低于每人每年60元。具体标准和办法由省(区、市)人民政府确定。对重度残疾人等缴费困难群体,地方人民政府为其代缴部分或全部最低标准的养老保险费。

3. 建立个人账户

国家为每个参保人员建立终身记录的养老保险个人账户,个人缴费,地方人民政府对参保人的缴费补贴,集体补助及其他社会经济组织、公益慈善组织、个人对参保人的缴费资助,全部记入个人账户。个人账户储存额按国家规定计息。

4. 养老保险待遇及调整

城乡居民养老保险待遇由基础养老金和个人账户养老金构成,支付终身。

(1) 基础养老金

中央确定基础养老金最低标准,建立基础养老金最低标准正常调整机制,根据经济发展和物价变动等情况,适时调整全国基础养老金最低标准。地方人民政府可以根据实际情况适当提高基础养老金标准;对长期缴费的,可适当加发基础养老金,提高和加发部分的资金由地方人民政府支出,具体办法由省(区、市)人民政府规定,并报人力资源社会保障部备案。

（2）个人账户养老金

个人账户养老金的月计发标准，目前为个人账户全部储存额除以139（与现行职工基本养老保险个人账户养老金计发系数相同）。参保人死亡，个人账户资金余额可以依法继承。

5. 养老保险待遇领取条件

参加城乡居民养老保险的个人，年满60周岁，累计缴费满15年，且未领取国家规定的基本养老保障待遇的，可以按月领取城乡居民养老保险待遇。

6. 转移接续与制度衔接

参加城乡居民养老保险的人员，在缴费期间户籍迁移，需要跨地区转移城乡居民养老保险关系的，可在迁入地申请转移养老保险关系，一次性转移个人账户全部储存额，并按迁入地规定继续参保缴费，缴费年限累计计算；已经按规定领取城乡居民养老保险待遇的，无论户籍是否迁移，其养老保险关系不转移。

7. 基金管理和运营

将新农保基金和城居保基金合并为城乡居民养老保险基金，完善城乡居民养老保险基金财务会计制度和各项业务管理规章制度。城乡居民养老保险基金纳入社会保障基金财政专户，实行收支两条线管理，单独记账、独立核算，任何地区、部门、单位和个人均不得挤占挪用、虚报冒领。各地要在整合城乡居民养老保险制度的基础上，逐步推进城乡居民养老保险基金省级管理。城乡居民养老保险基金按照国家统一规定投资运营，实现保值增值。

8. 基金监督

各级人力资源社会保障部门要会同有关部门认真履行监管职责，建立健全内控制度和基金稽核监督制度，对基金的筹集、上解、划拨、发放、存储、管理等进行监控和检查，并按规定披露信息，接受社会监督。财政部门、审计部门按各自职责，对基金的收支、管理和投资运营情况实施监督。对虚报冒领、挤占挪用、贪污浪费等违纪违法行为，有关部门按国家有关法律法规严肃处理。要积极探索有村（居）民代表参加的社会监督的有效方式，做到基金公开透明，制度在阳光下运行。

9. 经办管理服务与信息化建设

省（区、市）人民政府要切实加强城乡居民养老保险经办能力建设，结合本地实际,科学整合现有公共服务资源和社会保险经办管理资源,充实加强基层经办力量,做到精确管理、便捷服务。要注重运用现代管理方式和政府购买服务方式,降低行政成本,提高工作效率。要加强城乡居民养老保险工作人员专业培训,不断提高公共服务水平。

各地要在现有新农保和城居保业务管理系统基础上,整合形成省级集中的城乡居民养老保险信息管理系统,纳入"金保工程"建设,并与其他公民信息管理系统实现信息资源共享;要将信息网络向基层延伸,实现省、市、县、乡镇(街道)、社区实时联网,有条件的地区可延伸到行政村;要大力推行全国统一的社会保障卡,方便参保人持卡缴费、领取待遇和查询本人参保信息。

第二节 我国城乡养老保险制度面临的问题和挑战

一、我国城乡养老保险制度面临的问题

1. 城乡社会养老保险立法不完善

改革开放以来,尤其是依法治国方略提出以后,我国社会保障相关立法不断完善。但是从总体上来说,我国社会养老保险立法仍然不能满足社会进步和经济发展的需求,立法滞后,制度非正规化。我国养老保险存在立法不健全、立法层次低、缺乏必要的法律责任制度、法律实施制度较为薄弱等问题。如城乡社会养老保险的统筹规划、整体布局、具体实施等仍处于摸索过程中;城乡一体化进程中的社会养老保险国家、单位、个人责任的分担模糊;社会保障监督机构没有与管理机构严格划分开来;缺乏对欠缴社保费的行为和拖欠离、退休人员养老金行为的法律制裁措施,非法挪用、挤占社保基金的违法甚至犯罪行为得不到及时惩处等。①

2. 城乡社会养老保险内涵不健全

由于城乡社会保险立法的不完善,直接体现为我国目前社会养老保险内涵不健全,客观体现为城乡社会养老保障整体水平偏低。综合各地城乡居民社会养老保险的

---

① 余澄.城乡一体化进程中的社会问题及其对策研究[M].成都:西南财经大学出版社,2013:61.

制度来看,相对于严峻的老龄化形势,我国目前的城乡养老保障水平普遍偏低,一些地方甚至不能满足居民的正常生活需要。社会养老保险制度是一项系统的制度构建,不仅涉及参保范围、资金筹集、账户管理、养老保险金领取等基本问题,还涉及养老基金的保值增值等诸多相关问题。养老保险基金的长期积累性决定了其存在着贬值风险,①近年来,对于养老基金的保值增值问题一直是社会关注的焦点之一,养老金入市引发诸多热议,正是社会公众对目前社会养老保险内涵不健全的担忧。

3. 城乡社会养老保险衔接不顺畅

由于长期的城乡二元经济格局,新中国成立后很长一段时间对农村养老保险的忽视,依赖于城乡分割的户籍制度而构建的我国城镇居民养老和农村居民养老存在巨大的差异。再加上区域经济发展的不平衡,大量农民工的流动,受制于特定社会发展时期的经济基础和技术水平,与养老保险密切相关的户籍制度、土地制度、就业制度仍不完善,我国的城镇居民社会养老保险和农村地区先后实行的"旧农保"、"新农保"无论在范围、资金筹集还是养老金金额方法上都存在城乡差异。由于管理方法和技术手段上的滞后,农民工流动性较强,加上农村"黑户"人口为数不少,城乡社会养老保险制度衔接不能做到完全吻合,一直都不尽如人意,伴随农民工群体流动性增强的是参加社会养老保险积极性的降低。

4. 城乡社会养老保险责任不到位

对中国改革开放前后的社会福利制度的实际组织形态对比来看,我国的社会福利制度发生了明显的变迁。就养老保险而言,改革开放前的养老保险主要由工会和企业或者说单位在国家政策的指导下组织实施,改革开放以后主要由人员编制、薪资及升迁均依靠地方政府的职能机构来组织实施,突出了行政集中化趋势。我国的社会养老保险制度在改革开放前后经历了组织间结构关系的转变,即从"社会分散化模式"到"行政集中化模式"的转化,这一转化是外生性制度变迁的结果。② 我国养老保险制度建设发端于城市,改革起因于国企改制和人口老龄化冲击,地方政府在内外不利形势的夹击下推进显得有点"措手不及"和"考虑不周"。

---

① 余滢.城乡一体化进程中的社会问题及其对策研究[M].成都:西南财经大学出版社,2013:55.
② 郑文换.理解政策过程——中国农村社会养老保险政策试点模式研究[M].北京:社会科学文献出版社,2015:191.

5. 城乡社会养老保险基础有欠缺

完善的社会保险制度必然是建构在相对发达的经济基础之上的上层建筑的有机组成部分。城乡一体化社会养老保险制度的构建是把城市和农村作为一个有机整体进行社会养老保险的制度安排。但是就我国的国情来说，其重点仍然是农村居民的社会养老保险。我国农村地区经济发展水平整体较低，部分地区产业结构单一，信息交通不便，自然环境恶劣，再加上缺乏充分的资金保障和技术支撑，很难实现有效的参保人员信息管理和流动人口信息衔接，在有限的低收入的制约下，能参保就存在很大的困难，参保意向参差不齐，也就很难保证每一个人达到一定年龄都能拿到一定金额的养老金，很难实现社会养老的真正普及。

6. 城乡社会养老保险人力不充足

随着改革开放的不断深入，我国经过不断努力织就了社会保障网的全面覆盖，与此同时，我国社保经办服务体系中人才队伍的现状已无法满足社会发展对城乡一体化养老保险服务水平和质量的要求。社会养老保险制度是社会保障制度的重中之重，需要专业的从业人员和机构部门予以管理和运作。基层组织人力缺乏导致我国现有的养老保险政策宣传力度不够，一部分城乡居民对城乡居民社会养老保险制度的知晓程度有限，一些人满足参保条件却不知去什么地方办理，甚至有一些居民参加了城乡居民养老保险却不知道自己以后会享受何种保险待遇。[①] 我国国民对社会保障体系管理水平的要求和我国社保经办服务体系"小马拉大车"的现状之间存在着巨大悬殊。

7. 农村养老方式方法仍传统单一

养老保障是指覆盖老龄人口日常开支、医疗保健、居住及其照顾服务的老有所养的制度安排，[②]而非指单一的领取养老保险金本身。尽管受到人口老龄化，农村老年抚养比例的增大、土地保障功能脆弱性趋势以及传统孝道观念在一些农村青年群体中的弱化等因素的影响，农村家庭养老功能的发挥面临着一些新的挑战，[③]但是由于历史和现实的原因，我国广大农村农民的主要养老方式仍然是传统的子

---

① 王国贤.我国社保经办服务体系人才队伍建设研究[J].人才资源开发，2014(4):25-28.
② 杨燕绥.中国老龄社会与养老保障发展报告(2014)[M].北京:清华大学出版社，2015:2.
③ 曹文献.新型农村养老保障制度的可持续发展研究[M].成都:西南财经大学出版社，2014:41.

女养老和居家养老方式,参保积极性不高,即便像江苏省张家港等经济发达的地区也存在社会养老保障供给不足等问题。① 农民也是"理性的经济人",由于农民的收入与城镇职工相比缺少社会养老保障的支持,从预算支出总量上看,必然会减少农民的人力资本投资,宁愿采取传统的家庭养老模式。城乡二元结构下城乡经济水平的差异,户籍制度、社会养老保险制度的差异以及城乡人口思想观念的差异严重阻碍了城乡社会养老保险的一体化进程。②

二、我国城乡养老保险制度面临的挑战

1. 人口老龄化加剧带来的挑战

"老龄化"已成为中国未来发展必须直面的现实问题。老龄人口,即指国民平均预期寿命减去15年(退出劳动力市场后的人均预期余寿约为15年)的人口。如果人均寿命80岁,减去15年即65岁。为此,一些进入深度老龄社会的国家,法定65岁为领取全额基础养老金的年龄。老龄社会,是指老龄人口占总人口比例较高的社会。当65岁及其以上人口占总人口比重超过7%,60岁及其以上人口占总人口比重超过10%时,国家进入老龄社会;65岁及其以上人口占总人口比重超过14%,即深度老龄社会;65岁及其以上人口占总人口比重超过21%,即超级老龄社会。③ 截至2015年底,我国60岁及以上老年人口22 200万人,占总人口的16.1%,其中65岁及以上人口14 386万人,占总人口的10.5%。④ 目前中国每年有3‰的人口进入老年人行列,老龄化高峰将在十到二十年后来临。到21世纪中叶,每3个中国人中就会有1位老人。这是我国养老保险城乡一体化进程中必须面对的严峻现实。

2. 农村老龄人口养老带来的挑战

我国拥有全球最大的人口规模,相应的,老龄人口总数亦居全球首位,是全世

---

① 王彦婷.城乡一体化建设与养老资源配置情况分析——以江苏省张家港市为例[J].经营管理者,2016(7):292-293.
② 赵晓晗.我国城乡二元结构对社会养老保险一体化的影响因素研究[J].当代经济,2015(22):48-49.
③ 杨燕绥.中国老龄社会与养老保障发展报告(2014)[M].北京:清华大学出版社,2015:2.
④ 民政部.2015年社会服务发展统计公报[EB/OL].(2016-07-11)[2016-08-08]. http://politics.people.com.cn/GB/n1/2016/0711/c1001-28544762.html.

界唯一老龄人口过亿的国家,而其中农业人口占总老龄人口的 50.32%,由此可见我国农村老龄化形势之严峻。总体来看,我国农村人口老龄化在目前和将来一段时间内将呈现出数量大、速度快、持续时间长的特点。我国农村的物质基础相比城市更薄弱,社会保障制度也欠完善,社会服务严重滞后,养老资源稀缺,而人口老龄化程度又相对较高,形势更加严峻,"未富先老"更加突出,家庭结构小型化、空巢化更加明显。① 而在这种矛盾的基础上,农村人口老龄化又必然会抑制农村经济的发展,导致两者之间更加深刻的矛盾。随着农村劳动力大量向城市转移,农村老年人空巢家庭急速增加。2012 年,全国农村空巢家庭占农村老年人家庭总数的38.3%,农村独居老年人规模庞大。农村人口老龄化在领先于农村社会经济发展的同时更在不断抑制其发展,在我国的中西部许多农村已经形成了"流动多、老龄化快、保障难度大、发展慢"的恶性循环。在今后一段时间内,我国农村人口老龄化程度对农村经济发展的负面影响将愈发凸显。② 这是我国养老保险城乡一体化进程中必须面对的基本国情。

3. 城乡一体化进程带来的挑战

2014 年 7 月 24 日,国务院印发《关于进一步推进户籍制度改革的意见》。提出建立城乡统一的户口登记制度。取消农业户口与非农业户口性质区分和由此衍生的蓝印户口等户口类型,统一登记为居民户口,体现户籍制度的人口登记管理功能。建立与统一城乡户口登记制度相适应的教育、卫生计生、就业、社保、住房、土地及人口统计制度。③ 我们必须认识到,取消农业户口并非就意味着实现了城乡一体化,城乡一体化应该是社会生产力发展到一定水平,把城市与农村建设成一个相互依存和促进的有机统一体,通过充分发挥城市与农村各自的优势和作用,让劳动力、资金、土地等生产要素在城乡之间自由流动和组合,达到最优配置的一个长期的系统的工程。取消农业户口并不意味着就能实现城乡社会保险一体化,影响农民的并不是"农村户口"和"城市户口"之别,而是"外地户口"和"本地户口"的悬

---

① 李放,张娜,沈苏燕.农村社会养老服务的需求与发展路径研究[M].北京:科学出版社,2016:5.
② 张国平.农村老年人居家养老服务体系研究[M].北京:中国社会科学出版社,2015:6-14.
③ 中国新闻网.国务院关于进一步推进户籍制度改革的意见[EB/OL].(2014-07-30)[2016-08-08]. http://www.chinanews.com/gn/2014/07-30/6439778.shtml.

殊差距,是新市民的福利难以保障。① 这是我国养老保险城乡一体化进程中必须面对的社会基础。

第三节 国外养老保险改革的经验及启示

西方发达资本主义国家的养老保险经历了长期的制度实践和政策调适,基本形成了较为完善的城乡一体化制度模式和运行机制,尤其是多数工业化国家也同样经历了"先城市、后农村"的养老保险发展历程,②这对我国当前城乡社会养老保险制度从二元分割走向统筹整合,最终实现城乡社会养老保险一体化有着重要的经验借鉴和启示。

一、国外养老保险城乡一体化的主要做法及经验

1. 英国社会养老保险制度及其主要特点

西方发达国家的社会保障制度真正起源于英国,英国养老保险制度的萌芽可以追溯到14世纪中叶。19世纪上半叶,英国颁布并实施了新的《济贫法》,这可以说是社会保障制度组成部分中社会救济立法化的开端;1908年,颁布《老年人养老金法案》;二战后,英国首先宣布建立公民"从摇篮到坟墓"都有保障的"福利国家"。③ 虽然20世纪40年代之前,英国的社会养老保险已经比较完善了,但是其面临着的很大的问题就是指导上的碎片化,这种状态一直持续到1944年,英国政府根据《贝弗里奇报告》对英国的社会养老保险进行了比较彻底的改革,《国民保险法》、《国民救济法》等一系列的法案相继出台,英国的社会养老保险制度迅速发展。通过以上改革,英国实现了社会养老保险从碎片化向一体化制度的过渡。除了少数遗留问题外,英国基本上完成了碎片整合的历史任务,建立起一个"三统一"的社

---

① 张德笔.取消农业户口,农民是赚了?还是赔了?[EB/OL].(2016-05-09)[2016-08-08].http://mt.sohu.com/20160509/n448400421.shtml.
② 王晓东.国外养老保险城乡一体化发展的经验及启示[J].西北人口,2014(1):92-96.
③ 米红,牛春晓.新型农村社会养老保险制度的实施评估与政策优化[M].广州:世界图书出版广东有限公司,2015:11.

会养老保险制度,即统一国民资格、统一待遇比例、统一管理机构。① 2007 年的《养老金法》对 2010 年后的英国养老体系做出了一系列重大改革,以期解决公平性和可及性的问题,同时简化养老保险体系,保障其可持续发展。新的养老体系体现了公平、简单、可负担、可持续等原则,同时要求个人负起自己退休的责任,及时了解自己所积累的国家养老金权利,为自己的退休早做计划。② 目前英国养老金制度主要由两个层次构成,第一层是缴费型国民养老金,第二层是叠加在第一层基础上的附加养老金、企业养老金和个人养老储蓄等。③ 基于此,英国养老保险基金包括社会养老保险与补充养老保险两种基金形式,该基金体系的一个重要问题是社会弱势群体很多成员没有被涵盖。

2. 美国社会养老保险制度及其主要特点

在发达国家中,美国属于社会养老保障制度统一性比较高的国家。美国现代社会养老保障制度建设计划是由罗斯福政府在 1934 年提出的,国会于次年制定并通过了《1935 年社会保障法》,最先确立了退休养老保障和失业保障项目,从 1936 年开始编制并发放全国统一的 9 位数字的社会养老保障号码,从 1937 年起,以《社会保障法》为基础的社会养老保障计划正式运行。1954 年颁布的《1954 年社会保障修正案》将老年保障扩大到农场主、农场雇员等行业人员,最早解决了城乡社会养老保障的一体化问题。美国这种不分行业、职业和地域的社会养老保障制度的安排,保证了社会养老保障制度的统一性和可转移接续性,同时,也使得扩大养老保障的覆盖范围工作随着社会经济的发展而变得容易。④ 在现代福利国家中,美国的社会政策通常被描述为是资本主义制度中最极端的模式,然而它的社会保险制度则是极端中的例外。尽管个人存款和私人收益在老年人口保障方面起到了重要的作用,但是创建于 1935 年的联邦社会保险项目——社会保险制度仍然是美国退休养老保障体系中最核心的部分。美国养老保险制度作为世界上较为成功的养

---

① 高君. 农民流动与社会保障——浙江省推进城乡一体化社会养老保障研究[M]. 北京:中国农业出版社,2013:52-54.
② 雷晓康. 英国养老保险的普适性:贝弗里奇原则与政治经济的取舍[J]. 上海经济研究,2009(5):73-78.
③ 闫俊. 新型农村社会养老保险制度研究[M]. 北京:人民日报出版社,2015:47-49.
④ 高君. 农民流动与社会保障——浙江省推进城乡一体化社会养老保障研究[M]. 北京:中国农业出版社,2013:51-52.

老保险制度之一,有其重要的特点,它从对城镇个别居民的社会救助逐渐发展为包含社会养老保险、雇主养老保险和个人储蓄养老保险的一种较为完善的养老保险体系,对于保障劳动者养老权益和降低美国老年人口贫困率发挥了重要的作用。① 2007—2009 年,美国经历了 20 世纪 30 年代大萧条以来最具灾难性的经济危机。平均来看,2007 年中期至 2009 年初,每个美国家庭损失了 1/4 的财产,导致了许多退休人员在退休时财富的减少。正是基于比较完善的社会养老保险制度的作用,美国社会的稳定也并未因此受到过多的影响。② 社会养老保障制度的高度统一性,是美国社会养老保险制度的最重要特点。

3. 日本社会养老保险制度及其主要特点

日本的养老保障体系经过半个多世纪的发展,已经形成了一整套近乎完善的养老保障体系。日本的养老保险由所有国民参保的国民养老保险和福利养老保险两部分组成,是政府直接运营管理的一种公共机制,与世界上其他发达国家的养老保险一样,采用社会保险方式、物价变动、终身养老金、赋税方式等机制。1942 年日本开始推行养老保险制度,一开始建设的养老保险制度只是覆盖了城市的劳动者,农民及自营业者并没有被覆盖在其中。二战后,日本经济恢复,城市化进程不断加快,大量农村劳动力离开农村,涌向城市,尤以青壮年劳动力为主。日本农村社会开始发生一系列变化,这使得过去农村的传统家庭养老方式无法适应社会的发展,无法满足日益膨胀的养老需求。因此,日本政府于 1959 年首次出台了《国民年金法》,将农民和个体经营者依照法律强制纳入社会养老保险制度中,并于 1961 年正式颁布实施,从而实现了"国民皆保险",使每个人都有国民年金,即基础养老金。在此基础上,日本还建立了针对不同对象的三大养老保险体系:厚生养老保险、国民养老保险和共济养老保险。此后随着社会的进步和经济的发展,日本的养老保险制度亦不断进行改革,更好地解决了公民的养老问题。然而近年来,日益严重的人口老龄化问题给日本社会的各个方面都带来了负面影响,更是对日本社会保障体系的一次重大考验。尤其是近年来日本少子老龄化程度不断加剧,政府致

---

① 马凯旋,侯凤云.美国养老保险制度演进及其启示[J].山东大学学报(哲学社会科学版),2014(3):88-95.
② 申策,张冠.美国的社会保险制度对中国养老制度改革的启示[J].吉林大学社会科学学报,2013(2):31-39.

力于为建立一种国民信赖的、稳定的、可持续发展的制度而不断改革。① 针对本国人口严重老龄化对养老保险体系的冲击,日本政府对其养老保险制度做了重大改革,改变养老金的调整机制,提高国库负担比例,提高养老金的领取年龄和限定高收入者的养老金,对养老保险的管理及运营方式进行改革,有效地缓解了人口老龄化的压力。② 日本养老保险模式除了具有建立城乡统分结合的养老保险制度最大特点以外,还具有政府主导国民基础养老金、以全民养老保险为基本原则以及采取现收现付制的筹资模式等特点。③

4. 德国社会养老保险制度及其主要特点

德国实行典型的社会养老保险模式,始于1889年俾斯麦制定的《残疾、老龄保险法》。1889年,德国通过《残疾、老龄保险法》,成为世界上第一个建立起养老保险制度的国家。在德国保险法建立之初,其涵盖对象仅限于伤残退休人员,并没有包含农民。直到1957年,德国颁布《农民老年救济法》,才规定当农场主(包括其配偶)、共同劳作的家属以及其遗属出现年老、丧失劳动能力等情况时,为保障其基本生活,应采取现金的形式支付其养老金。德国作为社会保险制度的发源地一度成为世界上许多国家效仿的典范。截止到2004年12月31日,德国的养老保险体制一直采用所谓的"三支柱模式"。第一支柱是指由国家强制国民参加的法定养老保险,即由政府举办的养老保险计划;商业保险性质的企业补充养老保险和个人自愿养老保险构成第二和第三支柱。20世纪八九十年代以来,经济发展减慢、人口老龄化、出生率下降等因素严重影响了德国养老保险制度的可持续发展,法定养老保险的危机状况使德国政府认识到改革的必要性,因此,德国政府对养老保险制度进行了数次改革。④ 在经历了2001年和2004年两次重大的养老保险改革后,德国政府实现了养老保险模式的转变,2005年1月1日起生效的《老年收入法》使德国养老保险体制进入了三层次模式时代。传统的由法定养老保险、企业补充养老保险和个人自愿养老保险构成的"三支柱模式"成为历史。法定养老保险不再是养老体系

---

① 若林健吾,陈小梅,黄富表,李建军. 日本养老保险制度的特征和面临的问题[J]. 中国康复理论与实践,2013(6):547-552.
② 郭丽爽. 人口老龄化背景下日本养老保险制度及对中国的借鉴[D]. 天津:天津财经大学,2011:23-24.
③ 余梦秋. 城乡一体化社会养老保险制度建设研究[M]. 成都:西南财经大学出版社,2014:87-89.
④ 张萱,朱善文. 德国养老保险体制的改革与启示[J]. 劳动保障世界,2008(7):86-88.

中的最强支柱,而是仅扮演基础性养老保障的角色。① 伴随各种社会、政治和经济因素的不断变化,德国的养老保险体制在三层次模式时代也在不断地进行着新的改革。2013年德国开启新一轮养老金保险制度改革,此次养老金改革的核心是改善退休人员的养老金待遇,因此被认为是一次不同于以往改革路线的尝试。在德国人口老龄化日益加重的趋势下,提高退休金支付的措施引起了极大的争议。② 德国城乡分割的社会养老保险模式具有专门针对农民设计社会养老保险制度、实行现收现付的筹资模式、注重发展除基本养老保险外的补充养老保险等特点。③

5. 瑞典社会养老保险制度及其特点

瑞典是北欧发达资本主义国家,是采用福利型社会保障制度国家的典型代表,其养老保险制度从诞生至今已有100多年的历史。瑞典的社会保障制度比较完备,全体国民"从摇篮到坟墓"都可以得到相应的保障。社会保险制度是瑞典社会保障制度的核心内容,其中的养老保险制度又是重中之重。其养老保险制度在资金筹集、待遇领取以及结构体系方面有其自身特点。④ 瑞典在建立养老保险制度之初,还不是一个工业比较发达的国家,而是欧洲最穷的农业国之一,农业和农村人口在瑞典社会经济和人口构成中始终占有重要地位,因此,养老保险制度在建立之初就将工业劳动者和农业劳动者都纳入其中。由于人口老龄化和经济发展水平的影响,瑞典传统的养老金运作模式给政府带来了巨大的负担,因此瑞典从20世纪80年代开始,对养老金制度进行了大刀阔斧的改革,对原有的养老金制度做出了较大的调整,加大紧缩社会保障支出的力度和对职业年金的重视和支持。此次养老金改革,无疑是世界养老金改革的一次典范,尤其是其率先开创的名义账户制,更是成为众多国家学习的典范。⑤ 改革使企业和个人实现了权利与义务的一致。过去,企业承担了过高的社会保障缴费比例,不但加大了企业的人力成本,公平性也有所缺失。新制度下,雇员和雇主各付9.25%,双方的缴费义务清晰化。其次,确定缴费型的津贴模式使工人的养老金与其一生的收入相联

---

① 于秀伟. 从"三支柱模式"到"三层次模式"——解析德国养老保险体制改革[J]. 德国研究,2012(2):70-79.
② 唐卓娅. 德国2013年养老保险改革措施分析[D]. 北京:北京外国语大学,2015:3-4.
③ 余梦秋. 城乡一体化社会养老保险制度建设研究[M]. 成都:西南财经大学出版社,2014:97-101.
④ 李琼,李必云. 瑞典养老保险制度及其启示[J]. 合作经济与科技,2016(9):184-186.
⑤ 陈静旭. 瑞典公共养老保险制度改革研究[D]. 武汉:华中科技大学,2008:2.

系,进一步提高了养老金制度的公平性,也强化了人们工作和缴费的积极性。由于新制度增强了对工作的激励,瑞典的劳动力供给问题也得到了很好的解决。①瑞典城乡统一的社会养老保险模式具有建立基金自动平衡机制、提高养老保险制度公平性、增强对劳动的激励、促进劳动力流动以及灵活处理转制成本等特点。②

二、国际经验对我国养老保险城乡一体化的启示

1. 养老保险制度构建必须完善立法与法律实施

制度上的立法性,是世界各国养老保险制度发展的共同特点和必备要素。社会养老保险制度的确立、发展和完善,都离不开法律规制。以上列举的西方发达国家,在构建本国的社会养老制度的过程中,都是首先通过相关立法,借助于法律实施,用立法来规范养老保险制度的资金筹集、基金管理和待遇支付,从而构建了本国的社会养老保险制度,典型的如以德国为代表的权利义务均衡型养老保险立法、以英国为代表的福利型养老保险立法,此外还有以智利、新加坡为代表的强制储蓄型养老保险立法等。从养老保险制度的发展历史和一般规律来看,总是先有养老保险制度方面的立法,然后才有养老保险项目的具体实践。即便有的国家先制定了政策,但是也很快在实践经验的基础上通过立法固定,借助国家强制力予以实施,从而保证了社会保险制度的确定和巩固。事实上,社会养老保险制度的内容涉及面广,内容丰富,直接关系到每一个社会个体的切身利益,实施时间跨度长,需要较长时间的稳定性和连续性,必须依靠国家的强制力才能顺利实施。

2. 养老保险制度构建必须符合国情和社会背景

世界各国的养老保险法律制度,都不是凭空建立起来的,而是依赖于本国的国情和特定的社会历史背景。各国社会养老保险立法所确定的保障对象、项目、待遇水平,无一不受到本国社会经济发展阶段和经济发展水平的制约和影响。各国的社会经济发展情况不同,因此,建立社会养老保险制度的时间有先后,制度的侧重点各有不同,但是究其本质而言,都是为了更好地服务本国的国情和经济社会发

---

① 刘兴菊. 论瑞典养老保险制度改革的原因与过程[J]. 经营管理者,2012(2):112.
② 余梦秋. 城乡一体化社会养老保险制度建设研究[M]. 成都:西南财经大学出版社,2014:87-89.

展。因此,建立健全我国城乡一体化社会养老保险制度,一方面要借鉴西方发达国家的有益经验,另一方面必须结合中国国情和社会经济发展实际,积极推进中国特色的养老保险制度建设。由于中国国情不同,我们对西方发达国家养老制度的内容、农村养老保险的实践不能完全照搬,虽然西方发达国家农村养老制度的建立几乎普遍滞后于城镇养老制度,但是我们不能因此而放慢我国农村养老制度建设的步伐,更不能因此而停滞我国城乡一体化社会养老保险制度的构建。我国已经进入全面建设小康社会的历史阶段,建立城乡一体化社会养老保险制度势在必行。

3. 公共财政在社会养老保险构建中承担主要责任

社会养老保障与农民流动的相互影响关系是工业化和城镇化进程中经济发展的一条基本规律,也是欧美发达国家快速发展、强大的一条重要经验,[①]最终的实施效果是推动了社会经济的快速发展和社会公共财富的积累,因而社会公共财政必然热心于社会养老保险制度的构建和完善,并在制度发展中承担主要责任。社会养老保险一般都是在政府的主持或者主导下进行的,借助于社会公共财政得以发展的社会保障制度。特别是在社会养老保险制度创立过程中,如果没有政府的支持、参与和主导,没有社会公共财政的支撑,制度是不可能发展起来的。在农村养老保险制度的构建过程中,公共财政的作用更加重要。农民收入较低是世界性的普遍现象。为了缩小城乡收入差距,各国在建立农村社会保障时人都奉行了工业反哺农业的思路,对农村养老保险给予大量的财政补贴,或者直接由财政出资给予养老保障。从农村养老保险的筹资情况来看,农民缴费所占比例非常低,一般不会超过三分之一,大体在 10% 至 30% 左右,政府补贴为主要资金来源。[②]

4. 政府监管是社会养老保险中不可或缺的关键因素

基于社会养老保险制度自身的性质和特点,无论是从国外养老保险一体化发展的经验看,还是从我国城乡养老保险制度纵向发展历史看,政府主导、强制推行一直是养老保险制度变迁的长期性方式;同样实践也证明,政府在城乡养老保险制

[①] 高君.农民流动与社会保障——浙江省推进城乡一体化社会养老保障研究[M].北京:中国农业出版社,2013:37.

[②] 闫俊.新型农村社会养老保险制度研究[M].北京:人民日报出版社,2015:63.

度建设乃至统筹发展中的主导作用有其历史合理性和现实需要性。① 在西方发达国家社会养老保险制度中,责任主体是政府,实质上政府作为社会保险制度的第一责任人,正是以满足公民的基本生存权为出发点和落脚点,通过一定的财政转移支付手段给予补贴,构建遍布全社会的公共服务经办体系,使社会养老保险发挥其应有的"稳定器"、"解压阀"作用。② 也只有政府才能发挥其监管职能,保证社会养老保险制度的连贯性与未定性,同时基于自身信用,实现养老保险基金的保值增值。如英国养老保险的发展经验表明,要积极实施政府监管,通过多元化监督管理机制、分散化投资渠道、明确界定政府监管职责定位、适中的保障水平等政策来完善养老保险基金投资运营。③

5. 社会养老保险必须随着社会发展不断创新完善

国外养老保险变迁的基本规律基本上都是先在城市职工中建立养老保险制度,然后再扩展到农村地区,建立农村社会养老保险制度。无论是养老保险的范围,还是养老保险基金来源,都随着社会和时代的变迁而发生变化,在保持养老保险制度稳定的基础上,进行制度的完善和创新,以便更好地适应社会的发展。从社会背景看,各国将农民纳入社会养老保险体系的时点都是在工业化中后期,政策目标主要是为了解决农民面临的社会经济问题。中国改革开放后,随着市场经济力量的逐步增强,逐步开始推进城镇职工养老保险制度改革,探索城市农民工养老保险,寻求城乡养老保险制度的衔接等,都是伴随着我国社会经济发展不断进步的过程。党的十八大以来,随着我国城乡一体化进程的加快,中国社会进入了全方位转型的过程。创新社会养老保险模式,实现社会公平正义,是构建城乡一体化社会养老保险制度发展的必由之路。

6. 养老保险城乡一体化构建是系统且复杂的工程

养老保险城乡一体化存在的基础是社会经济的城乡一体化。基于新中国成立后长期实行的二元经济体制,我国城市化起步较晚,农村城市化滞后。这既有农业、农村方面的原因,也有城市本身的原因;既有生产力方面的原因,也有生产关

---

① 苏保忠,张正河. 西方发达国家农村养老制度及其启示[J]. 当代经济,2007(12):48-50.
② 闫俊. 新型农村社会养老保险制度研究[M]. 北京:人民日报出版社,2015:47-49.
③ 岳公正. 英国养老保险基金投资运营模式与政府监管[J]. 社会科学家,2016(1):73-78.

系、上层建筑方面的原因;既有宏观的原因,也有微观的原因;既有产业发展的原因,也有制度建设的原因。① 综合国外发达国家的城乡养老保险一体化的路径来看,基本遵照了政府主导自上而下、城市农村双向推动、制度统分双层结合、时间序列上的分步渐进和空间层次上的梯度递进的推进策略。② 只有从各方面形成一整套配套改革措施,综合考量社会经济的诸多要素的相互作用与影响,才能推动农村城市化的快速发展,从而有效地推进我国养老保险城乡一体化的进程。因此,我国的城乡养老保险一体化的进程,必将是一项系统且复杂的工程,也必定是一项长期的工程。

第四节　我国城乡养老保险一体化的思考和建议

一、城乡社会养老保险一体化建设的理论基础

社会保障权本质上属于一种社会权,遵循个人自由与社会公平相统一的原则。③ 现代社会保障制度是现代化工业大生产的产物,与城市化、社会结构城乡一体化相伴随,社会保障城乡一体化已经成为工业化国家的普遍趋势,同时也是人类文明进程中追求实质公平的必然结果。养老保险是社会保障制度的重要内容,作为一种社会公共产品,国家应该公平地向社会成员提供养老保险,而没有工业和农业、城市和农村的差别,以体现社会的公平正义原则。④ 而我国传统的社会保障制度是在二元经济结构基础上形成的城乡二元社会保障,国家按照两种不同设计思路在城市和农村采取了两种不同的保障制度,在特定的历史时期发挥了积极作用。但是随着我国工业化和城市化进程的急速推进,城乡二元分割状态下的非对称性养老保险制度安排不仅与"城乡统筹"的时代要求不相适应,而且还与"公平、普惠、共享"的社会保障目标严重背离,制度发展已陷入"新老问题交织、内外矛盾重重"

---

① 余滢.城乡一体化进程中的社会问题及其对策研究[M].成都:西南财经大学出版社,2013:32-33.
② 王晓东.国外城乡养老保险一体化:途径、方式、条件及启示[J].社会保障研究,2013(5):98-103.
③ 杨华.中国城乡一体化进程中的社会保障法律制度研究[M].北京:中国劳动社会保障出版社,2008.
④ 李捷枚.中国农村养老模式变革研究[M].北京:中国劳动社会保障出版社,2015:37.

的交困境地,城乡社会养老保险制度统筹协调发展已刻不容缓。① 建立城乡一体化的社会养老保险制度,使城乡居民能够共享我国经济社会发展的成果,是社会保障制度价值理念的核心和基础。

二、我国城乡社会养老保险一体化建设的必要性和可行性

1. 城乡社会养老保险一体化建设的必要性

实现城乡居民养老保险制度一体化是社会保障公平理念的体现,是社会保障"国民待遇"、基本公共服务均等化的要求,对于缓解人口老龄化的严峻挑战,破除二元结构,建设现代化,构建和谐社会都有重要意义。

(1) 城乡社会养老保险制度一体化建设是农村人口城镇化的必然要求

实践证明,我国经济社会的正常运转和发展已经到了离不开进城农民工的地步,流动的农民工群体成为提升我国城镇化水平的基本力量。然而,进城农民工没有基本的城市居民养老保障,打击了广大农民进城的积极性,又抑制了城镇化的发展水平,阻碍了我国城乡一体化进程。尽管目前我国已经取消了农村户口,但是,户籍制度改革不是单向度事件,不是仅换个户口本就能从根本上解决城乡一体化的问题,户籍上附着的利益分配,以及所在城市的承载力问题,这要配套性改革,是一个全方位、深层次、渐进式的系统工程,②而实现城乡社会养老保险制度一体化则是解决农民"后顾之忧"的基本前提。

(2) 城乡社会养老保险制度一体化建设是我国人口老龄化的必然要求

我国是世界上人口老龄化程度比较高的国家之一,老年人口数量最多,老龄化速度最快,应对人口老龄化任务最重。"满足数量庞大的老年群众多方面需求、妥善解决人口老龄化带来的社会问题,事关国家发展全局,事关百姓福祉,需要我们下大气力来应对。"③我国人口基数大,持续增长的惯性也大,而随着我国医疗卫生条件的提高,人均预期寿命也在不断增长,老龄化进程明显加快。进入老龄社会

---

① 王晓东. 中国社会养老保险制度城乡统筹的战略与路径[D]. 南京:南京大学,2013:1.
② 金丽馥,强可鉴. 新生代农民工市民化的困境分析与路径选择——基于新型城镇化视阈[J]. 江苏大学学报(社会科学版),2016(2):61-64.
③ 习近平:推动老龄事业全面协调可持续发展[EB/OL]. (2016-05-29)[2016-08-10]. http://www.cncaprc.gov.cn/contents/2/174584.html.

后,整个人口结构的变化将对社会与经济发展的方式形成新的机遇与挑战;同时,对国家的治理模式也会形成新的要求和变量,将城市和农村养老保险融合起来,构建统一的城乡一体化社会养老保险是我国应对老龄化社会的必然选择。

(3) 城乡社会养老保险制度一体化建设是城镇化与工业化的必然要求

城镇化和工业化是经济社会发展中相伴而生的两个现象。我国城镇化和工业化的协调发展,必须以统筹城乡一体化为基础,但是如果没有统筹城乡一体化的社会养老保险制度,社会养老保险制度仍然是城乡隔绝乃至地区隔绝,那么所谓的统筹城乡一体化将举步维艰。城镇化和工业化的发展推动了流动农民工数量的增加,但是却没有赋予其应有的平等的社会保障待遇。近年来出现的企业用工难、民工荒,民工离土不离乡的候鸟式流动迁移将会无限期地持续下去,我国的城镇化和工业化必将付出更大的成本。因而,构建城乡一体化社会养老保险制度是我国推进城镇化、发展工业化的现实需要。

(4) 城乡社会养老保险制度一体化建设是劳动力供给侧改革的必然要求

供给侧结构性改革在"十三五"时期乃至更长的时间将在一个突出位置上,为中国经济的发展发挥重要作用。供给侧改革必须把核心内涵放在通过进一步深化改革来解放生产力的命题上。[1] 劳动力市场作为重要的生产要素市场,其规范、有序、健康的发展对有效解决劳动力供需矛盾有着非常重要的作用。但是在二元运行体制下,城乡分割的劳动力市场无法统一配置城乡劳动力资源,不利于城乡劳动力资源和市场经济的健康发展,不利于实现人力资源的合理有效配置和利用。[2] 因此,就劳动力要素来说,必须控制人口数量转向优化实施人力资本战略,建立完善的城乡一体化社会保险制度,促进人口流动。

(5) 城乡社会养老保险制度一体化建设是实现和谐社会目标的必然要求

党的十六届六中全会通过的《中共中央关于构建社会主义和谐社会若干重大问题的决定》指出,社会公平正义是社会和谐的基本条件,制度是社会公平正义的根本保证,必须加紧建设对保障社会公平正义具有重大作用的制度。我国目前的社会养

---

[1] 贾康.以制度供给为核心,推进改革优化供给侧环境机制[A]//朱克力.供给侧改革:引领"十三五".北京:中信出版社,2016:151-156.
[2] 余梦秋.城乡一体化社会养老保险制度建设研究[M].成都:西南财经大学出版社,2014:70.

老保险制度模式不统一,保障水平差距较大,难以充分体现社会公平正义。构建城乡一体化社会养老保险制度就是统筹城乡,打破城乡二元分割,缩小城乡差异,无论是城镇居民还是农民,都纳入统一的社会养老保险制度。让农民与城市居民一样共享社会改革成果,提高农村老年人的生活和生命质量,①使城镇与农村居民年老后得到基本生活保障,有效地实现社会公平,从而促进农村经济建设,构建和谐社会。

2. 城乡社会养老保险一体化建设的可行性

(1) 我国社会经济的发展为城乡社会养老保险一体化建设提供了物质基础

资金问题是我国城乡社会养老保险问题的核心。社会养老保险制度的创新要立足于经济基础这一根本因素,建立城乡一体化的社会养老保险制度需要资金的支撑以解决制度转轨的成本,随着我国老龄化人口的增加,领取养老金人数逐年增加,这无疑需要大量的资金作为保障。社会经济的发展、各级政府财政增加、综合国力的增强,为我国城乡一体化社会养老保险制度的构建和完善提供了必要的物质基础。近年来,面对错综复杂的国际形势和不断加大的经济下行压力,党中央、国务院保持战略定力,统筹谋划国际国内两个大局,坚持稳中求进的工作总基调,主动适应引领新常态,使我国经济保持了总体平稳、稳中有进、稳中有好的发展态势。据国家统计局数据,2015 年我国 GDP 为 67.67 万亿,同比增长 6.9%,总量世界第二。② 近几年农民收入一直保持连续较快的增长,城乡收入差距连续缩小,统计显示,2015 年,农民人均纯收入首次超过万元,达到 10 772 元,比上年实际增长 7.5%,③农民收入的增加为在农村地区有效推广社会养老保险提供了物质基础,农民的参保率将会逐步提高。

(2) 我国社会养老保险制度的发展为城乡社会养老保险一体化建设做了制度准备

从新中国成立初始,我国先后出台了针对不同人群的社会养老保险制度,首先建立针对城镇职工的基本养老保险制度,并随着经济社会的发展不断改革、完善;

---

① 李放,张娜,沈苏燕. 农村社会养老服务的需求与发展路径研究[M]. 北京:科学出版社,2016:5.
② 国家统计局. 2015 年中国全年 GDP 为 67.67 万亿 同比增长 6.9[EB/OL]. (2016 - 01 - 19)[2016 - 08 - 10]. http://www.askci.com/news/finance/2016/01/19/102424etgq.shtml.
③ 社科院. 预计今年农民人均纯收入和可支配收入比上年增长 7.7%[EB/OL]. (2016 - 04 - 27)[2016 - 08 - 10]. http://finance.ifeng.com/a/20160427/14350390_0.shtml.

从 20 世纪 80 年代中期开始,在一些经济比较发达的农村地区开始探索农村社会养老保险制度,先后实施了"老农保"和"新农保"。尤其是 2009 年在全国开展试点的新型农村养老保险制度填补了我国农村社会养老保障的空白,并在 2012 年实现了制度的全覆盖。这一制度的建立与完善对保障农村老年居民基本生活,破解城乡二元体制结构,形成城乡经济社会发展一体化的新格局发挥了重要的作用。此外,随着我国改革开放的发展和城乡一体化的推进,又先后出现了农民工和失地农民等,政府针对这些社会新群体开始制定相应的社会养老保险制度。这些社会养老保险制度是在我国社会经济发展的基本国情基础上建立的,并随着我国社会经济的发展和社会转型而不断完善,为全面实施城乡社会养老保险一体化积累了丰富的经验,做了充分的制度准备。

(3) 统筹城乡发展战略,为城乡社会养老保险一体化建设提供政策环境

工业化初期,我国推行以农补工的政策,形成了城乡二元分割的社会结构。2005 年,我国工业化步入中期发展阶段,城乡关系从城乡分割转向城乡统筹发展。党的十六大提出,"统筹城乡经济社会发展,建设现代农业,发展农村经济,增加农民收入,是全面建设小康社会的重大任务"。这是党中央根据新世纪我国经济社会发展的时代特征和主要矛盾,致力于突破城乡二元结构,破解"三农"难题,全面建设小康社会所做出的重大战略决策。党的十六届三中全会第一次正式提出"统筹城乡发展"的战略思想,党的十七大报告以科学发展观为统领,强调我国要建立以工促农、以城带乡的长效机制,形成城乡经济社会一体化新格局。统筹城乡经济社会发展要把统筹城乡社会保障作为突破口。作为城乡关系重要组成部分的养老保障,也要从城镇为主转向城乡统筹发展,以便与我国经济社会发展相适应。如天津市城乡养老保险体系一体化过程中,将城乡居民基本养老保险、农籍职工基本养老保险、城镇居民养老保险的缴费年限视为等同,极大减小了一体化过程中的转制成本,让制度更好地便民利民。[①] 在统筹城乡发展战略下,我国从中央到地方为推动城乡一体化的社会养老保险制度建设给予了大力的政策支持,从而为形成城乡经济社会一体化新格局提供了支撑。

---

① 杨博.浅谈天津城乡一体化养老保险体系的构建[J].商,2016(9):79.

(4)"互联网+"时代的到来为城乡社会养老保险一体化建设提供技术支撑

城乡社会养老保险一体化的提出不应仅仅停留在模式设计的可行性上,一项制度要建立并得到可持续发展才是关键之所在。"互联网+"时代的到来,为我国城乡一体化社会养老保险制度建设提供了建立和可持续发展的可能。随着电子政府的发展,各级政府纷纷以电子政务网络为载体,以现代信息技术为支撑,积极引进先进科技、全面提升技术含量,让权力运行更加透明,监督渠道更加畅通,与此同时,居民社会保险信息的网络数据传输和整理也更加迅捷方便。随着我国现代化进程的发展和人口流动的加快,大数据在城乡社会养老保险信息中的运用,对于实现流动农民工群体的社会养老保险对接,提供了技术上的可能,为企业人才流动的良性发展提供了广阔的空间。跨地区的生活模式和工作模式要求劳动者的社会养老保险能够随身携带,异地转移,进行地区衔接,①这在非互联网时代是非常困难的转移衔接,在"互联网+"时代却易如反掌。目前,各地正在打造城乡一体化社保信息化平台,以实现对城乡一体化社会养老保险的高效统一管理与服务。

(5)供给侧结构性改革的推进为城乡社会养老保险一体化建设提供创新动力

目前我国经济发展已经进入新常态,正处在由高速增长向中高速增长的转换过程之中,背后则是结构、动力、体制政策环境的转换,因此也可以称其为"转型再平衡",即由高速增长平台上的供求平衡转向中高速平台上的供求平衡。② 在这种背景下,供给侧结构性改革的必要性、紧迫性显而易见,其中微观层面的改革要求加快城乡之间土地、资金、人员等要素的流动和优化配置。针对目前养老金三大支柱发展失衡的状况,亟须供给侧结构性改革提速养老金融,必须把制度创新和管理创新、技术创新打通,要在供给侧结构性改革的命题下,以有效的制度供给来应对实际生活的挑战,回应中国现代化发展的客观需要。从社会政策制度来看,实现习总书记所说的老有所养、老有所依、老有所乐、老有所安,仅仅依靠社会保险这种现金转移支付的政策是不够的,还需要物品和服务的提供。在城乡一体化进程中,最主要的要素是指农民,农民素质的提高对城乡统筹发展和调整产

---

① 赵曼,吕国营.城乡养老保障模式比较研究[M].北京:中国劳动社会保障出版社,2010:127-134.
② 刘世锦.供给侧改革的主战场是要素市场改革[A]//吴敬琏.供给侧改革:经济转型重塑中国布局.北京:中国文史出版社,2016:151-156.

业结构起决定性的促进作用。① 要打破城乡间土地、人员、资金等要素的流动、交易、配置的诸多不合理体制和政策限制,促进城乡劳动力资源的自由流动,就必须构建完善的城乡社会养老保险一体化制度,最大限度地解放和激励劳动力资源。

三、构建我国城乡社会养老保险一体化制度的建议

1. 加快建立城乡养老保险一体化法律体系

我国社会养老保险立法已经比西方发达国家晚100余年,从应对人口老龄化加速的需要出发,加快我国社会养老保险立法进程显得比历史上任何时候更加重要和紧迫。② 社会保险作为整个农村社会保障制度的主体和核心,是以强制性为基本特征的,而社会保险的这一强制性特征必须通过国家立法才能得以保证。目前,社会养老保险在农村进展不力,其中很重要的一个原因就是社会养老保险立法滞后。结合我国国情,推进城乡养老保险一体化法律体系建设要从宏观上构建社会保险制度城乡一体化框架思路,明确城乡一体化居民基本社会养老保险的责任定位、区域群体社会养老保险的现实选择以及个人补充社会养老保险的法律体系安排,核心和关键在于加快农村社会养老保险法制建设。一方面,要做好立法调研工作,推进城乡养老保险一体化法律尽快出台,另一方面,要抓紧地方性法规建设,鼓励和提倡各地政府根据本地实际制定具体的养老保险办法,建立激励农民参保和提高缴费水平的政策机制,推动农村居民参保缴费。③

2. 完善城乡社会养老保险一体化制度内涵建设

通过完善城乡一体化社会养老保险立法与法规,及时出台相关政策,详细规定城乡一体化社会养老保险参保范围、资金筹集、养老保险待遇、养老金领取、养老基金的保值增值与监管、养老保险的转移接续与制度衔接等具体内容,完善城乡居民养老保险基金财务会计制度和各项业务管理规章制度。由于养老保险的实施范围很广,被保险人享受待遇的时间较长,费用收支规模庞大,因此,必须从全国人大立法层面为各省、自治区、直辖市制定辖区范围内的养老保险制度提供依据和参考。

---

① 李水山,单正丰.城乡一体化发展中的中国农民教育研究[M].北京:中国农业科学技术出版社,2012:18.
② 余滢.城乡一体化进程中的社会问题及其对策研究[M].成都:西南财经大学出版社,2013:64-69.
③ 穆怀中,沈毅等.中国农村养老保险体系框架与适度水平[M].北京:社会科学文献出版社,2015:240.

养老保险基金的投资运营是关系到养老保险制度可持续发展的一项重要措施,应该在我国的社会养老保险制度中予以明确体现。就我国人口结构而言,我国已经迈入老龄化社会,为了能够使老龄人口的基本生活得到保障,当务之急是如何筹集到更多的养老资金,地方政府应结合本地区实际制定具体执行规则,促进居民养老保险基金的投资运营、法律保障、风险担保等可持续运行的长效机制。

3. 搭建完善我国城乡养老保险一体化衔接机制

构建城乡统一社会养老保险制度,必须解决目前城镇居民社会养老保险制度和农村居民社会养老保险的衔接问题,从广义上来说,还应该包括城乡居民养老待遇与待遇调整机制的衔接问题,以及我国不同省份、不同区域跨地区转移衔接等。实现城乡社会养老保险一体化衔接从制度层面上而言,还应该包括社会保险相关制度建设和完善,其中最为重要的是户籍制度和就业制度,两者都必须服务于劳动力资源流动的经济发展需求。针对户籍制度而言,必须要加快户籍制度功能的转变,加强其人口信息登记功能,削弱人口迁移管理功能,有效防止个体身份的固化,促进人口选择性流动,使附着在户籍上的"优先权"与户籍"脱钩",逐步建立城乡一体的基本公共服务体系①,做好区域之间的养老保险衔接②。针对就业制度而言,必须加快农民工职业培训,提升农民工职业技能水平,明确企业社会责任,促进农民工就业,实现农民与城镇居民就业机会均等。

4. 明确城乡社会养老保险一体化建设政府主导

公民享有的社会保障权是社会权的范畴,它谋求全体国民特别是社会经济弱者的实质自由平等,使全体社会成员享受满意的生活条件成为可能,③因而,养老保险作为社会保障的重要组成,其性质属于公共物品,这也就决定了社会养老保险一体化建设必须有政府主导。城乡居民社会养老保险制度是由政府部门组织、制定相应的法律法规,符合条件的城乡居民自愿参加,保障资金来源于政府补贴、社会统筹和个人缴费,用于保护城镇和农村居民老年基本生活的一种制度安排。因

---

① 金丽馥,强可鉴. 新生代农民工市民化的困境分析与路径选择——基于新型城镇化视阈[J]. 江苏大学学报(社会科学版),2016(2):61-64.
② 杨蕾. 推动养老保险城乡一体化[N]. 潮州日报,2016-06-10.
③ [挪威]A. 艾德. 人权对社会和经济发展的要求[J]. 外国法译评,1997(4):9-21.

此,无论社会保障制度如何变革,在社会保障制度的发展过程中,主导责任永远都是政府。明确政府承担统筹城乡社会养老保险一体化建设过程中的主导责任是统筹工作能够得以进行的前提和基础。① 在我国,城乡养老保险制度建立初始就一直依赖于政府的推广和实施,在推进城乡社会养老保险一体化建设过程中,必须强调各级地方政府的指引作用和推动责任,全面发挥中央政府全局规划的主导作用和地方政府的管理实施职能。②

5. 加大城乡社会养老保险一体化资金技术投入

城乡一体化社会养老保险制度的建设,本质上是我国社会养老保险制度从杂乱分散的多元制度向一元制度转变的过程,而在这一过程中要让现有的城镇居民养老保险和农村居民养老保险在制度上由不相同逐渐走向统一,这不仅仅需要在制度和体质上进行改革,而且需要资金保障和技术保障。其中,资金保障是城乡一体化社会养老保险制度实现的先决条件,技术保障是城乡一体化社会养老保险制度实现的支撑手段。加大城乡一体化的社会养老保险资金保障,必须加大各级政府财政对社会养老保险制度的资金支持、完善养老保险资金的筹集制度、实现养老保险基金的保值增值以及采用多种手段化解转制成本,扩大养老保险范围,逐步减少基本养老金支付等。不断加大对经济落后区县以及缴费困难群体的财政补贴力度,对不同的人群分类推进,逐步实现适龄人口全覆盖。③ 在技术层面上,各地要借助"互联网+"时代的大数据优势,加大社会养老保险机构硬件配置和软件建设的力度,逐步建立并实施社会养老保险网上个人管理,不仅有利于劳动力人口的跨区域流动,而且有利于城乡社会养老保险的管理。

6. 加快城乡社会养老保险一体化人力资本培养

我国社保经办服务体系是现代服务型政府向社会大众提供公共产品和公共服务的重要载体,基于供给侧结构性改革的视角,加快城乡一体化进程中的社会养老保险制度构建与实践,提高社会养老保险服务质量,必须加快要素改革,其中养老保险服务体系人才培训与管理,是推进我国城乡一体化社会养老服务改革与创新

---

① 杨阳.城乡统筹视角下江苏省养老保险制度研究[D].南京:南京大学,2014:49-50.
② 王晓东.社会养老保险制度城乡统筹研究的争议与展望[J].社会保障研究,2013(1):41-45.
③ 刘妍,吕雅琴,刘琦.新常态下西安养老保险城乡一体化研究[J].科技展望,2016(15):77-78.

的重要因素之一。人力支持为城乡一体化社会养老保险制度的良性运行提供保证,鉴于我国社会养老保险经办服务体系人才队伍的专业素质相对低下,针对在职从事社会养老保险的工作人员,切实展开多种形式的培训措施,加大力度对其进行基础知识和工作技能培训,以提高其专业和管理水平,为广大参保人员提供更好、更便捷、更有效的服务。[1] 针对我国农村社会养老保险发展滞后的现状,加大农村社会养老保险人才的培养力度,扩大社会养老保险制度的宣传和推广力度,促进我国农村社会养老保险制度的迅速发展。

7. 立足现状实现我国农村养老方式方法多元化

我国是世界上最大的发展中国家,也是农村人口规模最大的国家,面对现代国家建设的目标和市场经济改革、人口老龄化的现实风险,只有稳固壮大当前较为薄弱的农村养老保险这一社会保障的薄弱环节,才有可能实现真正意义上的养老保险城乡一体化。在城乡二元经济、独生子女、城镇化等政策背景下,农村居民的养老保障问题在"三农"问题中日益突出,加上我国不同区域经济发展差距明显,对于目前的农村养老采取一刀切的方式并不适宜,只能通过多种方式加以解决。[2] 农村居民养老保险不能追求"标准的"社会保险模式,而应关注多样化的、灵活的制度设计,着重考虑基础养老金、享受税收优惠的储蓄计划、资产账户等备选政策工具,形成以政府为主导的、家庭保障为基础的、多市场主体参与的、灵活多样的复合型养老保险计划。[3] 此外,要认真挖掘中华民族传统文化中的优秀内核,使中华民族养老文化广泛渗透于家庭养老文化之中[4],能够与社会养老保险制度一起构成推动我国城乡一体化养老保险制度良性发展的持久动力。在社会养老达不到适度水平时,要坚持利用辅助养老保障项目提升农民总体的养老保障水平,充分发挥土地养老、子女养老和社会救助养老等的补充作用。[5]

---

[1] 王国贤.我国社保经办服务体系人才队伍建设研究[J].人才资源开发,2014(4):25-28.
[2] 周建再.商业养老保险参与中国农村养老保障体系建设研究[M].镇江:江苏大学出版社,2015:5.
[3] 李春根,包叠.新形势下基本养老保险城乡一体化路径初探[J].社会保障研究,2013(3):29-35.
[4] 曹文献.新型农村养老保障制度的可持续发展研究[M].成都:西南财经大学出版社,2014:174-175.
[5] 穆怀中,沈毅等.中国农村养老保险体系框架与适度水平[M].北京:社会科学文献出版社,2015:241.

第六章 我国城乡医疗保险一体化研究

长期以来,在经济社会二元结构的影响下,我国公民体现出主体身份的二元性,这种城乡居民身份的差别经法律确认后表现为主体权利的二元性。这种权利赋予上的二元性在医疗保险领域亦有体认,即城乡居民因主体身份的不同享有水平参差不齐、待遇差距悬殊的医疗保险服务。党的十八大以来,中央力推包括"新型城镇化"在内的"新四化"战略,新型城镇化将力改以往城镇化偏重城市先行的发展思路,本质上要求实现"人"的城镇化,从而不断推进基本公共服务均等化。这同时也开启了均衡配置城乡医疗服务资源、实现我国城乡医疗保险一体化的历史进程。

本章总体叙述架构由四部分构成:第一部分介绍我国城乡医疗保险制度现状,分别梳理我国城镇居民医疗保险制度,农村居民合作医疗制度的建立、发展与改革历程,进一步总结新中国成立以来我国城乡居民医疗保险制度建设的有益经验;第二部分在现状分析的基础上,揭示我国城乡居民医疗保险制度面临的问题和挑战,挖掘阻碍我国城乡医疗保险一体化进程的深层次原因;第三部分聚焦国外医疗保险改革的有益经验,分别介绍具有代表性的发达国家和发展中国家在医疗保险改革领域的先进做法,从而为我国的城乡医疗保险领域改革提供"国际思路";本章最后一部分在现状分析、问题探讨、国际借鉴的基础上,提出一些在推进我国城乡医疗保险一体化方面的思考和建议,以期为我国新阶段整合城乡医疗保险制度、推动医疗保障权利的城乡公平配置提供理论思路和实践模型。

第一节 我国城乡医疗保险制度现状

一、我国城镇居民医疗保险制度的建立和发展

1. 初创时期:公费医疗和劳保医疗制度的建立

(1) 劳保医疗制度的建立

1951年,国务院颁布的《劳动保险条例》规定,国有工厂及矿场、铁路、航运、交通、基建、地质、商贸、粮食等产业和部门的职工及其供养的直系亲属均可享受劳保医疗待遇。城镇集体所有制企业可参照执行。这一文件不仅规定了劳保医疗的保障范围,同时也明确了劳保医疗的经费来源,即劳保医疗经费按照企业职工工资总额的一定比例提取,在企业生产成本项目中列支。在保障方式上劳保医疗的职工患病在本企业自办医疗机构或指定的医疗机构可享受免费医疗,其供养直系亲属可享受半费医疗。

(2) 公费医疗制度的建立

我国公费医疗制度的建立源于1952年由政务院发布的《关于全国人民政府、党派、团体及所属事业单位的国家工作人员实行公费医疗预防的指示》,这一文件明确了公费医疗的保障对象、经费来源以及保障方式。公费医疗的保障对象即为国家机关、事业单位工作人员、革命伤残军人和高校学生。公费医疗经费则由各级政府财政预算拨款,一般按人均定额划拨到各单位包干使用。享受公费医疗的人员在指定医疗机构就医,符合规定的医疗费用,可从单位公费医疗经费中报销。

作为我国城镇医疗保险制度的主体内容,无论是劳保医疗还是公费医疗,实质上均是"国家通过筹集、分配、使用卫生资源,为社会部分成员提供医疗卫生服务的一种形式",是新中国成立初期计划经济条件下配给性质的医疗保险制度。至20世纪70年代末,公费医疗制度"覆盖了全国75%以上的城镇国有单位职工及离退休人员,享受公费医疗和劳保医疗的人群分别达到2 300万人和1.14亿人"。

2. 改革时期:体制转轨与社会化改革的探索

(1) 20世纪80年代中期到90年代初期

20世纪90年代改革以前,我国城镇职工医疗保险具有鲜明的单位属性。城镇职工医疗保险分为企业单位职工的劳保医疗和机关事业单位职工的公费医疗。前者由职工所在企业负担,后者按职工所在单位的隶属关系由各级财政负担,由此造成了医疗费用日益膨胀,政府财政和单位经费不堪重负。改革初期,主要是加强职工的费用意识,要求职工个人承担少量的医疗费用,分担的比例各地不同,一般为10%—20%。20世纪80年代中期以后,改革的重点主要是控制医疗费用的过快上涨,费用控制的重点转移到医疗服务的供给方。改革的推进方式从各国营企业和地方政府的主动探索进展到中央政府部门主导,设立公费医疗和劳保医疗两大门类的改革试点。

(2) 20世纪90年代初期到1998年

这一阶段改革重心从控制医疗费用过快增长过渡到建立统账结合(保险基金实行社会统筹与个人账户相结合)的社会医疗保险制度模式。改革的推进方式也从公费医疗和劳保医疗两大门类分别进展到统一试点。1993年,中共中央十四届三中全会通过了《关于建立社会主义市场经济体制若干问题的决定》,提出要在城镇建立社会统筹与个人账户相结合的基本医疗保险制度。随之,1994年国务院组织有关部门在江苏省镇江市、江西省九江市进行了试点,并从1996年开始大范围扩大试点。

这一时期的改革主要是在我国进入改革开放和深度推进经济体制改革的新时期,尤其是党的十四大确立建立社会主义市场经济体制的目标的历史背景下,针对公费医疗和劳保医疗制度矛盾日益突出的问题,以社会化改革为主攻方向,探索设计与社会主义市场经济体制相契合的城镇医疗保险制度。

3. 发展时期:城镇内部二元医疗保险制度的确立

(1) 城镇职工医疗保险的建立

在广泛试点的基础上,国务院于1998年12月颁布了《国务院关于建立城镇职工基本医疗保险制度的决定》(国发〔1998〕44号)。该《决定》在全国范围内推行职工医保制度改革,将原劳保医疗中的多数参保人和公费医疗中的参保人纳入其中。《决定》提出的医疗保障改革的目标是"低水平、广覆盖、双方负担、统账结合",改革的推进方式从统一试点进展到全国同时推进。这一阶段改革的方案主要包括:建立医疗保险基金,企业按照工资一定比例向基金缴费,缴费率通常是企业负担工资的6%,职工负担2%;实行"个人账户与社会统筹相结合",社会医疗保险缴费大约分出一半用以建立个人账户,另一半用于医疗统筹基金。《决定》搭建了新的城镇职工基本医疗保险制度的大致框架,充分考虑了政府、企业和个人的承受能力,以新的职工医疗保险制度替代实行了将近半个世纪的公费医疗和劳保医疗制度,从而标志着我国的医疗保险制度改革进入了一个崭新的阶段。2009年3月,党中央、国务院印发《中共中央国务院关于深化医药卫生体制改革的意见》,该《意见》指出"妥善解决农民工基本医疗保险问题,签订劳动合同并与企业建立稳定劳动关系的农民工,要按照国家规定明确用人单位缴费责任,将其纳入城镇职工基本医疗保险制度",标志着作为城镇医疗保险制度重要组成部分的城镇职工医保正式向农民工开放。2016年3月,人社部办公厅下发《关于印发流动就业人员基本医疗保险关系转移接续业务经办规程的通知》,进一步对包括农民工在内的流动就业人员基本医疗保险关系转移接续业务经办规程做出详细规定。

(2) 城镇居民医疗保险的建立

城镇职工医疗保险制度实施以来,由于其参保对象明确规定为城镇所有的用人单位及其职工和退休人员,因此城镇大量非正式就业人口、非机关企业退休老人和中小学在校生以及儿童无法获得应有的医疗保险待遇。2007年,国务院发布了《国务院关于开展城镇居民基本医疗保险试点的指导意见》(国发〔2007〕20号),标志着我国开始在城镇探索建立基于自愿原则的居民医疗保险制度。该《意见》明确了城镇居民医保的参保对象,即"不属于城镇职工基本医疗保险制度覆盖范围的中小学阶段的学生(包括职业高中、中专、技校学生)、少年儿童和其他非从业城镇居民"可自愿参加城镇居民基本医疗保险,城镇居民医保实行县(市)级统筹,以家庭为单位,实行家庭缴费为主,政府给予适当补助,个人缴费、集体扶持和政府资助相结合的筹资机制,坚持低水平起步,根据经济发展水平和各方面承受能力确定筹资水平和保障标准,重点保障城镇非从业居民的大病医疗需求,逐步提高保障水平。2009年3月,党中央、国务院印发《中共中央国务院关于深化医药卫生体制改革的意见》,该《意见》规定"建立覆盖城乡居民的基本医疗保障体系。城镇职工基本医疗保险、城镇居民基本医疗保险、新型农村合作医疗和城乡医疗救助共同组成基本医疗保障体系,分别覆盖城镇就业人口、城镇非就业人口、农村人口和城乡困难人群。坚持广覆盖、保基本、可持续的原则,从重点保障大病起步,逐步向门诊小病延伸,不断提高保障水平"。由此,《意见》正式指出了包括城镇居民医保在内的我国基本医疗保险制度的构成主体、覆盖范围、实施原则。城镇居民医疗保险制度的建立弥补了城镇职工医疗保险制度在覆盖范围上的缺漏,保障了全体城镇居民的医疗保障权益,但也留下了城镇内部二元医疗保险制度分立带来的利益冲突和缺憾。2013年11月,十八届三中全会通过《中共中央关于全面深化改革若干重大问题的决定》,该《决定》指出要"整合城乡居民基本养老保险制度、基本医疗保险制度",这标志着我国城市内部存在的二元医疗保险制度整合已提上了议事日程。2016年6月,人社部印发《关于积极推动医疗、医保、医药联动改革的指导意见》(人社部发〔2016〕56号),该《意见》指出"要按照建立更加公平、更可持续的社会保障制度的要求,加快推进医保城乡统筹、区域统筹、体系统筹、管理服务统筹",从而再次确认了包括城镇内部医疗保险制度统筹整合的改革趋势。

二、我国农村合作医疗制度的发展及改革

1. 初创和繁荣时期

我国农村合作医疗制度是20世纪50年代随人民公社发展起来的一种解决农村居民最基本的医疗需求的制度。这种制度以政府组织、集体经济扶持和农民互助合作为基础,基本采取自愿、受益和适度的原则,通过合作形式,民办公助、互助共济。最早可以追溯到20世纪40年代陕甘宁边区建立的医药合作社(卫生合作社),它是由群众采取集体筹股筹措医药费来解决医药上的需求,分摊疾病的风险。新中国成立后,随着农业合作化的发展,在山西、河南、河北等地农村出现了一批由农业生产合作社举办的保健站。1955年,山西省高平县米山乡最早实行了以社员

群众出"保健费"和生产合作社提供"公益金"补助相结合的办法,建立起了合作医疗制度,这种"合医合放不合药"的医疗制度得到了当时国家卫生行政部门的肯定和推广。1958 年,"人民公社化"后,农村合作医疗得到较快发展。1960 年,全国农业生产大队举办合作医疗制度的达到 40%。1978 年,五届全国人大五次会议通过的《中华人民共和国宪法》中正式将"合作医疗"纳入国家根本大法的调整范畴。1979 年,国家卫生部、农业部、财政部等部委下发了《农村合作医疗章程(试行草案)》,对合作医疗制度作了进一步规范。到 20 世纪 70 年代末,全国 90% 以上的生产大队(村)举办了合作医疗,合作医疗不仅成为我国农村地区主要的医疗保健制度,亦是我国医疗保障制度的三项制度性安排之一。

2. 衰落和重建时期

20 世纪 80 年代的中国,在改革开放大潮的推动下,农村经济体制改革拉开了序幕,家庭联产承包责任制的实施使家庭重新成为农业生产的基本经营单位,集体经济迅速解体,农村经济的发展也进入了多元化阶段。由于缺少了集体经济的支撑,农村合作医疗制度因失去了经济基础和筹资渠道而变得难以为继,最终走向了大面积解体。到 1989 年,实行合作医疗制度的行政村只占全国行政村总数的 4.8%。农村合作医疗在全国范围内的迅速衰退引起了中央的极大关注,为此中央提出了"恢复与重建"合作医疗制度的目标。1993 年,党的十四届三中全会公布的《中共中央关于建立社会主义市场经济体制若干问题的决定》明确提出要"发展和完善农村合作医疗制度"。1997 年,中共中央、国务院颁布了《关于卫生改革与发展的决定》,明确指出新时期卫生工作的方针是"以农村为重点,预防为主"、"加强农村卫生工作,实现初级卫生保健规划目标",由此拉开了各地恢复和重建合作医疗的努力和探索。合作医疗虽然在 20 世纪 90 年代得以"重建",但推行地域主要集中在沿海经济发达地区的农村,在覆盖人群比例上始终徘徊在 10% 的水平。由此,总数占全国人口 60% 以上的农村人口却有 90% 为自费医疗群体,而农民的低收入水平又遏制了农民的医疗需求,使这一处于社会最底层的劳动群体陷入"小病拖、大病扛"的辛酸境地。农村医疗保险系统的脆弱性、农民生命健康质量保障的低水平呼唤政府的改革举措。

3. 改革和发展时期

2002 年 10 月,中共中央、国务院下发了《关于进一步加强农村卫生工作的决定》,提出 2010 年要在全国农村基本建立起适应社会主义市场经济体制要求和农村经济发展水平的农村卫生服务体系和农村合作医疗制度,并要求各级地方政府根据实际需要和财力情况,对农村贫困家庭和合作医疗制度给予资助。2002 年底,国家决定在吉林、湖北、浙江、云南四省先行恢复这一制度,这一制度被称为"新型农村合作医疗"。2003 年 1 月,国务院办公厅正式转发卫生部、财政部、农业部联合发出《关于建立新型农村合作医疗制度的意见》的通知,要求从 2003 年起,各省、自治区、直辖市至少选择 2—3 个县(市)先行试点,取得经验后逐步推开,到 2010 年实现在全国建立基本覆盖农村居民的新型农村合作医疗制度的目标。2004 年,国务院办公厅转发卫生部等部委《关于进一步做好新型农村合作医疗试点工作的指导意见》的通知,就新型农村合作医疗制度的管理体制、筹资标准、基金管理以及报账方式等问题做进一步细化和规范。2009 年,卫生部、财政部、农业部、民政部、中医药局等部委联合下发《关于巩固和发展新型农村合作医疗制度的意见》,该《意见》对进一步提高筹资水平、完善筹资机制、加强基金监管以及外出务工人员参保方式等问题做了细致规定,力图提高新型农村合作医疗制度的保障水平和运行机制的灵活性。到 2010 年,我国新型农村合作医疗制度已经基本实现覆盖全国农村居民的目标。新型农村合作医疗制度作为政府在农村居民医疗保险领域的改革和创新之举,主要解决农民"有病难治"、"因病致贫"、"因病返贫"等突出问题,从而改变了农村合作医疗制度小范围互助共济的传统模式,成为农村医疗保障的基本制度性安排。2013 年 3 月,国务院批转国家发改委《关于 2013 年深化经济体制改革重点工作的意见》,该《意见》提出"整体推进城乡居民大病保险,整合城乡基本医疗保险管理职能,逐步统一城乡居民基本医疗保险制度,健全全民医保体系",标志着继新农合基本覆盖农村居民之后,我国开启了整合城乡医疗保险制度、推动城乡医保一体化改革的新征程。2016 年 6 月,人社部印发《关于积极推动医疗、医保、医药联动改革的指导意见》(人社部发〔2016〕56 号),该《意见》指出"要加快推进医保城乡统筹、区域统筹、体系统筹、管理服务统筹,当前要按照国发〔2016〕3 号文件要求,重点推进城乡医保统筹",标志着城乡医疗保险制度整合工作得到国家的重点关注和强力支持。

第二节 我国城乡医疗保险制度面临的问题和挑战

一、医疗保险领域法律规范体系建设滞后

十一届全国人大常委会第十七次会议曾于 2010 年 10 月 28 日审议通过了《中华人民共和国社会保险法》,并定于 2011 年 7 月 1 日起实施。该法强调公平和效率、权利和义务相对应的立法原则,但关于医疗保险领域原则性的条款较多,对医疗保险实施过程中关键性环节规定较为笼统,缺乏实际可操作性,且将我国当前探索建立覆盖城乡居民的城镇职工医疗保险制度、城镇居民医疗保险制度以及新型农村合作医疗制度以法律规范的方式固化下来,也为统筹城乡医疗保险一体化设置了制度障碍。从目前来看,我国仍缺乏一部国家层面的医疗保险法律规范,当前城乡医疗保险制度的建立和实施仍以党的文件或国务院行政文件为依据,这不仅较难以国家意志推进城乡医疗保险制度的完善和改革,更难以发挥医疗保险法律规范的权威性、平等性及强制性来规范城乡医疗保险制度实施的具体环节,保障城乡居民的医疗保险权益。

法律的权威可以有力保证医疗保险制度的建立和实行,医疗保险制度本身即是法律制度。没有健全的医疗保险制度法律体系,就不可能出现健全、完善和成熟的医疗保险制度。我国医疗保险制度改革历程的一个显著的特点是,不是通过自上而下再完善的方式,即先制定全国统一的医疗保险制度的相关法律法规,然后进行实践推行,并在实践过程中再逐步调整完善,而是通过自下而上的方式,即先试点,试点后总结经验然后再向全国推广。这种制度设计路径尽管使我国的医疗保险制度框架具有一定的事实依据,但是却造成了城乡、区域、阶层乃至全国难于统一的弊病,而立法上的滞后更导致医疗保险在推行和实务中缺乏统一的准则和依据,最终只能通过立法确认实践经验,导致法律的强制性大打折扣。因此,我国应当尽早着手医疗保险领域的法律规范体系建设,在总结实践经验的基础上更好地平衡区域、城乡、阶层之间的利益关系,并对城乡医疗保险制度的一些重要环节予以明确规范,为整合城乡医疗保险制度预留改革空间。

二、城乡及城镇内部医疗保险制度二元对立

1. 以主体身份和职业差别确定参保险种

在二元经济社会结构下,我国现行医疗保险制度在公平性上存在着严重的城乡及城镇内部失衡。当前,我国已经建立了以城镇职工医保、城镇居民医保以及新农合为主体,基本覆盖城乡居民的医疗保险制度,但是在各自的受惠人群上无不体现着二元性。其中,在城乡二元性上表现为城镇职工医保、城镇居民医保与新农合分别承担保障具有城镇居民身份和农村居民户籍人群的医疗服务,在城镇内部二元性上,职工医保主要覆盖城镇企业、事业单位、机关、社会团体、民办非企业单位及其职工,城镇居民医保主要覆盖城镇非就业居民。这种医疗保险服务城乡和城镇内部的二元性不仅体现在保障对象在户籍身份和职业的不同上,更直接体现为在筹资标准、缴费与偿付比例以及享有的医疗保障待遇等方面的高低悬殊。以补偿标准为例,根据国家第四次卫生服务总调查的数据显示,按照现有各类基本医疗保险的筹资水平,参保城镇职工医疗保险的居民中72.6%的门急诊患者的医疗费用能够得到报销,住院患者费用报销能够达到住院费用66.2%及以上;参保城镇居民基本医疗保险的居民有40%的门急诊患者的医疗费用得到了报销,住院患者的报销费用可达到50%;虽然新农合基金筹资水平近年来增长较快,但依然是医疗费用报销比例最低的群体,居民中的门急诊费用报销在20%左右,住院患者的报销费用约占住院费用的40%。这个差距并不包括就诊医疗机构的水平差距。对于本来就处于弱势的农民群体而言,在缓解其"看病难"和"看病贵"问题上的政策扶持力度反而最小,原因便是户籍身份的差别使其难以进入城镇医疗保险体系。

2. 城乡医疗保险管理体制分置

我国现行基本医疗保障制度的一大特点就是管理体制的分割,即城镇职工医保和城镇居民医保由人力资源和社会保障部门管理,而新农合则主要由卫生行政部门管理。当前这种管理体制有其存在的历史原因,但实践证明,这种二元分割的管理体制在运行过程中产生了一系列消极的后果。首先,社会保障部门和卫生部门都要设立专门的经办机构和配备相应的人员,在造成资源浪费的同时,也增加

了制度运行的成本;其次,部分居民重复参保,政府重复补贴,既增加了参保人的负担,又浪费了大量财政资金;再次,两个管理系统分别运行,缺乏相应的沟通和资源共享,难以实现各种医疗保险的统筹安排和协调发展,更不利于医疗保险关系的转移和衔接以及城乡医疗保险制度的整合;最后,卫生行政部门监管新农合制度的运行,同时又作为医疗机构的主管部门,很难对医疗机构的违规和不当行为进行及时有效的监督管理。

3. 医疗资源配置城乡不均

(1) 医疗卫生费用分配不均

从城乡分配角度来看,我国医疗卫生费用分配一直以来存在着城镇高、农村低的现象。由于城市医疗的快速发展,城市医疗卫生服务建设占据了政府大部分的财政投入,这就使得农村和城市在医疗卫生服务体系方面一直处于分割状态,从而导致了城乡医疗卫生服务二元化问题越来越大。据不完全统计,最近10年来,虽然城乡之间医疗卫生经费差距逐渐缩小,但是仍存在着很大差距,城市人均卫生费用平均是农村人均卫生费用的3倍。

(2) 医疗资源分配失衡

从医疗卫生机构床位数来看,截至2013年底,城市医疗卫生机构每千人床位数为7.36,而农村每千人仅拥有3.35个床位,城市约为农村的2.2倍。从拥有的卫生技术人员看,城市每千人占有的卫生技术人员2009年为7.15,2013年为9.18,农村2009年为2.94,2013年为3.64,城镇的该指标基本在逐年增加,且增幅较大,2013年比2009年增加了2.03个技术人员,而农村所拥有的卫生技术员在同一时期仅增加了0.7个,且同一时期农村人口占总人口的比重是不断下降的。这可能是由于农村的医疗基础设施和医疗保险制度不完善,农村的卫生技术人员慢慢转移至城镇,同时,其他拥有卫生技能和知识的医疗技术人员也缺乏去农村卫生医疗机构工作的意愿。

三、医疗保险关系转移接续困境

1. 制度分设与利益配置不均

当前,我国的医保制度虽然在制度上实现了全覆盖,但三项医保制度主要根据户籍和就业状况的不同而分设。城镇职工医保主要覆盖城镇企业、事业单位、机关、社会团体、民办非企业单位及其职工;城镇居民医保主要覆盖城镇非就业居民;新农合主要覆盖农村居民。三项制度分设的背后在利益配置上存在着重大差异:首先,职工医保的参保人不仅享受当期待遇,同时享受退休待遇,而城镇居民医保和新农合医保的参保人只享受当期待遇,不享受退休待遇;其次,城镇职工医保基金由用人单位与职工个人缴费构成,城镇居民医保和新农合医保基金则由各级政府财政补贴和家庭缴费构成;最后,职工医保的缴费水平和待遇水平明显高于城镇居民医保和新农合医保。由于职工医保制度与城镇居民医保和新农合医保制度存在诸多不同,特别是两者之间缴费水平和待遇水平的差异,使得职工医保与城镇居民医保和新农合医保之间的跨制度转移困难重重。

2. 城乡及城镇内部转移接续艰难

(1) 新农合、城镇居民医保的缴费年限难以转换为职工医保的缴费年限

按照现行政策规定,城乡居民没有退休的概念,城乡居民参保的缴费年限与退休权益没有关系。新农合、城镇居民医保只有当期待遇,没有退休待遇,从而与职工医保存在本质的区别。然而随着工业化和新型城市化进程的推进,有更多的农民因为进城务工需要由新农合转入职工医保并有可能最终以职工的身份退休,绝大多数城镇居民也因为参加工作而需要从城镇居民医保转入职工医保并最终以职工身份退休。但是,从各地出台的实施意见来看,对于从新农合、城镇居民医保转入职工医保的,除了个别地方允许折算以外,多数地方对新农合、城镇居民医保的缴费年限则不予认可。显然,如果新农合、城镇居民医保的缴费年限不能转换为职工医保的缴费年限,将可能导致参保人因为参加职工医保的缴费年限达不到转入地的最低要求而无法享受退休后的医保待遇。

(2) 城镇职工医保的缴费年限无法转换为新农合的缴费年限

按照2009年人社部、卫生部、财政部联合印发的《流动就业人员医疗保障关系转移接续暂行办法》中第5条的规定,由于劳动关系终止或者其他原因中止城镇基本医疗保险关系的农村户籍人员,可凭就业地社会(医疗)保险经办机构出具的参保凭证,向户籍所在地新型农村合作医疗经办机构申请,按当地规定参加新型农村合作医疗。但是参保人参加职工医保的缴费年限如何转换为新农合的参保缴费年

限,该《暂行办法》没有做出规定,各地的实施意见对此也都语焉不详。毫无疑问,如果职工医保的缴费年限不能有效地转换为新农合的缴费年限,不仅会影响外出务工的农民工参加职工医保的积极性,亦会对农民合理医疗保障权益造成不当侵害。

3. 跨区域医疗保险关系转移接续困难

(1) 同一制度缴费年限难以跨区转换

按照国家的相关规定,除京津沪三大直辖市以外,我国城镇职工基本医疗保险原则上实行地(市)级统筹,也可以实行县(市)级统筹,新农合实行县级统筹,城镇居民医保则实行县(市)级统筹。由于各个统筹地区的人口结构、筹资水平、待遇水平差距较大,在基本医疗保险实行属地化管理的模式下,各个统筹地区特别是经济发达、医疗保障水平较高的地区,为了确保本统筹地区医疗保险基金的收支平衡,避免因为流动就业人员医疗保险关系的转入而增加当地政府的财政负担,往往对参保人特别是年龄较大的参保人转入医疗保险关系表现出抵制的态度。以城镇职工医保为例,按照1998年《国务院关于建立城镇职工基本医疗保险制度的决定》的规定,职工参保除了享受当期权益以外,还可以享受退休权益,即退休人员参加基本医疗保险,本人不缴费。但是,各统筹地区的医保政策均明确规定,职工参保缴费只有达到规定的年限,才能享受退休医保待遇。显然,当职工跨统筹地区流动就业需要转移医保关系时,如果转出地的缴费年限不被转入地认可,则意味着参保人的退休权益不被转入地承认,参保人只能在转入地重新参保,重新计算缴费年限。《暂行办法》颁布以后,虽然大多数省、市、自治区都出台了相应的实施意见,对职工医保的参保人在省内跨统筹地区转移的,相互承认缴费年限。但是,对跨省转移职工医保关系的,则往往设定一定的限制条件。如北京市要求参保人必须在本市实际缴纳(或补缴)基本医疗保险费满10年以上,并累计缴费年限符合女满20年、男满25年的,方可享受退休人员医疗保险待遇。福建省则要求参保人在转入地实际缴费年限满10年,累计缴费年限满25年,才能享受退休待遇。

(2) 统筹基金不转移致使地区间利益失衡

《暂行办法》规定,城镇基本医疗保险参保人跨统筹地区流动就业的,个人账户原则上随其医疗保险关系转移划转,个人账户余额通过社会(医疗)保险经办机构转移。但是,对于统筹资金是否划转,《暂行办法》没有做出规定。以城镇职工医保为例,按照现行政策规定,城镇职工医保实行统账结合的筹资模式。统筹基金主要由用人单位的缴费构成,以体现用人单位间的互助共济,而个人账户主要由职工本人的缴费构成,以实现参保职工的自我积累和自我约束。由于实行地区统筹,各个统筹地区对医保基金的平衡承担兜底责任,转出地政府为了维护本地区的利益,往往不愿意转出统筹基金。由此而产生的结果就是转出地政府既获得了因为用人单位的缴费所形成的统筹基金,又不用对参保人退休后的医保待遇负责,而转入地的政府却要在没有得到统筹基金转入的情况下承担转入人员退休后的医保待遇,从而形成转出地与转入地之间的利益关系的不平衡,并最终导致各统筹地区只愿意转出而不愿意转入的情形。此外,由于医疗保险统筹资金实行现收现付的筹资模式,没有或只有很少的结余,即便国家规定必须转移统筹资金,也可能会出现无资金可供转移的尴尬局面。

四、基本医疗保险制度补充机制发展受制

1. 企业补充医疗保险发展缓慢

目前,我国企业补充医疗发展缓慢,存在许多问题:首先,缺乏基本法律支撑,使其运行无法可依。其次,管理不规范,企业自主主办的补充医保的运行受企业经营状况的影响,医保资金的运行缺乏有效监管。再次,在基金的投资方面,我国金融产品种类相对匮乏,投资渠道不合理、投资效益不佳与投资风险等问题并存。一方面是大部分基金主要用于存银行、买国债,受益较低;另一方面,由于资本市场规则不健全,运作程序不规范,运行风险不可避免,职工的利益难以得到切实保证。最后,缺乏有经验的专业机构和专业管理人员。企业补充保险的管理运营十分需要专业机构和专业人员。我国企业补充医保制度仍处于初步发展阶段,基础薄弱,缺乏经验,更缺乏大批有专业技能的经营管理人员,传统的管理机构还不适应企业补充医保的发展需要。

2. 商业医疗保险面临发展困境

我国的商业医疗保险起步不久,还存在相当大的发展障碍。集中表现在:医疗改革不到位,相关法律法规不配套;缺乏鼓励开办健康医疗保险的政策支持;保

险公司自身的专业化经营管理水平有待提高。医疗保险是一项专业性强、技术要求高、管理难度相对较大的业务。由于医疗保险在我国起步较晚,且长期作为从属业务或附加险来对待,各保险公司在医疗保险方面的经验和技术普遍缺乏,风险管理和控制水平较低;人才培养不够,尚未建立起一支专业化人才队伍;产品创新能力不强,险种单调重复,难以满足市场的不同要求。

第三节 国外医疗保险改革的经验及启示

一、发达国家医疗保险改革的经验及启示

1. 德国医疗保险改革经验及启示

(1) 德国医疗保险改革经验

德国是现代社会医疗保险的发源地,早在1883年德国政府就建立了世界上第一个社会医疗保险制度,其在众多的实行政府主导型社会医疗保险模式的国家和地区中具有代表性。所谓社会医疗保险,是指由国家出面组织的,符合一定条件的人必须参加的,由雇主和雇员共同缴费形成专用基金,按照社会统筹和互助共济的原则向参保人(及其家属)提供因生病、受伤或生育所必需的医疗服务及经济补偿的制度。

在筹资机制上,在充分考虑国民医疗卫生需求的基础上,为确保国民公平、及时地享受到医疗资源,德国施行社会共同负担的筹资机制与风险分担制度,以立法的方式强制要求雇主和被保险者缴纳保险费用。德国社会医疗保险资金由七种不同类型的专业化疾病基金筹集,它们均为独立的自治法人实体,不隶属于任何国家机关。近两年,随着德国健康基金的建立,疾病基金的财政主权逐渐弱化,由国家健康基金向其发放数额统一的每一被保险人的保费。政府负责医院的基本建设以及发展等所需的资金,病人在接受医疗服务的时候也需要支付少许的处方费。

在支付机制上,德国以"以收定支、收支平衡"为原则,建立了按服务计点和按病种预付的医保支付方式。按服务计点的支付能够在区域总体卫生费用固定的情况下鼓励门诊医生提供服务,确保患者门诊服务可及性。支付机制的第二个要素

是支付水平,支付水平由起付线、共同付费、封顶额共同确定,规定了患者接受门诊服务、住院服务所需支付的费用比例及期限等。针对某些药物制定报销最高限额,超额部分由被保险人自行承担。

在基金管理问题上,宏观上疾病基金会的监督管理主要由联邦卫生和社会保障部负责,各大疾病基金会的基金风险的调节与均衡则主要由联邦社会保险局负责。2009年建立的国家健康基金取代了各种疾病基金的部分职能,从国家层面上协调了各大疾病基金会的工作。中观上,享有垄断地位的七类疾病基金会具有独立的法人资格,可独立制定除法律规定的组织章程、组织层级等,也可相互协商实施计划。微观上主要涉及疾病基金会内部的权利结构安排,包括管理委员会和理事会。

关于德国医疗保险的改革趋势,2003年,德国政府出台改革方案,以期解决医疗费用过快增长等问题。经过研究、试点后,于2004年起强制实施按病种分类收费(DRGs)制度,以此来提高住院医疗服务成本效益,更有效地控制费用。2007年默克尔政府制定的大医改方案《法定疾病保险—强化竞争法》获得通过。此项改革最具革命性的是首度引入全民医保和医疗卫生基金概念,从而改变了传统的筹资方式,企图变相降低雇主的缴费负担,遏制医保缴费的上涨。可见,德国的改革以成本约束为导向,朝着加强市场竞争和政府干预的方向发展,同时,重视医生权威的疾病基金会的自治管理也开始向多边自治管理发展。

(2)德国医疗保险改革启示

第一,政府在医疗保障中发挥主导而非包揽性作用。在法定医疗保险领域,德国强调普遍性、公平性、社会责任等三大理念,确保所有不能承受商业医疗保险负担的居民有平等机会享受到医疗卫生服务。政府直接投资用于医疗卫生保健的很少,卫生基金主要靠向雇员和雇主收费来解决,政府主要承担管理和调控职能。

第二,强调责任权利的对等,参保人家属免费联保,政府财政压力相对较小。每个参保人及其雇主都必须按照工资额的一定比例缴费,参保人配偶和子女可不付保险费而同样享受医疗保险待遇。各疾病基金会独立运作,当基金不足时,法定疾病保险机构可以上调缴费率。同时,给予投保人依据缴费和待遇权衡选择医保机构的自由。

第三,德国社会医疗保险模式也面临巨大挑战。首先,医疗费用增长过快,社会医疗保险体制的财政可持续性面临挑战。二战以来,德国的医疗费用支出持续上涨,这与其缺乏费用约束机制的事后第三方付费制度有关,同时,与德国的医生多、人口严重老龄化也有关。由此造成了德国医疗保障体系收支缺口日益扩大。其次,现收现付制的财务机制面临着日益严重的人口老龄化危机挑战。人口老龄化一方面使得患病和失能人口在总人口中的比例上升,医疗支出增加;另一方面,老龄化意味着在职人口的相对减少,实行现收现付制的社会医保体制意味着赡养比例的恶化,医保收入随之减少。最后,德国医疗服务提供体系还存在着条块分割、缺乏统一协调合作、容易造成资源浪费和效率低下的缺点。

2. 英国医疗保险改革经验及启示

(1) 英国医疗保险改革经验

作为老牌的资本主义国家,英国在二战后就建立了覆盖城乡居民的一体化、均一式的社会医疗保险制度,即国家卫生服务制度(NHS)。这是一种典型的政府包揽、全民免费医疗保障制度。所谓政府包揽、全民免费医疗保险模式,是一种全体国民(包括农村居民)近乎免费地享受医疗服务的社会保险模式,这种模式使用的医疗保险资金主要来自税收,政府通过预算分配方式,将由税收形成的医疗保障基金有计划地划拨给公立医院,对医生则按工资和人头费等进行支付,受保者看病时无须支付费用。

英国实施国家卫生服务制度后,在国民健康方面取得了明显的成效,但随之也带来医疗费用快速上涨、政府背上沉重的财政负担等问题,甚至导致英国财政常年赤字。为了应对医疗费用过快增长,英国改革的重点在于重组医疗保险体制的"内部市场"结构,将政府公立机构购买医疗服务的权利交给家庭医生联盟。可以说,改革核心是初级保健服务的付费机构,即政府购买服务的组织和制度,改革重点在机制,趋势则是内部市场化,目的是加强医疗机构之间的竞争和提高福利效率。

(2) 英国医疗保险改革启示

第一,强调政府在医疗保障与卫生服务中的作用。在英国的国家卫生服务制度(NHS)中,英国政府全面介入医疗保障的各个环节,政府既负责筹资又负责提供卫生服务,并在卫生费用筹资中占垄断地位。财政等公共部门提供了国家卫生服务所需资金的90%以上。全民医保体系中,只有极个别医疗项目和少量费用需个人自费承担。

第二,覆盖面广,待遇水平高。英国的全民免费医保在覆盖面上具有广泛性,凡是英国公民(包括农民以及长期留英的外国人)均能通过国家卫生服务体系获得医疗服务。另外。NHS制度还规定,除部分牙科手术、视力检查和配镜外,病人只需要支付很低的挂号费或处方费,就可以享受到全面的医疗服务。对于产妇、儿童、退休者及低收入家庭,处方费也可全免。这一规定虽然在后来有所变化,但依然体现出高福利性的特征。

第三,英国全民免费医疗保险也面临显著问题和挑战。一方面,政府财政负担沉重,面临着收支缺口的压力。由于英国政府包揽了绝大部分的医院建设和日常卫生经费开支,再加上医疗保健费用的刚性上涨趋势,英国政府财政压力巨大,尤其在国际金融危机背景下,英国政府更是面临前所未有的财政危机。另一方面,医疗服务的质量和效率低下。由于英国全民免费医疗保险制度实行政府高度调控的计划管理模式,医院隶属于国家,医护人员领取国家固定工资,缺乏竞争性和激励机制,由此无法调动医院和医生的工作积极性,医院服务质量和效率难以提高。

3. 美国医疗保险改革经验及启示

(1) 美国医疗保险改革经验

在医疗保险制度建设方面,美国实行的是以市场主导的商业保险为主的保障模式,政府仅对那些无力购买商业保险的少数特殊人群(老年人、贫困人群、儿童和军人等)提供公共医疗保险服务。作为典型的商业保险主导、政府补位型医保国家,美国强调市场机制在医疗保险领域的主导作用,政府仅担当"补位"角色,负责解决商业医疗保险之外的医疗保障需求,这种模式实质上是把医疗保险作为一种特殊商品,按市场法则自由经营。

2009年1月,民主党人奥巴马就任美国总统后,决心改革美国的现行医保制度,主张建立一个覆盖全民的医疗保险体系。虽历经波折,但2010年3月美国参、众两院最终通过奥巴马提出的医改法案。该医改法案涉及医疗服务体制改革和医疗保障体系改革两部分,其核心内容由三部分构成:一是给已有保险的人提供更多的安全保障,以提高保障水平;二是给没有保险的人提供在他们经济支付能力范围内的可靠选择,以扩大保障范围;三是缓解医疗保险体系给美国家庭、企业和政府带来的开支压力。奥巴马的医改方案在制度设计上确有亮点,但要全面付诸实施仍将面临重重困难和诸多挑战。

(2) 美国医疗保险改革启示

第一,医保制度建设要兼顾效率和公平。相较于政府包揽的英国模式、政府主导的德国模式,美国的市场主导型商业医疗保险制度运作效率高,医疗服务质量好。但是,一些老弱病残以及低收入群体或将因为可保风险和支付能力等方面的问题而无法纳入商业医保范畴,因而这一群体的健康问题仍无法得到保障。在这样的背景下,奥巴马政府坚持实施全民医保的制度改革,通过政府干预提升医保的公平性、扩大医保覆盖面。

第二,注重控制医疗费用,提高医疗服务质量。如何有效控制医疗费用的过快上涨、保证医疗服务质量,是当前各国医疗保障制度改革与发展中面临的一个共同难题。20世纪70年代以来,美国通过改革医保偿付机制等方式,在医疗费用和质量控制等方面取得了较好经验。通过实施包括"管理式医疗保健"、"总额包干付"及Drag等在内的医保偿付机制改革,美国在遏制医疗费用过快上涨、保证卫生服务质量等方面取得了良好效果。

第三,强化商业健康险市场监管,确保消费者正当权益。虽然美国医疗保险以商业健康保险为主体,但美国联邦政府在市场监管上无论对于投保人还是商业保险机构都要求十分严厉。以最新的奥巴马医改立法为例,其对商业保险公司的经营提出了诸如"健康保险保费收入的85%或80%以上都必须用于赔付医疗费用"等更高要求。美国通过这一系列严厉的监管手段,较好地保护了被保险人的利益,也激励了个人和团体的投保积极性。

4. 新加坡医疗保险改革经验及启示

(1) 新加坡医疗保险改革经验

作为工业化和城市化程度较高的国家,新加坡实施的是强制性个人储蓄的医疗保险模式。在强制性个人医疗储蓄模式下,强调劳动者个人对自身健康担负责任,政府鼓励个人通过医疗储蓄的方式建立个人账户,自我积累资金以应对医疗支出。

此外,新加坡建立了中央公积金制度,通过法律形式规定中央公积金的定义、比例、运作管理,公积金的管理及相关服务的提供由中央公积金局负责。总体上,新加坡医疗保险体系由个人储蓄、健保双全、保健基金三部分构成。个人储蓄是一种强制性、累积型医疗保险模式,它要求新加坡境内所有职员按国家规定的费率向公积金管理机构缴纳保险费,医疗储蓄账户的建立单位可以是个人也可以是家庭,通过纵向逐步积累,用以支付日后个人或家庭成员就医所需医疗费用。个人账户内的资金不能随意支取,由中央公积金局负责管理,劳工部发挥立法和监督职能,监督约束机制较强。健保双全计划面向大病重病,主要负责为重病或是长期慢性病患者提供医疗费用。实施过程中,公积金局又发布了增值健保双全计划,筹资额和索赔额较高。保健基金面向穷人,由患者治疗所在的公立医院医务工作人员提出申请,医院保健基金委员依照规定决定是否予以援助。新加坡的医疗保险体系将政府责任和个人责任结合在一起,兼顾公平和效率,确保所有国民在正常情况下都能获得医疗保障,也能够有效地控制医疗费用的过度增长,是可圈可点的医疗保险体系。但纵向的筹资方式无法体现社会共济,雇员的工资有高低,缴纳的费用也有高低,多交多享受,少交少享受,一定程度上难以实现公平,也难以确保低收入者能够正常地得到医疗服务。鉴于此,新加坡的医疗保险制度改革侧重于提高年轻人的保险缴费率,通过"趁早多储蓄"来增加储蓄账户资金,同时采取按病种付费的方式来控制医疗费用的增长。

应该指出的是,新加坡医保模式的成功有其自身禀赋条件支持和制度基础。新加坡作为发达国家,国民的受教育程度、经济收入情况以及储蓄率都处于较高水平,同时人口比较年轻。不仅如此,新加坡人还有强烈的自我负责习惯,新加坡的医疗卫生融资政策建立在"个人负责"为主,"政府补助"为辅的基础上,因此政府的投入只占到 GDP 的 1%。尽管政府对于医疗资金的投入很低,但不会有人因为贫困而被医院拒之门外,对于赤贫阶层,政府出资在公立医院中设立的医疗安全网为他们提供了最终的保障。

(2) 新加坡医疗保险改革启示

第一,在医疗资源配置上兼顾政府和市场的各自作用,兼顾公平和效率双重价值。在新加坡的医疗保险资源分配中,政府的职责是保证为国民提供基本医疗保障,同时让个人和家庭负担适当比例的医疗责任,又在一定程度上引入市场竞争机制,让私人机构加入医疗保障体系和卫生服务市场。另外,为保证低收入阶层看得起病,政府设立的综合诊所在履行公共卫生职能的同时为低收入群体提供有政府补贴的低价门诊服务,这大大提高了医疗服务对不能依靠医疗储蓄账户就医的贫困阶层的惠及度。

第二,充分考虑不同地区、不同人群的医疗需求差异。新加坡建立了以强制性个人储蓄医保为基础、大病补充保险和医疗救助基金等为补充的多层次医保体系,从而确保每个公民都能享有良好的医疗服务。这对我国医保体系的完善具有借鉴意义,即应针对不同人群的经济水平和医疗需求,合理规划城乡社会医疗救助制度、企业补充医疗保险、商业医疗保险和社区医疗服务等,并保障其有效运行。

第三,通过建立医疗救助基金等形式为贫困阶层提供医疗服务"安全网"。新加坡的医保制度之所以取得了突出的保障效果,是因为其覆盖了所有公民,包括赤贫阶层医疗项目支出的需要。我国的国情决定了我国医疗保障标准只能限于"基本医疗",目前在民政部门虽设有城乡医疗救助制度,但还存在着基金金额少、运作不规范且效率低等问题。而新加坡的医疗救助基金则是通过逐年财政慈善拨款建立起来的,利用基金的利息收入来帮助因贫困而无力支付医疗费的新加坡居民,这一运作模式值得我国学习借鉴。

二、发展中国家医疗保险改革的经验及启示

1. 发展中国家医疗保险改革经验

(1) 印度医疗保险改革经验

印度采纳英国模式建立了国民卫生体制,推行全民免费医疗制度,强调卫生保健是公民的基本权利,政府有责任向全体公民提供免费的卫生保健服务。在印度,医疗卫生体制如果完全实施商业化或市场化运作,将有损社会公平,无助于社会安定。当前印度政府医院的服务对象基本都是低收入人群,他们对医疗条件要求较低,只要支出少、能治病即可,而对他们实施保障恰恰起到了维护社会公平和救助贫弱的"稳定剂"作用。因此,印度医疗保障制度在鼓励私立医院健康发展的同时,积极扶持政府医院的稳定运转。这种公立和私立医院并存的现象使得印度的富人和穷人患者各有所依。

印度政府还制定了建立三级医疗保健网的制度,其网络包括保健站、初级保健中心和社区保健中心,免费向广大穷人提供医疗服务。免费项目包括挂号费、检查费、住院费、治疗费和急诊抢救的一切费用,甚至还有住院病人的伙食费,但不包括药费。针对农村的弱势群体,2005年印度政府还开始实施了"全民农村健康计划",目标是要帮助人们尤其是一些贫困地区的穷人、妇女和儿童获得更多有质量、有效率的医疗保健服务。印度政府卫生补贴和社会保障的主要受益人是弱势群体,这是其医疗卫生体制相对公平的根本原因。印度政府将有限的政府投入公平地补给最需要医疗服务的需方。因此就卫生筹资与分配的公平性而言,按照世界卫生组织成员国评估排位,印度位居第43位,较之于中国的第188位明显居前。

(2) 巴西医疗保险改革经验

作为拉美第一大国同时也是世界上贫富差距最大的国家之一,巴西实行的是城乡居民免费医疗制度和私人健康保险制度。目前,巴西的全民免费医疗制度已覆盖了75%的居民。全体居民到任何一家公立医疗机构就医、体检或申请其他预防性服务都免费,贫困家庭看病和购药全部免费。医院所有费用由政府支出,政府根据医院的工作量,按病种成本核定医疗机构的费用,按期拨付。政府还规定私立医疗机构每年向中低收入者提供一定数量的免费服务。任何医疗机构都不能提供歧视性服务,不能无故拒绝病人就医,否则,会受到医疗理事会等监管部门的处罚。为了更好地满足贫困人群的就医和保健需要,巴西联邦政府对卫生制度进行了改革,建立了一系列医疗保健服务计划,其中,家庭健康计划和"内地化"计划这两项重要的计划颇具特色。

家庭健康计划主要针对初保、妇幼保健和疾病控制等方面设立。它改变了过去只关注个人、被动、零碎、以治疗为主和以住院为中心的卫生服务传递模式,代之以关注家庭和社区、连续而整合的初保制度。家庭健康计划实施后,巴西国民在婚前和儿童保健、高血压以及癌症防治等方面服务的可及性明显提高,覆盖率都达到了99%以上。而关于"内地化"计划,这是巴西联邦制订的一个重要计划,旨在鼓励一些医生到偏远地区工作。到偏远地区工作的医生若开设私人诊所,可得到政府较多的挂号费补助,如在发达地区开业,挂号费补助标准为每诊次4美元,到偏远地区开业则每诊次补助5美元,并且联邦政府保证每一个医生每月能得到

1 600—2 600美元的工资,相当于发达地区城市公立机构医生工资的两倍。所去医生要求是全科医生,并经过政府挑选。巴西通过建立城乡居民免费医疗制度,实施"家庭保健计划"和"内地化"计划,有力保障了居民的健康权益,使得这一拉美最大的发展中国家国民的健康水平跃升至世界中等发达国家水平。

(3) 泰国医疗保险改革经验

泰国的医疗保险制度共分为三大类:一是强制性医疗保险,适用于企业工人;二是自愿性医疗保险,包括商业性医疗保险及农村健康卡;三是免费医疗,实质是一种国家医疗保险制度,由国家财政预算分配经费,适用对象是国家公务员、僧侣、老人、儿童和低收入家庭。农民主要通过购买健康卡的形式参加社区合作医疗保险。泰国健康卡制度于1983年6月开始在农村推行,以家庭为单位参加,一户一卡,每张卡由家庭自费500铢,政府补助500铢,50岁以上和12岁以下儿童享受免费医疗。健康卡所筹资金,由省管理委员会统筹管理,90%用于支付医疗保健费用,10%用于支付管理费用。健康卡可用于医疗、母婴保健和计划免疫。健康卡持有者可持卡到健康中心或地区医院,直至中央级医院就诊。到公立医院就诊(门诊、住院),除了规定的自费项目,全年可就诊8次,每次限2 000铢,全年限16 000铢,由就诊单位向省管理委员会结算。如果到私立医院就诊,门诊费用自理,住院费用在年限额内按日均3 000铢补助。对于贫困农民,由政府发放免费医疗许可证,得益者占农村人口14%。

泰国的医疗保险制度本质上属于社区合作医疗制度。社区合作医疗是将一个区域内医疗资金的筹集、因病造成经济损失的分担机制及医疗保健服务的提供三者结合在一起,能够在基层单位提供较好的基本医疗和预防保健,有效保障基层农民的身体健康。其局限性是资金有限,覆盖人群少,抗御大病风险的能力较弱。

(4) 墨西哥医疗保险改革经验

墨西哥全国社会保险协会成立于1944年,最初只为城市工人提供服务,1954年扩大到农业工人,1976年已覆盖农业工人及家属1 100万人,占该协会服务人数的29%。墨西哥医疗保险费用的筹集方式是:雇主缴纳农民工资的6.3%,农民缴纳2.25%,政府补助0.45%,合计为农民工资的9%。墨西哥医疗机构分三级,实行逐级转诊医疗。参保人在全国保险协会下属的各级医疗机构享受免费医疗,住院时伙食费也免收。贫困农民由政府办的医疗机构提供服务或由政府与保险协会所属的医院签订合同来提供,经费均来自国家税收。墨西哥享受免费医疗服务的农村居民约1 400万人,年人均医疗费用约4美元。

墨西哥社会医疗保险存在的问题和挑战包括:首先,医疗保险覆盖面有待扩大;其次,医疗保险被保险人就诊全部免费,被保险人缺乏费用意识;最后,对贫困农民免费医疗服务水平低。

2. 发展中国家医疗保险改革启示

(1) 强调政府在统筹城乡医疗保险中的作用

发展中国家大多存在严重的城乡社会分割,在医疗保险制度建设、卫生资源配置上重城市、轻农村,由此导致城乡二元的社会医疗保险制度,从医疗保险覆盖的广度和深度来看,农村和城市居民保障相差甚远。农民没有政府提供的医疗保险或在享受医疗保险时面临着与城镇职工截然不同的待遇,这也是造成大部分发展中国家在医疗卫生筹资公平性方面排名严重靠后的重要原因。从各发展中国家的试点情况来看,城乡统筹医疗保障建设得较好的巴西、泰国等国家,都是政府直接参与农村医疗保险的组织和管理,政府不仅为农村医疗保险制度的建立提供组织保障,而且利用中央政府和地方政府的一般税收收入提供大量的资金支持,保证了农村居民享有与城镇居民大体相当的医疗待遇,保证了国民医疗保险的相对公平。

(2) 医疗保险制度选择应与国家的具体国情相适应

医疗保险项目及保障水平必须始终与一国或地区的经济发展水平相适应,综合考虑居民疾病医疗支出的需要、个人负担能力与政府财政扶持能力等因素。医疗保险水平过低尽管可以减轻财政支出,但却无法应对不断扩大和膨胀的疾病风险与费用支出,而医疗保险项目过多、保障水平过高,又会影响本国或地区经济发展与制度的可持续性。可以看到,印度的经济发展水平比较落后,他们选择的是低水平的免费医疗保险与自愿参加的商业保险相结合;巴西经济较为发达,他们选择的是保险范围较广泛、保障水平较高的全民免费医疗制度。因此,在统筹城乡医疗保险制度体系建设过程中,应坚持与本国、本地区的社会经济同步发展的原则,低水平起步、渐进式扩大保障范围、逐步提高保障水平。

(3) 构建多层次、多形式的医疗保险制度体系

发展中国家人口众多，不同地区经济社会发展水平差异大，不同个人和家庭对医疗费用的负担能力、卫生需求和缴费能力都存在较大差别，单靠某一种医保模式很难满足所有人的不同需要。巴西在实行全民统一的医疗保险制度的同时，还针对农村专门设立"家庭健康计划"；墨西哥主要针对农民工人及其家属实施职工医疗保险，而对农村贫困人口则由政府提供免费医疗。这说明农村医疗保障机制可以是多层次、多形式的，并非只有一种模式。我国也应建立包括政府主导的基本医疗保险、其他形式医疗保险和医疗救助制度在内的多层次农村医疗保险体系，特别要鼓励发挥社区互助、农业合作组织或协会、慈善组织、商业医疗保险等非正式保障机制的作用。

(4) 加大农村公共卫生资源投入力度

农村医疗保险制度的发展不仅要解决广大农民医疗支付能力的问题，还要解决就近看病、看得好病的问题。发展中国家的医疗卫生资源配置，普遍存在着严重的城乡不均衡性，农村地区既缺少必要的医疗设施，更缺少高水平的医护人员。在这样的背景下，部分发展中国家不断加大农村公共卫生资源的投入力度，提高农村卫生服务的可及性，如印度建立了以基础保健站、初级保健中心和社区保健中心为核心的三级农村医疗保险网，巴西建立了"家庭卫生工作队"制度，并且采取了确保农村医务工作者工资不低于城市同类人员工资的两倍等措施，有效改善了农村医疗资源的劣势地位。当前我国急需统筹城乡医疗资源布局规划，在有条件的地区建立市、县、乡紧密结合的三级医疗网络，当务之急是加大对基层社区卫生的投入力度，尽快改善村卫生室等乡村医疗机构的卫生条件。

第四节 我国城乡医疗保险一体化的思考和建议

一、建立健全医疗保险法律规范体系

1. 加强医疗保险领域主体法律规范建设

现阶段我国涉及医疗保险领域的唯一一部法律即《中华人民共和国社会保险法》（以下简称《社会保险法》），内容稍显笼统，可操作性不强，为此仍需大量的后续

配套法制建设。纵观全世界一百多个国家和地区，他们建立社会医疗保险制度的共同经验都是先立法、再实行，这种合法的强制性可以给予建立起来的社会医疗保险体系以稳定的支持。因此，实现我国城乡医疗保险一体化，保障城乡居民享有更加公平、更加优质的医疗资源，要求国家层面在现行《社会保险法》和行政法规的基础上尽快出台《中华人民共和国医疗保险法》（以下简称《医疗保险法》），对整合城乡医疗保险、实现城乡医疗保险一体化做出顶层设计和法律制度上的明确规范，尤其是在管理体制、筹资机制、公共医疗资源分配、转移接续办法等问题上做出严格、清晰的法律规定。

2. 完善制度建设空档期的过渡性制度安排

在《医疗保险法》出台前的制度空档期，应由国务院结合我国城镇职工医保、城镇居民医保和新农合的实施经验，在城乡医疗保险一体化的目标导向指引下，研究出台《〈社会保险法〉实施细则》，以此作为当前由城乡对立走向城乡一体的过渡性制度安排。现阶段《社会保险法》笼统和原则性的条款较多，该法授权国务院另行规定的条款，有的国务院或地方立法已经做出规定，有的部分规定不适应新法精神需要修改或完善。总而言之，国务院应尽快研究制定包括《〈社会保险法〉实施细则》在内的配套行政法规，顺应广大民众长期以来的强烈诉求，即在涉及医疗保险各方权利义务的调整上做出有利于城乡一体化的制度探索和过渡性安排。此外，国务院应成立专门的城乡医疗保险制度整合领导机构，指导国务院法制部门的《〈社会保险法〉实施细则》的起草、修改等工作，加强与全国人大常委会专门法律起草机构的沟通衔接、协调配合，为我国医疗保险法律规范体系的建立和完善提供组织保证。

二、构建城乡一体化医疗保险新体制

1. 推动基本医疗保险制度整合路径探索

（1）将新农合与城镇居民医保整合为城乡居民医疗保险

从制度性质来看，现行居民医保与新农合制度设计的原理一致，且它们所承保的医疗风险基本相同，二者实质上都是由政府推动、财政支付大部分保费并对基金承担最后责任。从筹资主体来看,居民医保与新农合完全相同。在主体相同的基础上,只需要调整筹资比例就可能实现制度的统一。从筹资差距大小来看,居民医保与新农合存在对接的可能。因此,医保制度整合衔接路径应首先考虑衔接居民医保与新农合。而整合新农合和居民医保首要在于建立科学的医药卫生体制,合理导向医疗资源分配,促使医疗公共服务均等化,由此可见,这一步并轨能否成功关键在于人社部门和卫生部门能否协调配合。在整合过程中,因为城镇和农村人口在收入水平、医疗水平上都存在着明显的差异,因此在统一的制度内部应设定若干档次的筹资和补偿标准,且使待遇水平与缴费水平挂钩,允许参保人员根据自身经济条件自由选择。为避免参保人员健康时选择低档次的缴费、生病时选择高档次缴费的"逆向选择"问题,可以采取鼓励选择高档次缴费、限制选择低档次缴费的办法。

(2) 将城乡居民医疗保险与城镇职工医保并轨为国民健康医疗保险

这两者的并轨比新农合和居民医保的并轨更加困难,其中最大瓶颈是筹资渠道的不同,职工医保由用人单位和职工共同缴费,而城乡居民医保采取的是个人缴费、政府补贴的形式。其实,这个问题可以借鉴城乡居民医疗保险分档筹资的做法。职工医保的筹资是按职工上一年度平均收入来执行的,并设有上限和下限,收入不同的职工缴费不同,反之,可把收入相同职工的缴费看作一档,因而在适当提高城乡居民医疗保险标准基础上,同样采用分档筹资和补偿的办法将城乡居民医疗保险和职工医保并轨,职工处于较高档次,城乡居民处于较低档次,每档的筹资标准和待遇标准一致,这样在制度上基本实现统一。由于城镇职工有单位为之缴费,因此职工个人缴费部分可能很少,但其实际缴费会处于一个较高档次。对此,可以将医疗救助制度提升为大额医疗保险制度,进行逆向补偿,针对职工核定较高起付线,针对不同群体的城乡居民设定较低的起付线。与城乡居民医疗保险一样,也应采取措施防止"逆向选择"。最后,推行全民基本医疗保险,这一步其实更多的是提高统筹层次的问题。在推行过程中,要坚持保障水平与经济发展水平、各方承受能力相适应的原则,建立责任分担机制,统一医疗保障政策、筹资标准、补偿比例、基金管理、经办流程以及信息系统。在推进过程中,由于我国经济发展水平区域分布特征明显,一些西部省份已经实现省级统筹,因而可以在一个较大的区域内先实现统筹,然后过渡到全国统筹,在经济发展上东部带动西部,在提高统筹层次上西部带动东部。

2. 理顺管理体制,整合信息资源

(1) 构建统一高效的管理体制

我国医疗保险领域长期实行社会保障部门和卫生部门"二龙治水"的管理体制。在已经建立城乡医保统筹的成都、厦门、珠海和昆山等试点城市,由社会保障部门统一管理,而嘉兴市和常熟市则由卫生部门统管,杭州市在统筹之前即已将新农合划为社会保险部门归口管理,为制度衔接扫清障碍。从各试点城市的实践经验可以看到,理顺管理体制、整合管理资源的核心问题在于明确医疗保险管理的责任归属。社保部门在医保基金的征缴、管理和运行方面有丰富的实践经验,而卫生部门一方面规制和管理医疗服务机构,另一方面还要为医疗服务机构提供财政补偿,甚至是直接建立医院。如果由卫生部门主管,则既实际管理医疗保险基金,又与医疗服务机构签订合同,还扮演服务购买者的角色,难以制约卫生服务机构诱导需求的行为倾向,不利于医疗保险的费用控制。而社保部门与医疗机构不存在直接的利益关系,能够站在独立的第三方角度代表参保人利益,发挥团购优势和价格谈判作用,对医疗卫生机构进行监督制约,而且社保部门已经建立了专业化的经办机构和队伍,形成了比较完善的政策体系和健全的管理机构,积累了较为丰富的管理经验,在医疗保险资源整合方面也具有明显的优势。因此,由社保部门主管城乡居民基本医疗保险较为适宜。通过整合管理资源,以管理体制的一体化推动城乡医疗保险制度的一体化,避免在医疗保险制度实施过程中的"真空地带"和"重复地带"出现。

(2) 整合城乡医疗保险制度信息系统

从城乡居民基本医疗保险制度运行来看,各地都对信息化管理系统和信息网络平台建设极为重视。应当加大政府投入,建设先进的信息技术支撑系统,尤其是加强乡镇网络建设,统一数据库,统一信息标准(药品和诊疗项目编码),统一操作软件。要实现医保经办机构与定点医疗机构、定点药店的联网运行,将信息网络延伸至街道、社区、村、居委会,参保人员刷卡就医实现实时结算,数据实时传递,并能够及时监控医疗服务行为。高效的信息化管理系统和信息网络平台是建立城乡居民基本医疗保险制度的基础工程,是提高效率和可靠性的技术保障。

可以借鉴美国医疗保险改革的经验,建立统一完善的医疗保险信息系统,采用社会保障号,参保人根据自己的参保号及有效身份信息在全国任何地区都可以使用保险。所以城乡医疗保险信息制度整合主要从两个方面着手:一方面,为实现社会保障卡的通用,必须运用互联网,借助现代信息化技术的优势,将并轨后的各级医疗保险机构全部联网,这样才能使参保人走到任何地方,只要刷社会保障卡或输入社会保障号就可以查到就医、报销等个人全部医疗保险信息;另一方面,加快医疗保险信息化建设步伐,逐渐建立覆盖全国的城乡居民医疗保险信息管理系统,加强网络监管,逐步实现与电子病历系统、居民健康档案等的对接,实行医疗救助和商业保险经办一站式服务,逐步推进医疗保险异地结算制度,方便居民跨地区就医。

3. 统筹城乡医疗卫生资源配置

(1) 加强对农村卫生事业的财政扶持

在财政性医疗费用支出预算中,中央和地方都应该向农村进行倾斜性安排,在现有基础上大幅度增加中央财政和省级财政对县乡医疗卫生的支出,特别是对乡镇卫生院进行特别费用支出安排,切实改善乡村卫生院的医疗设施、药品供应、医疗技术人员培训等,力求改变目前乡村卫生院"看病能力弱"的局面。通过费用的倾斜性安排,增强基层医疗机构的"就诊看病"能力,减轻农民的医疗成本,避免医疗卫生资源进一步向城市大医院集中。同时,要加大投入以增强基层医疗卫生服务能力,加大对基层医疗卫生体系建设的经费保障,提高农村医疗卫生服务水平和应对突发公共卫生事件的能力。医疗卫生领域的财政保障,应主要投向基层医疗机构,即具有进行普通病医治和重大病简单处理等能力的乡镇卫生院。理想的状况是乡镇卫生院一方面要承担起收集相关疫情病情、采取相应预防措施的公共卫生服务网络系统的末梢功能,另一方面要执行医疗卫生机构职能,能够进行简单病情处理,减少农村居民一味地到大医院看病的情况,降低农村居民看病成本,为此,必须加大财政的投入力度。

(2) 优化配置农村医疗卫生资源

合理地配置医疗卫生设施资源,主要目的是让广大农民获得高效率、高品质的医疗卫生服务,这需要政府充分发挥其主导作用。要加强对农村医疗卫生服务领域的公共财政投入,同时还要合理地利用和整合现有的农村基本医疗卫生服务资源,在此前提下科学分配设备、资金和人力资源。而最重要的是要具体问题具体分析,结合农村医疗环境情况,以提高服务质量为根本宗旨,整合现有的医疗机构和人员,逐步推进城市化医疗卫生体系建设,向城乡医疗保险一体化的目标迈进,最终缩小城乡医疗资源"能力差距"。此外,还应着力扩大农村医疗服务体系覆盖面。首先,不断加大对广大居民的医疗救助、疾病预防以及健康宣传与教育力度,尤其是老人、中小学生、孕产妇、农村妇女这些群体,不断扩大服务覆盖广度;其次,随着社会的发展,人口的流动也越来越频繁,"人户分离"人口越来越多,这也是扩大服务覆盖广度重点关注的一部分人群,最主要的是构建现居住地与户籍所在地的联动机制,让这类群体不因居住地迁移而影响医疗保险权益,确保全体公民都能够均等享受基本医疗卫生服务。

三、推动建立医疗保险制度区域合作机制

1. 维护流动就业人口医保权益

当前,建立医疗保险区域合作机制的核心问题是推动跨省流动就业人口医保关系顺利转移接续,而医保关系转移难的主要问题之一就是缴费年限的处理问题。当前,与劳动力流动的趋势相适应,医保关系转移的一个重要特点就是参保人将医保关系从中西部地区转入东部沿海地区、从欠发达地区转入发达地区,而影响这一转移过程的最大问题就是参保人在转出地的参保缴费年限能否被转入地认同,转出地和转入地的缴费年限能否累计计算的问题。显然,如果转出地的缴费年限不被认同,不能累计计算,将对参保人医保的权益产生一定的损害,也意味着参保人只有通过延长缴费年限或者补缴费用等手段才能享受到退休后的医保待遇,这无疑也加重了参保人的负担。但另一方面,如果转入地无条件地承

认参保人在转出地的缴费年限,在转出地不转移统筹基金的情况下,不仅会加重转入地的财政负担,还可能会导致参保人的趋富行为,即从医保水平低的地区流向医保水平高的地区。但是,处理这一问题的基本原则应是最大限度地维护参保人的权益,承认参保人在转出地的缴费年限。虽然这样的处理办法有可能会加重转入地的负担,但随着人口老龄化步伐的加快,劳动力的供给日趋短缺,在民工潮逐渐为民工荒所取代的新形势下,劳动力资源将成为推动地方经济发展的最重要资源,劳动力资源的争夺也将日趋激烈。承认参保人在异地的缴费年限虽然会使转入地政府在短期内承受经济上的巨大压力,但从长期来看,必将吸引外地劳动力到本地就业,从而推动本地经济发展。

2. 妥善协调转出地与转入地的利益关系

加强医疗保险区域合作的一个重要议题便是协调医保关系转入地与转出地的利益关系。医保关系转移难的重要原因之一就是转出地与转入地的利益关系不平衡,因此,妥善协调转出地与转入地的利益关系无疑是解决医保关系转移难的有效途径之一。当前,在无法实现职工医保全国统筹的情况下,协调职工医保转出地与转入地之间的利益关系有两种可供选择的办法。第一,将由用人单位缴费所构成的统筹基金分成两个部分,一部分用于当期参保人医疗费用的支付,以体现医疗保险的当期权益;另一部分用于支付职工退休后的医疗费用,以体现医疗保险的退休权益,参保人转移医疗保险关系时,将该部分基金随同转移。这种方法的优点是能够适当地平衡转出地与转入地之间的利益关系,且与《城镇企业职工基本养老保险关系转移接续暂行办法》的相关规定相一致,从而也易于为各地区所接受。缺点是如何合理划分当期权益和退休权益的比例难度较大,且每次转移职工医保关系都要分割权益,转移基金,管理成本高。第二,建立省级或中央调剂基金,对一定期限内转入多于转出和转入年龄结构较大的统筹地区给予一定的补偿,省级调剂金可以由各个统筹地区的上缴和省级财政补贴构成。中央调剂金可以由中央财政补贴或者从全国社会保障基金中提取。两者相比较,第二种办法更为简便、可行,实现的难度相对较小。

四、加强医疗保险体系建设

1. 建立和完善社会医疗救助制度

医疗保险制度设计理应更多地关注社会弱势群体,让全体社会成员都能享有公平均等的医疗保障服务。但我国现行基本医疗保险制度框架,缺乏对社会弱势群体的足够关注,因而这一群体的医疗保障问题尚未得到有效解决。为此,必须建立起社会医疗救助制度。社会医疗救助应由政府倡议和举办,作为城乡居民大医疗保险的补充,应具有突出重点、扶危济困、确保公正的设置原则和救助特点,由政府财政部门提供部分资金,同时动员社会各界支持,接受各方捐赠,成立社会医疗救助基金,由医保部门管理,专款专用。社会医疗救助的目标人群应突出城乡居民中的困难群体,主要是无生活来源和固定收入、无生活依靠、无基本医疗保险的老弱病残人群、失业者、病危人群等。对这部分社会人群提供最基本的医疗保障,可以使他们不因医疗费用而无法医治疾病。社会医疗救助制度的建立和完善同时要考虑到社会医疗救助基金来源问题和需求变化,实行阳光收支、以收定支的原则,在救助办法中应明确救助比例和救助金额上限,并切实接受社会各界的监督。

2. 发挥商业医疗保险和企业补充医疗保险作用

商业医疗保险虽然在性质上不属于社会保险的范畴,但它却是基本医疗保险制度的一个重要补充。商业医疗保险具有灵活性和便利性等优势,在实施方式、范围、保障层次、保费投入等方面可根据个人的意愿和经济条件加以选择,对于解决少数重病患者"封顶线"以上医疗费用的问题,商业保险不失为一种有效的选择。因此,商业医疗保险完全可以成为我国多层次医疗保险体系的有机组成部分,政府可以在大力发展和完善社会医疗保险的基础上,促进商业医疗保险的发展,扩大商业医疗保险的保障范围和水平,使其与基本医疗保险恰当衔接,让人民群众可以从更多渠道获得健康保障。

企业补充医疗保险主要适用于原医疗待遇较高的企业职工。根据《国务院关于建立城镇职工基本医疗保险制度的决定》的规定,为了解决超出基本医疗保险统筹基金支付最高限额的费用以及不降低一些特定行业职工现有的医疗消费水平,在参加基本医疗保险的基础上,允许建立企业补充医疗保险作为过渡措施。

政府应加大对于企业补充医疗保险的政策支持力度，并为其发展创造有利的外部环境，政府可重点通过税收优惠政策支持企业补充医疗保险，即在企业补充医保筹资方面实行免税，并在企业补充医疗基金的投资收益方面给予更多必要的优惠政策。

我国的医疗保险制度是随着新中国的成立而逐渐建立发展起来的，至今已走过近70年不平凡的历程。这一制度在建立之初即深受城乡二元经济结构影响，为了适应高度集中的计划经济体制，我国的医疗保险制度自建立之初即体现为城乡分立的格局，当前我国已初步建立了覆盖城乡居民的以城镇职工医疗保险制度、城乡居民医疗保险制度、新型农村合作医疗制度为主体的基本医疗保险制度，然而城乡及城市内部居民仍因身份和职业的不同而享有含金量参差不齐的医疗保障服务。在新型城镇化战略深度实施、城乡居民医疗保障需求深刻变化的时代背景下，我国基本医疗保险制度必然要经历体制并轨、利益调整这一痛苦而艰巨的历史蜕变，整合现行城乡医疗保险制度进而实现城乡医疗保险一体化的改革趋势已然清晰可见、不可逆转。

第七章　我国城乡社会福利一体化研究

社会福利是社会保障体系最为重要的一部分。从社会发展的历史进程来看，社会福利的发展经历了"社会救助—社会保险—普遍社会服务"的过程。就其功用而言，社会福利不仅是衡量国民幸福水平的重要标尺，也是建设一个公正、和谐的社会不可或缺的基础性条件。美国社会工作协会在其出版的《社会工作词典》中，把"社会福利"定义为"旨在改善弱势群体状况的'有组织的活动'、'政府干预'、政策或项目……社会福利可能最好被理解为一种关于一个公正社会的理念，这个社会为工作和人类的价值提供机会，为其成员提供合理程度的安全，使他们免受匮乏和暴力，促进公正和基于个人价值的评价系统，这一社会在经济上是富于生产性和稳定性的"。《中国大百科全书·社会学》对"社会福利"的定义为"国家和社会为增进成员尤其是困难者的社会生活的一种社会制度。旨在通过提供资金和服务，保证社会成员一定的生活水平并尽可能地提高他们的生活质量"。总而言之，社会福利就是国家和社会为满足社会成员的基本生存需求之上的需求，运用社会互助的方式来提高他们的生活质量的活动。

一直以来，我国的农民都很羡慕城市居民，整洁的生活环境、便利的交通、良好的医疗和教育条件、稳定的工作岗位等，这些优质的社会福利都是农民所享受不到的。新中国成立后的六十多年以来，我国逐渐形成了比较完整的社会福利体系，对于促进经济发展和保障人民生活起了重要作用。然而，由于国家在计划体制下优先发展工业的政策的，导致城乡二元体制的长期存在，便有了基于农业户口和非农业户口的以户籍身份为区别的社会分层，长期以来农民并不享有与城市居民同等的社会福利。但是，从 2000 年以来，特别是伴随着农业税的全面取消，我国的社会福利在城乡关系上发生了一次实质性的改变：从农村最低生活保障制度、九年制义务教育的实行到新型农村养老保险制度、新型农村医疗保险制度、农村户籍制度改革的快速推进,农村的社会福利水平得到了明显的提高。然而,城乡社会福利的差距并没有缩小,城乡差距不断拉大的趋势也没有得到根本扭转。

2014年年底,党中央、国务院提出了"四个全面"的战略布局,全面深化改革已是现阶段中国最鲜明的时代特色,中国的社会福利也进入了全面深化改革的时期。十八届三中全会提出要健全城乡发展一体化体制机制。目前城乡发展不平衡、不协调是我国经济社会发展存在的突出矛盾,是全面建设小康社会、加快推进社会主义现代化必须解决的重大问题。而健全城乡发展一体化体制机制必然要求不断提高农村的社会福利水平,让农民享受与城市居民同等的待遇。2015年政府工作报告指出,要"对困境儿童、高龄和失能老人、重度和贫困残疾人等特困群体,健全福利保障制度和服务体系"。这都要求我们要深入思考社会福利制度自身的结构和存在的问题,真正实现社会福利在中央和地方、政府和社会、社区、家庭、个人之间的合理分配,继而加快推动我国城乡社会福利一体化进程。

第一节　我国城乡社会福利制度的变迁和现状

一、我国城乡社会福利制度的变迁

新中国成立以来,我国城乡社会福利体系经历了三个大的制度变革阶段:第一个阶段是新中国成立到改革开放前,属于城乡失衡阶段;第二个阶段是改革开放后到20世纪末,属于城乡冲突阶段;第三个阶段是从21世纪初开始,属于新型城乡福利体系的建立和完善阶段。

1. 第一阶段:城乡失衡阶段(1949—1978)

第一阶段是计划经济体制下社会福利体系的建立阶段。新中国成立以后,建立了以公有制为基础的社会制度,在劳动产品分配上实行按劳分配制度,开启了计划经济时代,在此基础上,我国逐步建立起了一种计划体制下的福利模式。从1951年城镇企业职工劳动保险制度、1952年公费医疗制度、1953年企业福利制度到1956年农村"五保"制度、1956年合作医疗制度等的建立,我国也由此逐步形成了城乡二元体制下的国家福利保障模式。计划经济体制下的社会福利体系实质上也就是一种城乡分割的二元福利体系。在这种体制下,国家为了优先发展工业,往往是牺牲农村利益的,农民没有权利与城市居民享受同等的社会福利。在城市,每个城市居民都被纳入到一定的单位,单位包办其从出生到死亡的一切;然而在农村,则是实行"人民公社—生产大队—生产小队"三级所有制,队为基础的集体福利单位,为了城市优先发展的需要,将农村的资源优先配置给城市,然后靠生产队自己来解决农村的社会福利。由此,从新中国成立后到1978年改革开放前,我国城乡社会福利处于严重的失衡状态。

2. 第二阶段:城乡冲突阶段(1979—2000)

第二个阶段是我国实行改革开放后从计划经济体制向市场经济体制的过渡阶段。从最初的农村土地改革到城市国有企业改革,市场经济取代计划经济成为这一阶段的主旋律。在社会福利方面,国家也开始去除计划经济体制下附着在机关、单位身上无所不包的福利包袱。国有企业的改革导致大量工人下岗,从而使他们丧失了生活保障。城乡二元体制也没有得到根本上的改变,城乡在社会福利上出现了直接的面对面的冲突。随着改革开放的深入、乡镇企业的发展和土地流转规模的扩大,大量的农民离开赖以生存的土地,进城务工经商,这样显然对城市居民原有的生产、生活方式产生了巨大的冲击,当然也包括社会福利,因为进城的农民也希望拥有与城市居民同等的待遇。同时,在广大的农村地区,国家也没有停止对农村各种资源的汲取,农村的各种基础设施落后,农民负担重,享有的福利没有得到改善,社会矛盾激烈。因此,这一阶段城乡社会福利处于冲突状态。

3. 第三阶段:新型城乡福利体系的建立和完善阶段(2000年至今)

2000年,中共中央、国务院下发《关于进行农村税费改革试点工作的通知》和《国务院关于进一步做好农村税费改革度点工作的通知》,全面取消农业税费,标志着我国的社会福利建设从城市走向农村,拉开了城乡福利一体化的序幕,我国新型城乡社会福利体系开始形成。这一阶段,城乡社会福利政策和社会保险制度逐渐建立和完善。城镇职工养老保险制度、城镇居民医疗保险制度、失业保险制度、工伤保险制度等制度的建立完善了城市社会福利体系建设。在农村社会福利体系建设中,新型农村养老保险制度、新型农村医疗保险制度、农村最低生活保障制度等构成了农村社会福利的基本框架。从城乡这些制度的建立和完善来看,进入新世纪,我国已经开始把发展社会福利作为一个重要的政策取向来实施,城乡一体化的社会福利体系也已见雏形。

二、我国城乡社会福利制度的现状

从社会福利制度的历史变迁来看,我国社会福利制度是建立在传统的计划经济体制之上的,因此不管是福利制度的创立时期、发展时期还是转型时期,我国城乡福利制度都存在着明显的差异,而且长期以来形成的城乡二元差别在短时间内是不可能完全消除的,许多社会福利与户籍制度长期挂钩,城乡社会福利制度的结构性失衡依然存在。从目前来看,不同的人群享受着不同的福利待遇,党政机关、医疗、教育和国有企业等体制内的人员享受着高福利待遇,除此之外的城镇居民享受的社会待遇也好于农民,不同区域的农民之间,由于经济发展水平等原因,享受的待遇也存在着很大的差别。以下基于国家统计局等公布的官方数据,仅对教育福利、医疗卫生福利和社会保障福利三个方面进行分析,从中可以看出我国城乡社会福利存在的差距。

1. 教育福利

教育公平是社会公平的起点,也是缩小群体间发展差距的重要途径,对于维护社会稳定起着重要的作用。我们党和国家历来十分重视发展教育事业,坚持教育优先的方针,所以新中国成立以来,特别是改革开放后,我国各级各类教育普及水平得到了大幅度提高,人民群众受教育程度也得到显著提升。从1986年我国的义务教育立法到现在九年制义务教育的普及,截止到2010年底,全国范围实现了"两基"(基本实施九年义务教育和基本扫除青壮年文盲)。根据《2015年全国教育事业发展统计公报》数据显示,2015年,我国学前教育毛入园率达到62.3%,比上年提高5.7个百分点;高中阶段的毛入学率达到84.0%,同比增长1.5个百分点;全国各类高等教育总规模达到3 167万人,高等教育毛入学率达到26.9%。[①] 入学教育、入园机会的大幅度提高,九年制义务教育的全面实现,高中阶段入学率持续上

---

① 2015年全国教育事业发展统计公报[EB/OL].(2016-01-13)[2016-08-20]. http://www.kj6.net/News/NewsDetails.aspx? ID=50148.

升,高等教育大众化水平的提高,表明我国教育福利制度的不断完善。

但是我国广大农村地区由于城乡二元体制的存在,农村在教育福利方面与城市相比还存在着较大的差距,"当前我国城乡义务教育阶段城乡办学条件和日常经费收支总体上仍然不平衡,学校分层特别是城乡的学校分层仍然存在"[1]。虽然从2001年开始,从中央到地方都在提倡城乡教育统筹,尤其是在农村地区实行了"两免一补"政策,但实际上国家在教育经费上对城市的投入增长要快于对农村的投入增长。根据《中国教育经费年鉴》数据分析,与1999年相比,2006年国家对农村地区中小学的投入增长了2.58倍,但是占所有中、小学教育经费的比例还是比1999年分别下降了5.43%、0.71%。

此外,在我国教育事业发展进程中,逐渐形成了"重高等教育、轻基础教育"的格局,使得本就不足的教育投入分配到农村义务教育的经费更加有限。根据教育部、国家统计局和财政部发布的《2014年全国教育经费执行情况统计公告》显示,2014年全国普通小学生财政预算教育事业费生均支出为7 681.02元,普通高中为9 024.96元,普通高等教育为16 102.72元。[2] 这反映了基础教育所获得的经费远远落后于高等教育,再经城乡分配,农村地区所能分享到的义务教育经费这块"蛋糕"就更小了。另外,在现代化教学仪器设备、图书藏量、师资队伍质量等方面,农村地区都不及城市。因此,可以看出,虽然国家对农村教育的投入的确在大幅度增加,但是城乡教育资源分配仍然处于不均衡状态。

2. 医疗卫生福利

"看病难、看病贵",一直是我国所面临的一个重大社会问题,尤其是对于农民而言,这一问题更为突出。城乡收入分配制度不合理造成的后果是,相对于城市居民而言,农民的实际支付能力薄弱,加剧了我国当前基本医疗卫生服务在城乡之间的不均等。根据统计,2011年,我国医院门诊病人人均费用为179.8元,住院病人人均医药费用6 632.2元。一次住院所花的费用就已经相当于城镇居民年人均收

---

[1] 丁晓浩.中国经济发展二元背景下义务教育资源均衡化研究[EB/OL]. (2009-11-18)[2016-08-20]. http://www.nies.net.cn/ky/qgjyghkt/cgbg/jyfzzl/201203/t20120319_302572.html.

[2] 2014年全国教育经费执行情况统计公告[EB/OL]. (2015-10-13)[2016-08-20]. http://www.moe.edu.cn/srcsite/A05/s3040/201510/t20151013_213129.html.

入的三分之一,农民一年的人均纯收入。特别是慢性病患者和经常需要看病的老人,医疗费用更是整个家庭的负担。"我国的医疗卫生资源80%集中在城市和大医院,农村医疗卫生资源严重不足,县、乡、村三级医疗保障网残缺不全。"①

农村卫生财政支出,与城镇相比,城乡的差别就显得更加明显。根据《中国统计年鉴》显示,2009年全国医疗卫生财政支出为3 994.19亿元,其中农村卫生财政支出为395.37亿元,只占全国医疗卫生财政支出的9.9%。《2012年我国卫生和计划生育事业发展统计公报》显示,2011年全国卫生总费用达24 345.9亿元,卫生总费用城乡构成为:城市18 571.9亿元,占76.3%;农村5 774.0亿元,占23.7%;全国人均卫生费用1 807.0元,其中城市2 697.5元,农村879.4元。② 城市人均医疗费用和总费用是农村的3倍,这种带有明显倾向性的财政支付直接造成了城乡居民在享受医疗卫生服务待遇方面的不平等。

从2002年起,国家开始大力推进新型农村合作医疗,《中共中央、国务院关于进一步加强农村卫生工作的决定》明确指出要"逐步建立以大病统筹为主的新型农村合作医疗制度"。从2003年开始,新型农村合作医疗的试点地区不断地增加,根据《2014年我国卫生和计划生育事业发展统计公报》显示,截至2014年底,全国参加新型农村合作医疗的人口数达7.36亿人,参合率为98.9%。③ 2015年,各级财政对新农合的人均补助标准在2014年的基础上提高60元,达到380元。农民个人缴费标准在2014年的基础上提高30元,全国平均个人缴费标准达到每人每年120元左右。人均补助标准的逐年提高惠及了广大农民,但是与城镇居民基本医疗保险相比较而言,新农合的医疗保险水平仍然较低。另外,新农合还存在报销程序复杂、报销比例不高等问题,使得城乡医疗卫生福利仍然存在着显著的差异。

3. 社会保障福利

"在国家和社会层面,福利行为则体现为一种社会保障行为,即政府为发挥其

---

① 李晓书. 我国农村卫生财政支出的状况分析及政策选择[J]. 农业经济,2008(3):65.
② 2012年我国卫生和计划生育事业发展统计公报[EB/OL]. (2013-06-19)[2016-08-20]. http://www.moh.gov.cn/mohwsbwstjxxzx/s7967/201306/fe0b764da4f74b858eb55264572eab92.shtml.
③ 2014年我国卫生和计划生育事业发展统计公报[EB/OL]. (2015-11-05)[2016-08-20]. http://www.moh.gov.cn/guihuaxxs/s10742/201511/191ab1d8c5f240e8b2f5c81524e80f19.shtml.

功能,以有组织的活动或立法途径为社会中有需要的人提供的经济支持和社会服务。"①一直以来,我国城乡社会保障方面存在明显差距,主要表现在政府提供的社会救助、最低生活保障、养老服务、住房保障、其他补助和服务上的差距。目前来看,我国的社会保障福利的不均表现在,城乡之间,城市好于农村,从社会保障的保障项目来说,我国城镇普遍建立了较完善的社会保障制度,包括了医疗、养老、工伤、失业、生育、低保、住房等项目,而农村只有最低生活保障和新型农村合作医疗制度不仅保障的范围有限,而且水平也不高,并且很多制度都处于空白状态。

从 2007 年,国家民政部开始部署各地探索建立临时生活救助制度,努力解决因突发性事件、意外伤害或因家庭刚性支出较大导致的临时性基本生活困难。根据 2015 年 6 月 10 日公布的资料,截止到 2014 年底,我国在 26 个省市建立了城乡居民临时救助制度。惠及城市低保保障对象 1 877.0 万人,农村低保保障对象 5 207.2 万人。虽然农村低保人数多于城市低保人数,但在补助标准上,城市的补助水平仍显著高于农村,农村月标准 231 元,人均月补助 129 元,城市月标准 411 元,人均月补助 286 元,分别是农村的 1.78 倍、2.22 倍。② 城市最低保障支出为 721.7 亿元,农村最低生活保障支出为 870.3 亿元,虽然农村享受的最低生活保障支出是城市的 1.2 倍,但是农村社会低保对象人数是城市生活低保对象人数的 2.78 倍,实际上,农村社会低保对象人均享受的补助仍然低于城市。

2014 年,全国各类养老服务机构和设施 94 110 个,其中养老服务机构 33 043 个,城市养老服务机构和设施 18 927 个,床位 187.5 万个;农村养老设施 40 357 个,床位 390.3 万个。③ 可以看出农村养老服务机构的数量和收养的人数都远多于城市。但是,农村养老服务机构无论在硬件设施还是在服务质量上都远不如城市的养老服务机构,老人的精神需要也无法得到满足。另外,在养老金保障方面,从 2009 年开始,我国启动新农保试点,确定基础养老金最低标准为每人每月 55 元,这

---

① 陈晓云.经济福利的心理障碍[M].上海:复旦大学出版社,2009.
② 民政部发布 2014 年社会服务发展统计公报[EB/OL].(2015 - 06 - 10)[2016 - 08 - 20]. http://www.mca.gov.cn/article/zwgk/mzyw/201506/20150600832371.shtml.
③ 民政部发布 2014 年社会服务发展统计公报[EB/OL].(2015 - 06 - 10)[2016 - 08 - 20]. http://www.mca.gov.cn/article/zwgk/mzyw/201506/20150600832371.shtml.

与城市水平也无法相比。2015年,经国务院批准,我国首次统一提高全国城乡居民养老保险基础养老金最低标准,由原来的每月55元提高到每月70元。此次调整,惠及全国超过1.4亿城乡老年居民和数亿城乡家庭,受益面大,受益方式直接,有利于更好地保障和改善低收入或无收入的城乡老年居民基本生活。

第二节 我国城乡社会福利制度面临的问题和挑战

中国特殊的历史进程和基本国情决定了中国的社会福利一直走的是一条以城镇职工福利为核心的、城乡二元分割的道路。这种福利制度在初期的确对社会安定和保障人民的生活水平起到了一定的作用,但是随着改革的深入,这一传统的社会福利制度显然已不能适应我国社会发展的需要,人口老龄化的到来,经济发展全球化的趋势和社会主义现代化建设都对我国的社会福利制度提出了新的要求。

一、我国城乡社会福利制度面临的问题

1. 城乡福利制度呈二元结构

城乡二元体制下,社会福利也呈现出城乡二元分割的状态,城镇居民享有大头,农民则徘徊在社会福利的边缘。对城市而言,社会福利制度基本已健全,农村的社会福利水平则比较落后。在城市,社会福利由国家保障,主要有财政补贴、单位供给和民政福利三部分,城镇居民享受的福利包括:为了减轻生活负担和保证基本生活而设立的各种补贴;为了丰富文化生活而设立的各种文化、体育设施;住房公积金制度;失业保险等。这些对于长期生活在农村的农民而言,都是享受不到的,农村的社会福利主要由村集体提供,但也仅限于农村"五保户"。进城务工的农民工,不仅享受不到与城市居民同等的待遇,甚至连最基本的人身权利都得不到保障。而对于城乡都有的医疗保险制度、养老保险制度和教育制度,城乡间也存在着较大的差异,农村一直处在社会福利制度的边缘,没有建立真正意义上的社会福利制度,这也极大地削弱了社会福利的积极作用。

2. 社会福利覆盖面窄

目前来看,无论是广义上的社会福利还是狭义上的社会福利覆盖面都比较窄。

广义上的社会福利,仅限于城镇居民享有;而狭义上的社会福利主要指对生活能力较弱的儿童、老人、残疾人、慢性精神病人等的社会照顾和社会服务。与医疗保险、基本养老保险实现制度全民覆盖、社会救助覆盖城乡相比,在社会福利领域,除了可以纳入福利事业的义务教育外,我国到目前为止并没有其他普惠性的社会福利事业。中国现行社会福利制度属于典型的"残补式"福利,政府的关注重点是退休干部和特殊困难群体,其覆盖范围窄,受益人口少。这种"残补式"福利在起初人民生活水平和福利诉求不高的情况下还是可以接受的,但是随着经济的发展和人民生活质量的提高,这种福利显然不符合人民的需求,也影响城乡居民生活质量的改善,如果不尽快改进的话,则会因为缺乏普惠性而损害社会的公平公正。

二、我国城乡社会福利制度面临的挑战

1. 人口老龄化的压力

我国正在加速进入老龄化社会,根据统计,截至 2014 年,我国 60 周岁以上的老年人口达 2.12 亿,占我国总人口的 15.5%,65 周岁以上的老年人口达 1.38 亿,占总人口的 10.1%,其中农村人口老龄化率明显高于城镇。面对人口老龄化的压力,我国城乡的社会福利制度存在着诸多问题,具体表现在以下几个方面。① 城乡养老机构发展不平衡、养老产业结构不平衡。农村养老服务机构无论在硬件设施还是在服务品质上都远不及城市,国家养老福利在城市的投入显然要比农村多、比农村好。中央确定的农村基础养老金标准为每人每月 55 元,这个与城市养老水平相比存在很大差距。② 资金投入不足。老年人急需的"三大补贴"(高龄津贴、养老服务补贴、护理补贴)制度尚未建立,在农村地区,绝大多数的养老机构都属于农村集体兴办的老年收养福利机构,政府投入的比较少。农村养老主要还是依靠家庭式养老模式。③ 养老服务具有明显的公益性特征,同时也面临着投入大、回报率低的困境,缺乏活力。④ 缺乏专业的人才。由于老年福利机构工资待遇低、劳动强度大,很少有人愿意从事这一行业。同时,从事这一行业的人员也普遍缺乏相关专业背景和经常性的培训,所以服务质量也不高,无法满足老年人高层次的需求。

2. 变革现有社会福利体制机制的缺陷困难重重

我国社会福利发展具有双重性,一方面是延续了计划经济体制下形成的福利特征;另一方面又有改革开放以来,特别是 2000 年以来形成的新的社会福利特征。城乡二元分割就是计划经济时代遗留下来的典型的体制机制障碍,主要表现在城乡户籍制度的差别对福利制度的影响上。当前,"一方面政府无力承担全部的社会福利保障支出,另一方面福利保障的社会成本合理分担机制尚未确立"。① 社会福利资源供应模式的单一化,抑制了社会其他组织的发展,而且随着社会福利内容和社会福利范围的扩大,福利制度的内涵也随之扩大,建立独立于国家和企业之外的社会保障体系和社会服务网络,走政府、企业、非营利机构、社会团体等多元参与的发展道路就显得尤为重要。但是由于计划经济造成的政府权力过大,公共服务领域先天发展不足,使得社会服务组织发展的空间就很小。

3. 社会福利政策法规不完善

"通过相应的法律来规范社会福利的供给与需求,是社会福利事业发展的基本要求。"②改革开放以来,我国颁布了一系列有关社会福利的政策法规,如:《关于企业职工养老保险制度改革的决定》、《关于职工医疗保险制度改革试点的意见》、《中华人民共和国老年人权益保障法》、《中华人民共和国残疾人权益保障法》和《中华人民共和国未成年人权益保障法》,等等。但这些法律只是对社会福利制度建设从宏观上做出了原则性规定,对于福利项目的操作细则并没有做出明确规定。例如,《有奖募捐社会福利资金管理使用办法》中对福利资金的使用仅规定以"定期向社会公布募集资金的收入、支出使用情况"的形式告知公众,而没有规定相关的监督制度。因此,尽快改变我国社会福利立法的滞后性和不适应性,加快社会福利法制建设,是完善我国社会福利制度的重要保证。

三、我国城乡社会福利制度面临的机遇

1. 新型城镇化为城乡社会福利制度的发展提供了动力

自从"城镇化"被写入政府工作报告,其热度就持续不减,2015 年政府工作报

---

① 董少龙.中国社会福利制度的思考[J].社会福利(理论版),2015(6):26.
② 马云峰.构建与中国国情相适应的社会福利制度[J].社会福利,2007(5):23.

告中最新的提法是"推进新型城镇化取得新突破"。李克强总理指出,城镇化是解决城乡差距的根本途径,也是最大的内需所在。新型城镇化的核心是人的城镇化,本质上是从传统的以"土地城镇化"为主导转向更多注重"人的城镇化"。只有实现"人的城镇化",才有助于化解城乡二元体制以及城市内部二元体制的矛盾,推进农业现代化进程和实现工业化,才能使来自农村的流动人口在城市获得均等化的公共福利。所以城镇化不仅是解决城乡差距的根本途径,也是推进社会福利保障发展的强劲动力。改革开放以来,我国城镇化进程不断加快,但相比于土地的城镇化,人的城镇化则相对落后,从而导致社会福利制度长期处于一种割裂的城乡二元化的状态,也延缓了社会福利制度的完善和社会的融合,同时也制约着我国国民经济的可持续发展。新城镇化建设为妥善解决"人的城镇化"过程中存在的问题带来了新的契机,能够推动实现"人的城镇化"与社会福利普惠制度的协同发展。

2. 全面依法治国为社会福利制度的发展提供良好的法制环境

当前,我国已处在全面深化改革的攻坚期,也正处在需要解决社会矛盾、清除发展路障的关键时期。党的十八届四中全会首次将"依法治国"作为会议主题,这既是顶层设计谋划依法治国的具体措施,更是推进依法治国社会改革,实现两个百年奋斗目标的必由之路。实行全面依法治国,是由过去以政治手段治理国家到现在以法治手段治理国家的重要转变。从本质上说,依法治国要求捍卫人民更多的权利,当然也包括社会福利。建立和完善社会福利领域的法律法规,是推动社会福利的基本依据,也是维护社会保障对象权益的有力武器。然而,当前我国在社会福利的法律政策方面还存在着不足之处,保障孤老病残等特殊人群的法律政策呈现出分割式、碎片化的状态,因此,依法治国也必然要求完善社会福利方面的法律法规。

3. 全面深化改革为城乡社会福利制度的成熟创造了良好的政策环境

2015年是全面深化改革的关键之年,对福利制度的完善和变革也至关重要。深化改革突出强调的是整个改革的系统性和协调性,社会福利改革是我国社会事业改革的重要组成部分。我国社会福利初步具有了普惠制的雏形,但覆盖面窄、城乡分配不均是目前社会福利制度所面临的主要问题。社会保险制度只和正规就业者挂钩,农民、大量非正规就业者被排除在外;社会救济制度长期以来只针对少数特殊群体，改革成为最低生活保障制度后，直到2007年才覆盖到农村；城镇养老保障相对健全，相比之下，农村地区的养老设施和服务状况却要差得多。因此，对于城乡社会福利改革，急需改革城乡户籍二元制度、收入分配制度、财税体制和土地流转政策等，从而使城乡福利失衡的状态向公平、公正、共享的状态转变。

第三节　国外社会福利改革的经验及启示

第二次世界大战之后，资本主义国家为了缓和阶级矛盾、恢复发展生产力，普遍重视社会福利建设，以英国为代表的西欧国家先后宣布建立福利国家，建成了"从摇篮到坟墓"的全方位的社会福利制度。不可否认，西方各国所实施的社会福利制度对于其经济和社会发展都起到了重要的积极作用。但是随着经济的发展，资本主义国家社会矛盾加剧，特别是在经历了两次严重的世界性经济危机之后，各国政府普遍感到社会福利方面的负担越来越沉重，社会福利制度的消极影响也日益显现出来，也就是出现了所谓的"福利困境"。针对社会福利制度显现的弊端，西方各国也采取了许多改革措施，本节主要介绍英国、美国、德国、瑞典四国的社会福利制度改革，并进行比较分析，从而为现实探索适合中国国情和文化特色的社会福利制度提供借鉴与启示。

一、国外社会福利制度改革的方式

1. 英国社会福利制度的改革措施

英国的社会福利制度改革主要经历了两个阶段：撒切尔政府时期和布莱尔政府时期。撒切尔夫人信奉以哈耶克为代表的新自由主义的福利思想，并以此对英国的国家福利制度进行改革，用以解决当时英国面临的福利危机。撒切尔政府对英国福利制度的改革从住房改革开始，先后颁布《住房法》《社会保障法》《教育法》等法律法规，并根据相关法律对英国的各项福利制度进行改革，其主要内容是：① 以削减社会福利支出为目的，改变福利制度的覆盖范围与水平，减轻国家负担；② 加强福利制度中责任机制的建立，强调社会福利由国家负担转为由国家、雇主、个人三方共同承担，强调个人的义务与责任；③ 在住房方面，政府用优惠的价格把公共住房进行拍卖,转变为私人所有,减少了住房补贴;④ 在医疗卫生和教育制度方面,引入市场竞争原则,鼓励人们使用商业合同医院、购买私人医疗保险,建立私立学校。撒切尔政府对福利制度进行的改革拉开了英国国家福利制度改革的序幕,但是以削减福利支出为目的的改革未能彻底将英国从福利危机的境况中解脱出来。

面对危机,布莱尔政府把吉登斯的"第三条道路"的福利思想作为其改革的依据,1998年布莱尔政府公布绿皮书《英国的新蓝图:一种新的福利契约》,代表此次福利制度改革的方向和原则,并以此为依据对英国社会福利制度进行改革。布莱尔政府的社会福利制度改革以为有能力的人提供工作机会、为无能力的人提供生活保障、节省福利开支为宗旨,提出要从传统福利国家模式转向投资型国家模式。改革主要包括:养老保险改革、医疗保险改革、失业保险改革、教育改革、最低工资制度改革、残疾人救济改革,等等。布莱尔政府的社会福利制度改革取得了明显的效果,较之于撒切尔政府的社会福利制度改革也更为全面和深入。

2. 美国社会福利制度的改革措施

美国社会福利制度的基本特征是保障水平相对较低、社会救助体系健全和慈善事业发达。与其他福利国家相比,美国的社会福利制度在福利水平和福利项目等方面有着明显的差距,但是完善的救助体系和慈善事业弥补了这一差距。随着人口老龄化的到来,特别是20世纪七八十年代以来,美国的社会福利制度也经受了严峻的考验,不断增长的福利开支已经成为美国社会经济的一个沉重的包袱。1992年,美国联邦政府和地方政府共花费了3 060亿美元用于帮助和救济美国低工资收入者,占当年整个国民生产总值的5%,而在1965年,美国用于社会福利救济的支出仅占当时国民生产总值的1.5%。[①]

1981年,共和党人里根上台后,开始着手改革社会福利制度,大幅度削减联邦政府的福利开支,其具体的做法如下:① 弱化联邦政府在社会福利体系中的主导作用,使其逐渐从直接责任者向决策者和监督者转变,把社会福利制度的政策责任委托给州和地方政府共同承担;② 减少直接资助贫困家庭的资金补助比例,鼓励

---

① 陈成文,肖卫宏.美国社会福利制度及其对中国的启示[J].中南大学学报(社会科学版),2006(10):544-548.

和帮助人们参加工作,把单纯性救济改为工作性福利,从而使依赖福利生活的人数大大减少,这也是里根政府福利政策改革的最大特征之一。1997年,美国政府用于救济福利的支出比例高达77%,而到2002年,此类开支所占比例已迅速降至44%[①];③ 提高社会福利服务的私有化和私营化程度。

3. 瑞典社会福利制度的改革措施

瑞典是一个典型的"福利国家",是"福利国家的橱窗",最大的特点是把对社会全体公民的基本生活保障作为公民的权利,实行"从摇篮到坟墓"的社会福利制度。高福利使无业者、失业者享受的福利与工作者的收入相近,这不仅再次打击了在职劳动者的积极性,同时又使失业者和更多的人宁愿无业,依靠领取社会保障费而生活,也不愿去寻找一份工作。尤其是随着20世纪70年代经济危机的发生,庞大的社会保障支出使政府财政压力越来越大。因此瑞典同其他一些福利国家一样,也开始进行社会福利制度改革。

瑞典福利制度改革主要集中在:① 社会福利制度地方化,中央政府下放权力,让地方政府在社会福利方面发挥更好的作用,中央政府负责制定社会福利方面的规划和法规,地方政府负责将中央的政策进一步细化实施;② 削减社会福利支出,这是瑞典社会福利制度改革的重点,1980年,政府通过法案,加大了削减福利支出的力度,降低了福利待遇的支付标准,增加缴费人数;③ 在社会福利制度中引入竞争机制,扩大了私人部门提供的服务项目和范围,使人们可以更多地购买私人部门提供的医疗教育等各方面的服务,提高了社会福利制度本身的效率。通过这一系列社会福利调整制度改革,瑞典作为福利国家的根本性质没有动摇,但取得的成效却较为明显,经济也有所好转。

4. 德国社会福利制度的改革措施

德国拥有全球公认的最为完善的社会福利制度,涉及社会成员生、老、病、死以及教育、住房的各个环节,其社会福利费用占到整个国家GDP的1/3,高于欧洲福利国家的平均水平,但是正由于过高的福利保障成为政府沉重的负担,也影响到经济发展的活力,特别是德国步入"老龄化社会",其福利模式渐渐显现出来的负面效

---

① 陈成文,肖卫宏. 美国社会福利制度及其对中国的启示[J]. 中南大学学报(社会科学版),2006(10):544-548.

应已经越来越明显。

为了实现国家福利的现代化,德国对其社会福利模式进行了大的改革,改革集中在医疗保险制度改革和养老金制度改革。① 医疗保险方面,加强国家监督,建立"医疗卫生基金"统一管理、调配,同时压缩了国家在医疗方面的开支,增加了个人医疗费用的支出,削减了参保人员享受的待遇。例如,以前免费看病,现在每次看病收费 10 欧元,住院治疗费及药费个人要承担 10%,非处方药品的费用则全部由个人承担。② 养老保障方面,提高了养老保险的私有化和社会化水平,政府在法定养老保险之外建立起私人养老金制度。

二、国外社会福利改革对我国福利制度改革的启示

目前,我国正处于经济社会快速发展的转型时期,社会福利制度对保障人民基本需求、保持社会稳定以及促进经济增长等方面都起着重要的作用。通过对西方福利国家的福利制度改革进行比较研究,可以为我国社会福利制度改革提供经验和启示。

1. 社会福利制度改革要走多元参与的社会化发展道路

弱化政府在社会福利制度上的作用,让更多的私人部门和非营利性机构参与到社会福利制度中来,成为西方福利国家社会福利制度改革的一个重要趋势。我国同样也存在社会福利资金供给不足、压力过大的问题,因此这一改革趋势值得我国借鉴。著名经济学家斯蒂格利茨在《经济学》中指出,"政府必须在几种行动方案中做出选择,它可以直接做某些事;它可以为私人部门做某些事提供动力;它可以命令私人部门做某些事;或者它还可以采取包括这三种方式的某种混合方式",从而"以更有效的方式实现社会的目标"。我国福利制度改革过程中,要使政府逐渐从直接责任者向决策者和监督者转变,走政府、企业、非营利机构等多元参与的发展道路。政府在福利制度改革中起到的是主导作用,制定相应的政策法规,加大资金投入、政策扶持力度和监管力度。同时,积极探索社会福利民营化,将社会福利的供给转移到民营部门,引入市场经营原则,提高福利供给的效率和实现福利资源的有效利用。此外,还应重视发展和完善非营利机构,政府要给予非营利机构更多的政策和资源支持,努力扩展非营利机构组织运作的资金来源和渠道。

2. 社会福利制度改革要推进城乡福利发展一体化道路

由于我国城乡二元体制的存在，我国社会福利制度也具有典型的二元结构特征。在城市，每个城市居民都被纳入到一定的单位，单位包办其从出生到死亡的一切，享受着养老保障、医疗保险、就业失业保障等较为全面的社会福利制度。然而在农村，基本上仍然是一种以家庭为本位的家庭保障。农民几乎被排斥在正式的社会福利制度体系之外，仅有较低水平的"五保"供养和农村合作医疗制度，与城镇保障相距甚远。就医疗保障和养老保障而言，广大农村居民对于两者的需求的满足基本依靠个人和家庭的保障。进城务工的农民工也享受不到与城市居民同等的社会福利。因此，我国社会福利改革须将关注的重点从城市转向农村，走城乡福利发展一体化道路。

3. 社会福利制度改革要以法律作为保障

西方国家的福利立法已达到较为完善的程度，英国、美国、德国、瑞典除了有较完整的社会保障法以外还有针对老人、儿童、残疾人的专门福利法。英国是西方国家探索福利国家制度的先驱者。英国政府先后颁布了《家庭补助法》《国民保险法》《国民工伤保险法》《国民保健法》《国民救济法》《工资委员会法》《工厂法》《男女同工同酬法》《劳动合同法》《技术安全和生产卫生法》《就业保障法》等。通过这些法律的颁布，英国成为当时西方国家拥有社会保障立法最为完备的国家。德国是世界上社会保险制度最为完善和复杂的国家之一，也是第一个建立现代社会保障制度的国家，《黄金诏书》《灾害保险法》《老年保险法》《帝国供给法》《劳动介绍与失业保险法》《健康严重受损法》等法律，构成了德国近代社会保障制度的框架。我国的福利立法还不完善，加快社会福利立法是我国社会福利体制改革的一个根本性问题。

第四节　我国城乡社会福利一体化的思考和建议

从 2000 年以来，特别是伴随着农业税的全面取消，中国的社会福利改革从城市走向了农村，拉开了城乡一体化的序幕。城乡社会福利一体化已经取得了突破性进展，但是从总体上看，我国的社会福利建设并没有缓解城乡之间的差距，甚至在一定程度上社会福利成了社会差距扩大的重要因素。目前,农村的社会福利还处于较低水平,基础养老金人均每月55元,对于确保和改善老人的生活来说可谓是杯水车薪;新农合缓解了农民看病难、看病贵的问题,但是没有从根本上解决问题;农民工不能与城市居民享受平等的诸如医疗、失业、就业和住房等社会保障;随迁农民工子女也不能享受城市的义务教育等。此外,社会、企业对城乡社会福利一体化做出的贡献甚少。

一、逐步消除以户籍制度为依托的二元福利体系

我国现行户籍制度是在新中国成立后特定的历史条件下确立起来的,不可否认户籍制度曾经发挥过重要的历史作用,但是随着市场经济体制的建立,特别是城镇化进程的加快,它逐渐成为经济发展和社会进步的障碍。因此,推进我国户籍制度改革对于当前我国加快城镇化进程、破解城乡二元结构意义重大。长时间以来社会福利待遇和户籍制度是相联系的,社会保障制度均以城市为重心,农民仍然徘徊在社会福利的边缘,农民工也没有被纳入到城市社会保障的范围,户籍的存在使得农民在身份、社会地位和福利待遇上与城市居民存在着巨大的差异,可以说户籍制度仍是目前城乡社会福利差距产生的重要原因。

2014年国务院印发的《关于进一步推进户籍制度改革的意见》规定,要进一步调整户口迁移政策,统一城乡户口登记制度,全面实施居住证制度,加快建设和共享国家人口基础信息库,稳步推进义务教育、就业服务、基本养老、基本医疗卫生、住房保障等城镇基本公共服务覆盖全部常住人口。户籍制度改革的内容,是由传统的城乡分割的二元户籍制度改革为城乡统一的一元户籍制度,打破"农业人口"和"非农业人口"的户口界限,使公民获得统一的身份,使城镇外来人口真正享受到与城市居民同等的福利待遇,以真正发挥社会福利制度所具有的社会整合与团结社会的功能,为我国社会经济发展创造一个更加公平正义的社会环境。

二、转变政府职能走多元参与的发展道路

我国现有的社会福利制度是在我国长期实行高度集中的计划经济体制的基础上建立起来的,社会福利资源由政府控制并进行统一分配,福利供应模式相应的具

有高度集中的特点,但在市场经济体制下日益暴露出弊端,为消除现存社会福利制度的弊端就必须转变政府职能,变"办福利"为"管福利",使政府逐渐从社会福利的直接责任者向决策者和监督者转变,充分调动国家、社会、社区、个人的力量,建立多层次、多渠道的社会福利。在这一过程中,政府应起到主导作用,制定相应的社会福利政策法规,加强宏观管理,加大资金投入和政策扶持力度,进一步深化国有社会福利机构的改革。

现阶段我国推进城乡社会福利一体化,要努力构建家庭、社区和福利机构相结合的福利服务体系。首先,要巩固家庭的基础地位,在我国传统福利服务体系中,家庭有着不可替代的重要作用。我国属于典型的家庭式福利模式,尤其对于农村而言,家庭的福利作用能够更好地满足老人、病人等弱势群体的物质和精神需求。其次,要充分发挥社区的依托作用,对于城市居民而言,社会福利的实施离不开社区,要充分发挥社区在筹集福利资金和安排福利项目等方面的作用。通过社区,建立一批福利服务的设施,成立一批福利服务组织,组建一支福利服务队伍,动员社区单位参与社会福利事业,扩展社会福利内容,提供物质、精神、等多样化的社会福利服务,来满足社区居民的各种福利需求。最重要的是,要加强福利服务机构建设。在社会福利体系中,福利服务是一项不可或缺的福利项目。要加大福利服务机构建设力度,发展多种所有制形式的社会福利机构,通过拓展服务领域,完善服务功能,增加服务项目,提高服务质量,满足不同人群的社会福利需要。一方面,积极探索社会福利民营化,鼓励、扶持、吸引社会力量和民间资本进入社会福利事业,积极探索社会福利事业"公助民办"的政策,加大扶持力度,给予民办福利机构实实在在的支持。另一方面,还应重视发展和完善非营利机构,政府要给予非营利机构更多的政策和资源支持,努力扩展机构运作的资金来源和渠道,为广大居民提供所需的福利服务和公共服务。

三、实现由补缺型社会福利向适度普惠性社会福利转变

我国现有的社会福利制度属于典型的补缺型社会福利制度,是由政府为帮助特殊的社会群体、救助社会弱者而建立的主要是提供有限的福利给老年人、残疾人、孤儿等困难人群,以保证他们生存和受教育等权利。这种补缺型的社会福利制

度保障水平低,保障范围和对象也比较狭窄。我国之所以形成这种相对狭窄的补缺型社会福利保障制度,主要是新中国成立后,在很长一段时期内经济实力和综合国力一直处于十分薄弱的状态,人们无暇顾及更高层次的社会化保障事业,社会福利意识也比较落后。但是,随着我国经济的快速发展和人民生活水平的不断提高,人们对社会福利的需求也在变化,补缺型社会福利制度的不足也逐渐显现。党的十七大提出"加快推进以改善民生为重点的社会建设"之后,中央和地方明显加快了社会福利建设。2008年,我国民政部明确提出了我国社会福利由补缺型社会福利制度向适度普惠型社会福利制度转变的构想。

农村社会福利制度是我国社会福利制度的重要组成部分,在城乡二元分割的社会结构下,完善农村社会福利制度,推进农村社会福利制度由补缺型向适度普惠型转变,对于促进农村经济发展、改善农民生活、全面建成小康社会有着重要意义。城乡一体化社会福利意味着全民性社会福利,要求农民与城市居民享有同等的社会福利服务,把广大农民纳入社会福利的"安全网"之内,而不是仅限于保障国家机关工作人员和城镇企、事业单位人员获得社会福利待遇。此外,除了现有的基本养老、医疗保障以外,我国农村的社会福利还应该包括农村家庭最低收入保障、农村教育福利、农村失业及贫困补助等福利项目,为农村人口所面临的不断增多的社会风险提供良好的保护机制。

四、加强福利制度立法建设

十八届四中全会提出依法治国的理念,要求政府的行为必须有法可依。加强法制建设,提高社会福利制度的权威性,是保证社会福利制度顺利实施的重要条件。社会福利的制度化离不开社会立法的保障,无论是社会福利的享有者,还是社会福利的管理者、提供者,都需要有专门的法律法规来保障各方的权益,以保证社会福利事业的顺利发展。目前,与西方福利国家相比,我国社会福利的立法工作还相当滞后,需要我国在推进改革实践的同时加快社会福利的法制化进程,实现社会福利的法制化,使我国的社会福利制度真正成为体制、机制、法制健全的社会制度。

加强福利制度立法建设体现在以下几个方面。① 要加强社会福利法律制度立法。在立法保障上,应当首先制定社会福利基本权利法和各项单行福利法,将社会福利中的原则与方针、管理与协调、权利与义务、范围与标准、资金来源与运用等加以明确规定,在此基础上制定综合性的社会福利法,统一协调各社会福利法律法规的制定、执行,形成完备的社会福利法制体系。② 福利制度法制建设的过程应该涵盖立法、执法、监督等各个环节,加强立法基础工作的同时,建立监督制约机构,增强社会福利工作的透明度。③ 要建立与社会福利法律制度配套的其他法律制度。社会福利涉及社会生活的方方面面,因而单独的社会福利法律无法独立运行,需要多方面的配套制度来辅助实施。只有将社会福利法制建设与其他社会领域法制建设结合起来,我国社会福利法律制度才能更加完善。

五、建设一支高素质的专业社会工作人才队伍

培养社会福利专业人才,打造一支年轻化、专业化的社工队伍,是社会福利建设的重要保障。但是目前,各类社会福利机构中专业社会工作人员匮乏已经成为一个突出的问题,这其中有工作辛苦、工资待遇低、社会认可度不高等原因。作为社会福利建设主力军的社会工作人员,相比西方福利制国家,在我国的认可度很低,国内还没有建设专业社会工作人员队伍的意识与理念。在相关统计里,高校社会工作专业的毕业生几乎年年都是最难就业的,毕业后很少从事专业对口工作。

对此,国家应该出台有利于社会工作专业学生的就业政策,借鉴"大学生村官"这个平台,让更多高校的社会工作专业的毕业生可以进入农村、社区、慈善机构、儿童福利院等专业化的社会福利机构,发挥自己的专业特长,推进社会福利工作队伍专业化发展,并且逐渐改变人们对于社会工作者存在的错误观念。在积极为社会福利事业引进专业人才的同时,也要加强对现有社会福利机构工作人员的培训,弥补他们欠缺的专业知识,努力提高他们的业务能力和服务水平,让他们能够更好地运用自身的工作经验开展福利工作;此外,要实行社会工作的职业化,继续推行社会工作者资格认证制度,建立健全社会工作职业制度体系。

第八章 我国失地农民社会保障制度建设研究

众所周知,土地具有生产、储蓄、增值、信用担保和社会保障等功能。对农民来说,土地的重要性并不仅仅因为它能够提供食品让人生存;更为重要的是,土地是农民就业、养老的保障。对失地农民而言,现行的经济补偿机制是低水平、不全面的,难以满足所有的需求。近年来,"失地农民"已成为一个代名词,它指的是一个新出现的弱势群体,无保障的城市"边缘"人群。失地农民持有城市的"绿卡",却缺乏城市的社会和生活基础,缺乏在城市的谋生手段,缺乏城市的认可度,甚至在相当长一段时间不能适应城市的生活习惯,被排斥在真正的市民之外。他们生活在农民和市民之间,在社会保障等方面享受不到应有的待遇,成为中国最弱势的群体。大量的实证调查显示,这种补偿在结果上无法恢复被安置者以前的收入和生活水平。在大多数情况下,即便及时足额给付了经济补偿,失地农民在很长时间内仍会处于贫困状态。这就警示我们:现行的征地安置政策是一种普遍缺乏效用而且很容易被滥用的方法,不足以预防失地农民的贫困,必须加以调整和完善。因此,征地除了对直接产出进行补偿以外,还应该考虑农民的养老、就业和医疗效用等非生产性价值的补偿。然而,政府大量征地导致失地农民既痛失原先拥有土地所带来的社会保障权利,同时又无法享受与城市居民同等的社会保障权利,可以说目前我国农民失地所带来的相关问题已经非常严重,急需相应的、成体系的政策来加以应对。

随着我国工业化、城市化进程的加快,近年来征地规模不断扩大,失地农民每年以 200 多万的速度递增。在没有建立起一套完善的保障农民就业、生活、医疗、养老等保障体系之前,土地必将是"农民社会保障的载体"和农民"家庭最基本的经济基础"。因此,农民失去土地就意味着失去了最基本的生活保障,由此而引发出一系列严重的社会问题、经济问题。他们的生活、就业、子女教育等问题日益凸显,由于缺乏必要的政策支持和合理的社会保障,在失地农民中出现了大批"种田无地,就业无岗,社保无份"的"三无人员"。显然,解决失地农民社会保障问题是解决"三农"问题的题中应有之义,也是新型城镇化背景下我国城乡社会保障一体化建设的重要内容,其理论和现实意义均不可低估。

第一节 农民失地引发的社会问题

长期以来,我国城乡社会保障存在着严重的二元现象,我国城市实行的是高补贴、高就业的社会保障制度,即有了城市户口就可以享有就业机会及养老、医疗等一系列社会保险和粮食、副食品、住房等补贴,而农村实行的是以群众互助和国家救济为主体的社会保障制度,其保障水平明显低于城市。在城市化进程中,农村集体土地大量被征用,大量农民成为失地农民,并且将生活在相对陌生的城市里。要由农村意识转化为城市意识,由农民的生活、生产方式和行为转化为市民的生活、生产方式和行为,需要一个较长的磨合期和适应期。2015 年的最新数据显示我国有 1.12 亿失地农民[①],每年还要新增 200 多万人。随着国有企业和集体企业改革的不断深化,企业用工制度逐步市场化,地方政府对失地农民就业安置的渠道越来越少,采取货币化安置成为各地普遍的选择。由于文化、生活习惯等的差异,失地农民对城市生活不适应,大都会表现出对生活前景的彷徨、焦虑,甚至失去信心。同时,由于农民失去了土地这一生产资料,解决今后的生存、发展问题将成为矛盾的焦点,其结果必然会影响到社会的安定和发展。

一、失地导致农民失去了生活保障

农民失地意味着失去了最宝贵的家庭财富。土地不仅是一种重要的经济资源,还是一项重要的财产。农民失去土地自然也就失去了所拥有的土地财产权

---

① 专家:中国失地农民 1.12 亿,耕地保护迫在眉睫[EB/OL]. 中国证券网,(2015-11-21)[2016-08-24]. http://finance.ifeng.com/a/20151121/14083092_0.shtml.

利。现在的土地制度对农民来说,国家从法律层面上把土地的财产权赋予了农民,因而对于绝大多数农民而言,他们承包的土地应该是他们家庭中价值最高的一笔财产,他们失地就是失财,就是为城市化而损失最宝贵的一笔家庭财富。农民的土地具有三重功能:所有权功能,就业和发展功能以及保障功能。农地被征用后,以上的三种功能就发生了转移:① 土地的所有权从农村集体手中转移到了国家手中,农民也因此丧失了土地的使用权;② 农民的就业与发展从农业转移到了非农业,需要再创业、再就业;③ 农村的土地保障转向了社会保障。

我国作为一个发展中国家,农业现代化进程缓慢,农业先天弱质,农民增收困难,农村剩余劳动力转移有限,大部分地区农村社会保障尚属空白,即使一些省份建立了农村居民最低生活保障,也不过是杯水车薪。在此背景下,大部分农村的土地功能仍以保障生活为主。然而,大量的农民大规模地失去土地,这就意味着他们失去了基本的生存保障。据调查显示,上海、天津和辽宁三省市,被占耕地超过了原有耕地的 90%,人均减少量都超过了半亩。上海 91% 的失地农民已完全没有了土地,在其他各省,完全失地农户占总农户的比例也在 30%—70% 之间。

二、失地导致农民就业难

失业是失地农民面临的最大问题。农民失去土地后,客观上需要从农业转向其他行业。20 世纪 90 年代以后,各地普遍采取征地时一次性支付补偿金的做法,让被征地农民自谋职业。但由于失地农民文化素质和劳动技能偏低,在就业方面明显处于劣势地位,自谋职业困难。如果没有什么变故,农民不愿离开自己的土地。农民失去了土地就失去了最根本的就业岗位。许多农户在全部或大部分耕地失去后,希望从事非农经营,然而由于他们缺乏从事第二、三产业经营的技能和经验,同时又由于投资理财的知识和能力较为有限,面对变化莫测的市场,难以为土地补偿费寻求有效的增值渠道。另外,失地农民多处于集体经济和"瓦片经济"较发达的城乡结合部,再就业意愿也不强,而用人单位聘用成本却偏高。因此,农民失去土地后,也常常被其他行业拒之门外。例如,浙江省嘉善县魏塘镇失地农民,原来大都从事大棚瓜菜种植等效益农业,人均年收入在 6 500 元左右。土地被征用后,原有的种植特长得不到发挥,只能千方百计打短工或从事自己不擅长的工作,1

100 多名失地农民约有一半以上找不到工作,收入明显减少。

农民失去土地以后,其就业的渠道主要分为三个方面:一是农村内部,二是城市第二、三产业,三是失地农民自主创业。首先,农村内部的主要就业渠道是乡镇企业。乡镇企业成为吸纳失地农民就业的一个重要支撑点。但是,由于近年来乡镇企业发展速度出现下滑,经济效益持续不理想,使得失地农民就地就业出现了困难,大量地涌向城市。乡镇企业作为失地农民就业的"蓄水池"作用将会不断减弱。其次,由于乡镇企业吸纳失地农民就业的作用正在减弱,城市第二、三产业也成为失地农民就业的主要渠道,尤其是城市第三产业,服务业所需要的劳动技能较低,成为失地农民就业的首选方向。国家统计局对全国 2 942 个失地农户的调查表明,这些失地农户共有 7 187 名劳动力,其中征地时安置就业 197 人,仅约占劳动力总数的 2.7%;外出务工 1 784 人,约占 24.8%;经营第二、三产业 1 965 人,约占 27.3%;从事农业 1 807 人,约占 25.1%;赋闲在家 1 434 人,约占 20%。由于我国特殊的经济发展历史,如低工资、经济生活实物化、排斥市场机制等,第三产业发展十分不发达,在国民经济中所占的比重还比较低,这就意味着同样的一个岗位,失地农民必须面临着与其他谋职者的激烈竞争(目前,城市的就业压力不断加大,许多大学毕业生都已经降低了就业要求,有的学生甚至与普通的工人竞争,这进一步缩小了失地农民的就业空间)。再次,失地农民自主创业。失地农民在资金、技术、房屋等条件均具备的情况下,可以自办个体、民营企业,自谋生活出路。但是,自主创业对于失地农民来说带有很大的风险性,创办实业要求创业人员具有较高的素质,创业资金必须有充分的保证。然而,目前我国对失地农民的征地补偿比较低,资金的匮乏使得一部分失地农民最终放弃了发展副业和兴办企业的想法。因此,自主创业对于解决失地农民就业是有条件的,它只能解决极少数失地农民的就业问题。

三、失地导致农民生活水平下降

生活水平是指与人们的收入水平或消费水平相关的物质和精神生活的客观条件或环境,通常通过人们的衣、食、住、行以及健康、教育、文化、娱乐、社交等反映人们生活条件或环境的客观指标来进行测量与评估。土地被征用以后,失地农民的收入水平。失地农民生活水平下降主要表现在消费支出普遍上涨、家庭收入没有切实保障、失业情况大量存在、生活没有保障等方面。究其原因为补偿标准不合理、社会保障措施不力、就业服务不到位等。农民失去了土地也就失去了基本收入来源,虽然有一部分劳动力可以转换到第二、三产业,但由于就业不能得到保证,收入也呈现不稳定状态。而同时出现的问题是失地农民生活消费的支出却有所增加。有的失地农民对今后的生活缺乏长远打算,表现出没有办法改变现状和只能听天由命的低落情绪,有限的补偿费,很快就"坐吃山空"了。由于最低生活保障制度还不完善,失地农民大都没有参加社会养老保险和医疗保险,一旦补偿金用完了,基本生活费就没有了来源。这些都导致了农民生活水平的下降。

四、失地导致农村基层干群关系不良

在土地问题上,农村基层组织本应是农民利益和农村土地产权主体的代表,但在现实中,他们畏于上级的行政指令,不敢维护农民的利益,只能代表土地开发商的利益与农民讨价还价。同时,他们又受利益的驱使,乱占土地,搞了不少"政绩工程",侵犯了农民的利益。由此,失地农民对于自己耕种的土地被征用以后,自己所得无几,而农村基层组织和地方政府、开发商却大发其财,深感困惑。尤其是在城郊接合部,城乡差距反差大,心理反差更大,征地过程中干群的矛盾也就显性化的表现了出来。少数村干部的思想素质较差,办事不公道,把人民赋予的权力当作自己谋私利的工具;一些干部在决策时不民主、不科学、不按程序办事、不尊重群众意愿、不充分考虑群众利益,导致一些村的干群关系进一步恶化。

五、失地导致的其他影响

除了以上的影响外,一些失地农民同时也失去了住房,而购买开发商住房的价格远远超出安置费,为此增加了农民负担。一些生活困难的农民居住条件降低,甚至沦为"无房户"。还有的失地农民,在收入减少的情况下,还要为上学的子女交纳借读费、赞助费,等等。这又成为农民生活的额外负担。此外,有学者调查显示,失地农民心理健康问题严重。由于我国大多数地区的失地农民尚未被纳入城市的社会保障体系,失地农民在就业、住房、医疗、子女受教育等方面得不到与城市居民同

等的待遇，甚至还受到歧视。失地农民的年龄普遍偏大，文化程度偏低，在就业市场上处于弱势。他们种地无田，就业无岗，创业无钱，低保无份。现有的社会保障体系将他们排斥在城市生活之外，茫然而无助，更容易做出过激行为。根据调查数据，苏北地区有近一半的失地农民心理有异常，有四分之一的人认为自己的身体健康状况比前一年差，经常吸烟的人占 24.4%，经常喝酒的人占 16.0%。失地农民在从传统农民向新型农民转变过程中，由于受多种因素影响，他们在城市化过程中有明显的心理适应和社会适应困难，这也直接影响了城市化的进程。这部分人面临着自我价值危机、经济压力、心理压力等一系列问题，这些都不同程度地影响到他们的精神心理健康水平。

第二节　建立健全失地农民社会保障制度的必要性

中国现代化的进程就是中国城市化的过程，大批失地农民为了生计，游走于城市与农村的边缘，他们所带来的社会问题严重威胁着社会的安定、和谐与发展。为此，解决好农民失地问题不仅可以减轻国家的经济负担，而且对维护社会的安定、和谐及在一定程度上缓解粮食危机都具有重大意义。失地农民顾全国家利益，将赖以为生的土地让出，这本身就是对国家的贡献，但在现实的大众利益保障制度中，有些保障制度与失地农民无关，有些保障政策没有失地农民的份。城市居民的"低保"政策，即便是"农转城"的农民也不能享受。况且城市居民享受的"低保"政策，是由国家财政支持的，而对失地农民实施的社会保险，完全由农民自身和农村集体经济组织来承担，既不公平，也不合理。在农民失地问题上，国务院曾多次下达文件，采取了一系列保护失地农民合法权益的政策措施，这些政策与措施的实施，使失地农民的生活和就业状况有了一定程度的改善。但是这些政策措施面对不可逆转和停滞的城市化进程，其效果还是有限的，况且，解决好农民失地问题本身就是一项非常艰巨的事业。所以，农民失地问题目前仍是影响我国社会稳定和经济发展的重大隐患。在农村社会保障体系尚未健全的情况下，土地实际上既是农民的收入来源，又担负着农民最基本的生活保障功能。然而，一旦农民的土地被征用，农民便丧失了这个有形而长久的生活保障的承载体，生活风险极大地提高，这不仅有失社会公平,而且将影响社会稳定和经济的持续发展。城市化象征着社会的进步和发展,它是不可逆转和停滞的。农民失地问题也将是一个长期存在而无法回避的现实问题。因此,为了妥善解决失地农民的长远生计和发展问题,必须建立健全失地农民的社会保障制度。

一、建立健全失地农民社会保障制度是实现社会稳定的根本要求

我国人口众多,其中80％为农民,农民是否安居乐业、农村是否稳定,直接关系到整个国家是否稳定。因此适应社会主义市场经济发展的要求,改革原有的农村社会保障制度,让农民老有所养,病有所医,遇到灾害有最低生活保障等,有助于缓解社会矛盾,是稳定农村乃至稳定全国的需要。

土地是农民工作和生活的重要场所和生存基础。拥有土地是农民与社会其他人群相区别的一个重要特征。土地是农民最基本、最可靠的收入来源,是家庭保障最基本的经济基础。要让农民完全放弃土地的承包经营权,就应该保证农民得到的经济补偿不低于耕种土地的收益,这里的收益不仅要包括土地自身的产出,还应该包括土地为农民提供的养老、失业保障的利益。这是农民土地承包经营权在经济上的实现方式,也是保障失地农民利益的底线。但是在实践中,存在着土地征地权滥用、征地补偿安置不合理等诸多问题,许多农民失去土地后,出现了"生活难、就业难、入保难"等困境。近年来,因征地引发的矛盾不断增加,失地农民与政府的冲突事件时常发生,有的地方甚至还出现村民因征地闹事并围攻征地工作人员和政府部门的事件,导致干群关系恶化。据不完全统计,目前全国各地群众上访案件中涉及土地问题的占将近40％,而其中60％左右是涉及征地的案件。因此,我们必须从经济发展的长远角度研究失地农民的保障问题,从政府部门工作的角度统筹安排。失地农民的就业和社会保障工作是一项系统工程,政策性强、涉及面广,对社会稳定的影响力大,不是少数部门的工作任务。各级各部门要高度重视,通力合作,建立健全失地农民社会保障的组织领导机制,做到职责分工、责任到人。为失地农民提供长远的生活保障,构建失地农民的社会保障制度,将有利于维护社会稳定,创建和谐社会。

二、建立健全失地农民社会保障制度有利于统筹城乡社会发展

长期以来,我国实行的是二元化的经济结构,城乡差别很大,这不仅体现在经济、文化、观念等方面,在社会保障待遇方面的差别也很大。在城乡二元经济结构体制下,失地农民遭受的歧视更为严重,其合法权益得不到应有的保障和满足。失地农民失地后进城就业、安家落户、享有社会保障权,既是一种自发的城市化进程,也是社会发展的必然要求。然而,实际上失地农民在二元经济结构体制下,他们在政治上并没有平等参与权,经济上无法形成有组织的力量,政策上成为被动的接受者,就业上缺少自由流动权,社会保障和国家福利方面处于自然无助状态。国家的社会保障主要围绕城镇职工而设置,城市居民享有养老保险等一系列社会保障待遇,而广大农民几乎与国家的社会保障无缘,主要依靠家庭保障,辅之以集体保障以及很少的国家保障。虽然这一情况的出现有其特殊的历史原因,但是当我国的工业基础初步奠定以后,却没有及时调整政策,而是继续推行原来的政策,其结果自然产生了巨大的负面效应。从居民的收入情况来看,我国城乡居民的差距呈明显的扩大趋势,不但其绝对差距扩大,而且相对倍数也在扩大。与此同时,城乡之间的社会保障水平的差距也逐渐扩大。

鉴于我国经济发展现状和历史遗留问题等,目前把农民全部涵盖于社会保障制度框架之内,实行与城市居民同等的社会保障待遇还不具有现实性。因此,目前理性的选择是切实解决失地农民的现实问题,让他们能够从土地的增值和城市的发展中获得群体性的利益。失地农民,尤其是尚未就业的失地农民,是一个介于农民与城市居民的特殊的中间群体。其特殊性在于他们既丧失了赖以生存的土地,不具备传统意义上的农民身份,但同时又没有完全融入城市并享有城市居民应有的一切权利。有些农村地方对失地农民采取就业安置的办法,然而,受我国产业结构调整的影响,企业普遍不景气,城镇下岗失业人员增多,就业竞争激烈。原有取得工作的失地农民也随着企业倒闭失业在家,生活无着落。有些地方对失地农民采取一次性补偿到位的办法,但一些农民除了种地别无他长,无力就业,只能"坐吃山空"。还有一些地方将失地农民补偿费用于发展企业,但地方企业经营不善或倒闭后,无力支付被征地农民的生活费用,被征地农民生活便出现困难。所以,要实现公平的社会

保障制度、体现城乡居民的平等权,就必须为失地农民提供适当水平的社会保障,同时与城市现有的社会保障制度保持兼容性,为今后城乡社会保障制度的融合和"接轨"奠定基础。

三、建立健全失地农民社会保障制度是替代土地保障功能的合理选择

土地既是农业最基本的生产要素,也是农民生存和发展的重要保障,即土地是农民的就业保障、生活保障、医疗保障和养老保障的可靠依托。农民的土地被征用,不仅意味着农民丧失了农业生产的基本资料,也丧失了能够提供社会保障的基本财产。土地被征用后,农民成了城镇居民,各地政府虽然出台了《被征地农民基本生活保障办法》,但补偿标准较低;城镇居民和农民基本医疗保障也很难解决。目前,我国各地征地补偿方式主要有货币补偿、留地安置、招工安置等,这些作为替代农民土地保障功能的各种安置方式,实际上并不能完全发挥替代土地保障功能的作用。如前所述,每种补偿方式都各有特点,也有各自的局限性。比如,货币补偿只是一种临时生活指向性的安排而非长远就业指向性的安排。在农民因征地而失去土地保障权利后,尽管国家依法给予了安置补助费、青苗费等补偿费用,但是现行的补偿标准太低,而且大都采用单一的货币安置方式,难以保障农民今后的生活需要。此外,土地征用补偿费在被征地集体经济组织和农民之间分配不尽合理,使用管理较为混乱,缺少监督机制,失地农民的利益往往会遭到损失;招工安置已经不适应用工单位市场化改革方向;留地安置一般只适宜在那些留地所隐含的价值能够承载起失地农民长期生活保障的地区才能适用。因此,只有社会保障方式适应不同地区、不同类型人群,才可以保障全部失地农民的利益。

四、建立健全失地农民社会保障制度是控制人口增长的必然选择

控制人口,是我国实现现代化必不可少的重要条件。到21世纪中期,我国人口增长将达到高峰,庞大的人口使我国相对贫乏的自然资源面临超负荷的危机。改革开放三十多年来,我国在控制人口数量方面取得了显著成效,遏制了人口快速增长的势头,但一系列问题也随之产生,比如计划生育在农村实施不顺引发矛盾、计划生育的实施带来老龄化现象等。计划生育是我国的一项基本国策,必须长期

坚持下去。计划生育奖励与社会保障工作是随着计划生育事业的发展而逐步开展起来的,对遏制我国人口过快增长,促进计划生育工作发展,起到了十分重要的作用。然而,当前计划生育难点在农村,失控也在农村。我国人口多,主要是农村人口多,在农村推行计划生育,必须相应解决农村的养老、医疗方面的保障问题。鉴于我国人口基数大,并且以农民为主的现状,计划生育在我国的发展历程在农村的体现较为明显。因体制和传统观念等各方面的影响,计划生育在农村的实行有很大难度,并且计划生育实施的好坏直接影响到了下一代人的素质,并间接影响到农村基层教育的实施。"养儿防老"的传统观念在中国广大劳动人民尤其是相对偏远地区的农民心中早已根深蒂固,因而容易陷入多生孩子——无经济来源支撑他们读书——文化素质低——缺乏宽广眼界——继续多生孩子这样的恶性循环。目前农业劳动者只能依靠家庭保障,其家庭人均收入低,而多一个子女就意味着多一份保障,这直接刺激了多生多育。加上其他因素,农村人口控制一直就比城市难。计划生育是一项非常特殊的工作,因为其触动的是老百姓最敏感的神经——养儿防老的意愿。通过建立农村社会保障制度,使农村居民的养老、医疗走向社会化,保证农民"老有所养"、"病有所医"、"贫有所扶"、"残有所助",解除农民的后顾之忧,只有这样,计划生育国策才能够在农村顺利推行。

第三节 推进失地农民社会保障制度建设的对策

加快建立覆盖城乡居民的社会保障体系,保障人民基本生活,是中共十七大提出的明确要求。贯彻广覆盖、保基本、多层次、可持续原则,加快健全农村社会保障体系,是中共十七届三中全会提出的明确要求。完善的社会保障制度具有互助共济和收入支持等功能,是落实城乡统筹发展的重要途径,对维护社会稳定具有重要作用。在当前应对金融危机的过程中,健全完善的农村社会保障体系,也是刺激农村消费、扩大内需、拉动经济增长的重要举措。建立健全失地农民社会保障制度,是落实党的十八届三中、四中、五中全会精神的具体体现,总的要求是农民失地不失业、不失岗、不失利。要区别不同年龄段,建立相应的社会保障机制,确保"老有所养、病有所医、业有所从"。老有所养,是指老年的失地农民有稳定的生活来源;

病有所医,是指大病时医疗能够得到基本保证;业有所从,是指年轻的失地农民有一个较为稳定的职业,不当无所事事、游手好闲的游民。因此,为了保护失地农民的权益,使他们在基本生活得到保障的基础上逐步富裕起来,必须推进失地农民社会保障制度的建设,这是现阶段迫切需要解决的问题。

一、建立失地农民最低生活保障制度

2006年12月23日,中央农村工作会议上明确提出,2007年将积极探索建立覆盖城乡居民的社会保障体系,在全国范围建立农村最低生活保障制度,妥善解决广大农村困难群众的最低生活保障。最低生活保障是保障那些生活水平一时或长久地低于国家发布的最低生活保障水平的人群。最低生活保障制度是社会保障制度的重要内容,是公民的生存权得到保障的重要体现,也是宪法所规定的"物质帮助权"的必然要求。为了保障全体公民的基本生存权利,世界上绝大多数国家都在实行最低生活保障制度。最低生活保障制度作为一种解决贫困问题的社会救助制度,是现代国家社会保障制度中必不可少的组成部分,是社会保障制度中最后一道"安全网"。

建立最低生活保障制度是尽快健全农村社会保障制度的关键所在。相对于农村养老保险和医疗保险都必须具备一定的社会经济条件,即农民只有在温饱问题解决后才有可能投保参加的情况,农村最低生活保障制度是对农村全体社会成员的最低生活的保障,不仅东部经济发达地区需要,西部经济欠发达地区更需要。在整个农村社会保障体系中,唯有农村最低生活保障制度较之其他制度能直接、及时、最大限度地解决广大农民群众的生活困难问题。因此,尽管农村社会保障制度是项系统工程,各项制度都很重要且都需建立起来,但相比而言,建立农村最低生活保障制度却是重中之重。

从理论上讲,最低生活保障覆盖的范围应该是一个国家的全体公民。然而实际上,由于经济发展水平和地方财政支持能力的不同,目前还不能在所有农村都建立相同标准的低保制度。最低生活保障是由地方财政负担的保证居民维持最低生活标准的保障,因此其享受人员控制在一定的范围之内。1999年国务院颁布的《城市居民最低生活保障条例》中规定:"城市居民最低生活保障制度的保障对象是

家庭人均收入低于当地最低生活保障标准的持有非农业户口的城市居民。"按照这一规定，一般农民和失地农民都不能享受最低生活保障。但是，面对当今失地农民生活贫困的现状，必须尽可能创造条件，因地制宜，将部分或全部失地农民纳入城镇低保范围。正如《国务院关于推进社会主义新农村建设的若干意见》中所指出的："有条件的地方，要积极探索建立农村最低生活保障制度。"它主要包括以下几个方面的内容。

1. 合理界定保障对象

农民失去土地后，应该说不再是普通意义上的农民，但又不同于城市居民，成为边缘群体。他们既不享有土地的保障，也不享有城市居民那样的社会保障，处于社会保障的真空地带。他们一般自身文化低，缺乏专业技能，就业比较困难，家庭收入不稳定，依托家庭保障模式越来越受到冲击。许多家庭靠征地补偿款维持生计，过几年补偿款"吃"完了，生活也就没有保障了。这里需要明确的是，失地农民基本生活保障对象不是全体失地农民，而是失地农民中基本生活没有保障的那部分人。从西方发达国家社会保障发展的经验来看，普遍式的社会福利不仅是社会惰性的温床，而且会产生许多漏洞和不良后果，造成社会效率的降低，使社会保障失去原有的意义。因此，我们这里所指的社会基本生活有困难的失地农民多数是失地农民中年龄比较大、体力比较弱的农民，大体上包括：因缺少劳动力的低收入家庭；因灾难、大病及残疾致贫的家庭；无劳动能力、无生活来源及无法定抚养人的老年人、未成年人和残疾人等。根据有关资料统计，江苏这种基本生活有困难的失地农民，苏南大约占5%—10%，苏中大约占15%，苏北占20%左右。政府所要给予基本生活保障的就是这部分失地农民。只要符合条件，就不得因失地农民曾经获得高额的土地征用补偿费而将其排除在外。征地补偿和失地农民生活保障工作情况比较复杂，政策性很强。目前被征地农民生活保障机制还处在试行阶段，有些条款要在试运行的过程中不断改进和完善。浙江省劳动保障厅、国土资源厅、财政厅、民政厅、农业厅五部门联合下发了《关于建立被征地农民基本生活保障制度的指导意见》，该《意见》规定享受失地农民基本生活保障制度的对象，为被征地时登记在册的农业人口。具体保障人员的落实，须经村集体经济组织或村民代表大会讨论，经乡镇政府核准后确定。在实际操作中，保障对象不是全部失地农民，而是失地农民中基本生活无保障的人员。对于那些不依靠土地作为收入来源且职业比较稳定的失地农民,他们要的是本该属于他们的土地权益,而不是基本生活保障。只有那些无法再就业,基本生活有困难的失地农民,才需要政府给予基本生活保障。

2. 科学确定最低生活保障线标准

农村最低生活保障线的确定必须兼顾公平与效率,不可过低,过低就不能保证农村贫困人口基本的生存需要,从而不能体现公平原则的要求,影响农村乃至全国的稳定;但也不能过高,过高会导致政府不堪重负,而且还会使救助对象形成"依赖"心理,从而不能体现效率原则的要求,影响农村经济的发展。要在需要和可能之间确定合适的水准,既不能超前,也不能滞后。要从维持基本生活的物质需要、当地人均国民生产总值和人均纯收入、地方财政和乡镇集体的承受能力等多方面来考虑,在此基础上确定一个较为科学的标准。最低生活标准在不同的地区之间可以存在差异。因此,各农村地方有关部门要在当地政府的统一部署下,分工负责,密切配合,对农村贫困户以家庭为单位,分门别类,开展专项调查。在摸清情况的基础上,结合本地区的实际情况,合理确定保障标准。保障标准要与毗邻地区相衔接,差距不宜过大,不搞攀比,并随经济发展、人均收入水平和物价变动情况,适时进行调整。

3. 确立多渠道的资金筹集机制

目前我国社会保障体系建设过程中存在的最大问题是资金短缺,导致政府在社会保障职能上的缺位。设立社会保障基金是各国社会保障制度的通行做法,设立失地农民社会保障基金有助于降低他们面临的风险,促进社会的稳定发展。但是我国目前还处于社会主义初级阶段,经济发展水平低,资金短缺,由国家财政全部负担失地农民社会保障是不现实的。如何解决失地农民社会保障基金的来源便是问题的关键。很多地方反映现行征地补偿标准低,不足以支付被征地农民社会保障费用。有些地方反映,土地补偿费和安置补助费仅相当于当地城镇职工1.2年的平均工资和农民5年的人均纯收入。农村社会保障水平还比较低,城乡差距大。在农村低保方面,有的还没有做到应保尽保。建议将建立全国统一的城乡居民基本养老保险制度作为投入的重点,较大幅度地增加中央和地方财政投入。

在当前经济结构调整和供给侧结构性改革过程中,更要加大投入力度。要合理确定中央和地方财政分担比例,中央财政投入主要向中西部地区倾斜。在重点推动农村社会养老保险的同时,视财力状况逐步提高农村最低生活保障、农村五保供养、农村社会福利的保障水平。目前很多地方在最低生活保障标准确定后,建立最低生活保障制度所需资金,按财政分灶吃饭、分级负责的原则,由当地政府自行筹集解决。为了弥补这种缺位,政府在努力集中财政资金的同时,也希望能够调集一些社会资金来共同建设社会保障体系,由此形成了我国社会保障体系建设的一个总原则:政府出一点,集体出一点,个人也要出一点,调动一切可以调动的力量。有学者提出,失地农民社会保障基金可按国家、集体、市场征地主体及个人"四个一点"的办法来筹集:政府从经营土地收益中拿出一点;有关集体经济组织出资补贴一点;各类征地主体无论是进行何种用途的土地征用,均应在土地收益中留出一块作为农民失地后的社会保障资金,并专户储存、专门机构管理;引导农民在土地补偿中拿出部分资金,购买基本医疗和养老保险。此外,也可接受社会各界及慈善机构的捐赠等。

我国失地农民最低生活保障资金由地方政府、集体和个人共同负担,其中政府出资部分不低于保障资金总额的30%,从土地出让金收入中列支;集体补助部分不低于保障资金总额的40%,从土地补偿费中列支;个人承担部分从安置补助费中提取。如浙江台州路桥区的做法是:保障资金在政府人均补助1.5万元的基础上,实行政府、集体、个人共同负担,并且其中政府再承担30%。对于保障资金的使用,实行收支两条线和财政专户管理,单独建账,专款专用,不得转借、挪用或截留、挤占。江苏海门的做法简便易行,将失地农民按年龄分成四档:第一档男60周岁以上、女55周岁以上,发红色证书,每月凭证领取基本生活保障金140元;第二档男46—60周岁、女41—55周岁,发蓝色证书,每月凭证领取基本生活补助费110元;第三档男18—45周岁、女18—40周岁,发绿色证书,每月凭证领取基本生活补贴费40元;第四档18周岁以下,发黄色证书,目前暂不发补助费,由父母扶养,待达到补助年龄时再发放。随年龄自然增长升档时,则换卡调整补助标准。残疾人一律进入最高档。

二、建立失地农民社会养老保障制度

我国的农村社会保障体系是以农民社会养老保险、失地农民社会保障、农民工社会保障、农村低保、农村社会救助(包括农村灾害救助)、五保户供养、农村社会福利事业和新型农村合作医疗等为基础的制度体系。其中农村社会养老保险是国家保障全体农民老年基本生活的制度,是政府的一项重要政策。早在1991年我国就开始推行现在被称为"旧农保"的农村养老保险制度,但由于管理措施和配套政策不完善等原因,试点出现了停滞现象。从2003年开始,各地不同程度地开展了新型农村养老保险试点,到2007年底,全国已有31个省市区的近2 000个县(市、区、旗)的5 000多万农民参保,积累保险基金300多亿元。2008年6月24日,国务院召开常务会议研究决定,2009年在全国10%的县(市、区)开展新型农村社会养老保险试点,逐步建立"保基本、广覆盖、有弹性、能转移、可持续"的新型农保制度。在此之前,广东、山西、山东、贵州等地选择部分县市开展了新农保试点,分别从解决推广地区平衡、缴费标准、衔接转换、老人参保等问题入手,探索出了具有实践意义的新经验和新做法。从1991年试点到2009年,全国参加农村养老保险共6 000万人,然而其中有地方政府补贴的仅有1 000万人。建立农民社会养老保障制度,是完善我国农村社会保障制度和农村经济体制改革的呼唤。全国农村养老保险待遇水平约为月人均80元,不到城镇职工养老保险待遇的十分之一。湖南全省农保养老金月人均仅15元。山东省2008年城市低保人均月补差138元,而农村低保人均月补差为50元。广东省2013年人均每月低保补差,城镇为242元,农村为109元。整体上来看呈现出逐步提升的发展势头。

按照党的十八大精神和十八届三中全会关于整合城乡居民基本养老保险制度的要求,依据《中华人民共和国社会保险法》有关规定,在总结新型农村社会养老保险(以下简称新农保)和城镇居民社会养老保险(以下简称城居保)试点经验的基础上,2014年2月21日,国务院颁布《关于建立统一的城乡居民基本养老保险制度的意见》(国发〔2014〕8号),决定新型农村社会养老保险制度与城镇居民社会养老保险制度合并实施,建立全国统一的城乡居民基本养老保险制度,将现有新农保、城居保有机整合,达到制度名称、政策标准、管理服务及信息系统四个方面的统一,将失地农民养老保险统一纳入城乡居民基本养老保险的范畴。

目前,我国农村实行的仍然是以家庭养老为主,以集体养老、社会养老、土地养老等方式为辅的养老保障制度。世世代代以土地为谋生手段的农民,主要依靠子女进行家庭养老,国家基本上不承担对农民的养老保障责任。"养儿防老"已成为中国传统农民根深蒂固的观念。以家庭养老为主的养老保障方式贯穿于整个历史发展的过程中,有着深厚的经济、社会、文化、心理基础。据统计,目前农村靠家庭养老的老年人约占总老年人数的92%以上。具体形式主要包括:老年人靠自己的劳动和以往收入的积累来自养、靠子女供养、配偶供养和其他直系或非直系亲属供养。然而,随着急剧的社会变迁与经济的快速发展,家庭养老逐渐失去了存在的根基,这种以土地为基础的依赖家人的养老模式,给失地农民的养老带来很大的风险。因此,必须把失地农民养老保障制度的建设作为当前失地农民社会保障制度建设的重点。

1. 加强社区和社会对农村人口的养老支持,从家庭外部缓解养老压力

在鼓励农村老年人经济独立、减轻家庭养老负担的前提下,源自社区和社会等家庭外部的力量应该发挥更大的作用,为目前缺少这一外部支持的农村人口多上一道保险。尽管传统的家庭养老在未来很长时期内都会在农村发挥主渠道的作用,但养老的社会化趋势也不可阻挡。① 马克思历史唯物主义认为,随着人类由农业社会向工业社会和后工业社会的进化,家庭赡养功能就慢慢脱离家庭而社会化。② 养老的社会化趋势是对人的一种解放,就老年父母而言,社会化养老方式的介入能够使他们摆脱对子女在经济上以及生活上的依赖;就子女而言,减少了力不从心的烦恼和"上有老,下有小"的生活重负及经济压力,有助于提高其对父母在其他方面的赡养能力。

(1) 社区对农村人口的养老支持

社区是除去家庭之外,人们与之交往最为密切的场所,尤其对于农村人口,由于其社区的特殊性——血缘、亲缘、地缘与业缘为一体的村落,人们能够获得的社区养老支持相对更容易。社区对农村人口的养老支持主要体现在逐步发展社区服务事业。社区可以开展一定范围的社区内养老支持活动:在农忙时节,可以通过为老年人多的家庭提供劳务支持、开办"日托所"的方式,减轻家庭负担、弥补子女由

于时间和精力不足所带来的缺憾;通过兴办集体养老院、老年人俱乐部等方式,给老年人提供精神慰藉,解决农民的"老有所养"、"老有所乐"问题。我们调研的江苏省盐城市阜宁县新沟村,近年来就先后采取多种措施,建设农村养老所,为农村孤寡老人提供一定程度的养老服务。目前,农村社区正在社会化服务方面做出积极的探索,而且随着农村经济的发展和小城镇建设步伐的加快,农村社区服务事业会进一步发展,这必将促进农村养老方式逐步向社会化养老的趋势发展。

(2) 国家和社会对农村人口的养老支持

国家对农村地区的养老支持主要体现在逐步建立和完善城乡一体化的社会养老保险制度。公共财政要全过程支持农村社会养老保险制度建设,降低农民参保门槛,提高保障水平。国家财政要加大对工作体系的投入,农村社会养老保险治理机构不再提取治理服务费,人员和工作经费应列入同级财政预算,尽快解决原制度从保险费中提取治理费用于人员和工作经费的问题。例如,自 2007 年起,江西将失地农民养老保险工作纳入了省政府民生工程目标考核体系,由省财政每年安排 1 亿元资金支持各地失地农民养老保险工作。目前已有 73 个县(市、区)出台了失地农民社会保障办法并开展了试点。截至 2010 年 3 月,江西省全省参加失地农民养老保险的人员达 25 万多,累计发放养老金 2.33 亿元。同时要以多种方式建立农民参保补贴制度。面向农民的筹资,要降低门槛,坚持政府组织引导和农民自愿相结合,以政府投资为主,低水平起步,建立农民的最基本养老保障制度。虽然我国农村地区社会养老保险制度的建立与推广存在颇多坎坷,但仍要继续坚持不断地推行,因为在农村地区建立社会养老保险制度,不仅能够解决农民的养老问题,而且会逐步改变实行了数千年的家庭养老方式,从而改变人们的家庭观念和生育观念。

当前,我国农村社会养老保险实行的"个人缴费为主、集体补助为辅、国家予以扶持"的筹集方式,在很多地区尤其是西部欠发达地区很难操作,绝大多数农民得不到任何补贴,农村社会养老保险实则变成了一种在政策引导下的农民个人自愿性储蓄,而且保障水平较低,无法起到社会互助的作用,农村人口的养老只能依靠"养儿防老",结果"高出生率—低收入—高出生率"的怪圈很难突破。因此在农村地区建立与推广养老保险制度应该考虑我国农村区域经济的发展严重不平衡、农民的就业方式和收入保障存在很大差异等实际情况,在保障方式上坚持广泛覆盖、区别对待的原则,在筹资上坚持低标准进入、多种渠道共同负担的原则。地方政府从地方财政的预算中列支出适当部分作为农民的基本养老金,设立农民养老金账户;各级农村集体经济组织从积累基金中,抽出一部分作为农民的养老基金;农民本人也应树立起自身养老观念,从自己的收入中节余一部分费用,与政府的基本养老金、集体的养老基金共同构成农民的养老基金并设立专门的养老金账户。

我国农村人口养老问题是关系国家和社会稳定与发展的大事,也是国家、社会、家庭与个人的共同责任。由于我国农村老年人口的分布不均、农村老龄化趋势严重、农村区域经济的发展严重不平衡、农民的就业方式和收入保障存在很大差异等方面的原因,在近期内建立覆盖城乡的一元化养老保障体制缺乏可行性。同时,我国农村老年人口的家庭保障面临严峻的挑战,土地保障功能逐步弱化,完全依靠家庭养老的农村人口养老保障方式缺乏操作性。因此,要解决我国农村人口的养老问题,只能从我国农村的实际经济情况出发,充分发挥各方面的积极性,政府、家庭、个人、社会共同发挥作用,坚持走家庭养老和社会养老相结合的养老保障之路,构建一个多元化、多层次的农村养老保障体系,满足广大农村老年人日益增长的物质和文化生活需要,让农村老年人共享经济社会发展的成果,逐步建立起城乡一体化的社会养老保险制度。"广覆盖、低水平"就是要使失地农民养老保险惠及尽可能多的失地农民,但由于失地农民自身的投保能力和国家财政补贴能力有限,只能给他们提供较低水平的、能够保证其基本生活的养老保障。这种模式的优点在于既考虑了当前国家财政负担能力,又考虑了失地农民缴纳养老保险费的能力,有利于使更多的失地农民享受养老保险。但在实际操作中必须把握好"低"的限度。"多层次"就是要针对失地农民的不同情况,制定不同的缴费标准和享受标准。针对我国失地农民养老保障,应考虑以下几个问题。

第一,合理界定养老保障的对象。对于已经就业的失地农民,应当归入城镇职工养老保障制度;对尚未就业的失地农民应该建立有别于城镇的养老保障模式。养老保障的重点对象是:劳动年龄段内和已达到养老年龄线(男60周岁,女50周岁)的失地农民。

第二,养老保障资金的筹集和缴纳。由于目前我国农村经济发展水平较低,单靠国家财政拨款或农民自行负担都行不通,必须通过多渠道的资金筹集方式来解决问题。

失地农民基本养老保障金由个人账户部分和社会统筹部分组成,个人账户部分资金主要来源于被征地单位的征地补偿费和集体资金,地方政府根据集体的经济实力确定集体与个人的出资比例;社会统筹部分由政府按照最低缴费标准的百分比给予专项财政补贴,这部分作为调剂之用。对于超过劳动年龄和丧失劳动力的人,在一次性交足保险金额后,可以直接实行养老保障。而对于在劳动年龄之内的失地农民,在没有就业之前,由地方政府安排一定年限的就业过渡金,征地补偿费出一小部分,集体和政府按一定的比例出大部分。就业后转为城镇职工基本养老保险,其个人账户资金按实际转移,交费年限按城镇职工和失地农民交费时的比例折算,也可以采取补缴的办法,补足差额和规定的利息后,缴费年限按实计算。

具体来说,养老保障资金的筹集渠道包括:一是政府承担的部分可以从每年年度财政或从土地使用权出让金中按比例列支,一次性足额转入当地财政部门开设的社会保障基金专用账户中,抄送到劳动保障、民政等部门;二是村集体承担部分可以由征地部门根据失地农民的名单,将需要支付的各项保障费用直接从土地补偿费中划拨出来,一次性转入劳动保障部门;三是个人承担部分可以从征地的安置补助费中列支,同时鼓励失地农民自愿缴纳养老保障费,既可以预交、补交,又可以按月、按季、按年度缴纳。如,江苏省吴江市规定,新被征地农民以2万元安置补偿费参保,到了养老年龄每月凭证可以领取220元生活保障金;2004年前已被征地的农民以当初所得安置补偿款参保,到龄后每月同样领取220元生活保障金;以零缴费形式参保者视当初补偿标准,到龄后每月领取180元或200元生活保障金。根据2015年《苏州市吴江区征地补偿和被征地农民社会保障实施细则》的规定,被征地农民社会保障资金财政专户由被征地农民社会保障个人分账户(以下简称个人分账户)和统筹账户组成。个人分账户的资金按不低于我区上年度农民人均纯收入20%(按月折算)的1.1倍乘以139计算。被征地农民社会保障资金财政专户出现缺口,由区、镇两级财政按比例承担。

这里需要指出的是,有些地方个人缴费比例过高,超过了农民的实际承受能力。农民失地后,一方面,由于非农就业技能缺乏无力就业等因素使收入水平下降;另一方面,由于粮食、蔬菜等自给条件丧失,生活支出普遍上升。失地农民的缴费能力极为有限。不少地方在设计失地农民缴费比例时认为个人负担部分可从安置补助费支付,但现行征地补偿标准普遍偏低,不足以支付养老保险费用。因此,各地在确定个人缴费比例时应充分考虑失地农民的现实,使他们不致因负担过高而无力投保。

2. 各地在城乡社会保障制度有效衔接方面进行了积极探索

按照党的十七届三中全会提出的创造条件探索城乡养老保险制度有效衔接办法的精神,有的经济条件较好的地方,对此进行了大胆探索。例如,北京市制定了新型农村社会养老保险试行办法,2008年出台了城乡居民养老保险办法,从2008年11月开始实行城乡社会养老制度的统一,打破城乡户籍界限,实现了城乡居民养老保障制度的统一。城乡居民养老保险缴费、待遇一致,制度可以有效衔接,农民转为城镇居民参加城镇职工养老保险的,农保缴费年限可按城镇职工养老保险缴费折算。参加城镇职工养老保险的农民工到达领取年龄时不符合按月领取条件的,可按一次性待遇政策,将资金转入农保机构,建立个人账户,享受农保待遇。农民工加入城镇职工养老保险履行了与城镇职工同等义务的,退休时可以享受同等权利。天津市一些区县也在探索农民养老保险、农民工社会保障、失地农民社会保障的城乡接续办法。江苏城乡社会保障制度并轨主要包含两个层面。一是城乡医疗保险并轨的政策设计。江苏在2009年12月15日颁布了《关于加快推进基本医疗保障制度建设的意见》,规定要按照城乡统筹发展的目标,做好职工医保、居民医保、新农合和医疗救助制度之间的协调和衔接,逐步缩小在政策规定、支付标准、管理服务等之间的差距,促进各制度覆盖人群、保障内容、筹资标准、待遇水平等方面的有效衔接。二是城乡养老保险并轨的政策设计。江苏在2010年2月8日颁布了《关于全省新型农村社会养老保险信息系统建设工作的意见》,其中规定在信息系统统一建设中,应建立与之相适应的统一管理体系:在业务上,要建立全省"自上而下"的需求管理体系,规范业务经办流程和需求;在数据上,要建立全省标准统一的集中式生产数据库。在上述探索和经验积累的基础上,2014年2月21日,国务院决定建立全国统一的城乡居民基本养老保险制度,将现有新农保、城居保有机整合,将失地农民养老保险统一纳入城乡居民基本养老保险的范畴,进入失地农民养老保险的新阶段。

三、建立失地农民医疗保障制度

由于制度缺失,失地农民客观上已成为推进城乡医疗保险统筹发展、缩小城乡医疗保险差距和改善城乡医疗公平性的主要载体。目前,我国农村的医疗保险主要有合作医疗、医疗保险、统筹解决住院费及预防保健合同等多种形式,其中合作医疗最普遍。农村合作医疗制度是由政府支持、农民群众与农村经济组织共同筹资、在医疗上实行互助互济的一种有医疗保险性质的农村健康保障制度。从2006年起,中央和地方财政不断增加投入,加强以乡镇卫生院为重点的农村卫生基础设施建设,健全农村三级医疗卫生服务和医疗救助体系。现阶段,我国各地农村经济发展很不平衡,差异较大。哈佛大学公共卫生学院经济学教授萧庆伦曾经说过,中国农村也可以划分为三个世界:沿海地区发达的农村是第一世界,中部农村地区是第二世界,低收入的贫困地区农村是第三世界。在这"三个世界"中,医疗卫生状况和农民的需求是有差别的。第一世界医疗卫生条件接近城市,农村村民收入较高,支付能力和需求较强;第二世界缺医而不少药,缺医主要是缺高质量、高水平的医疗服务;第三世界缺医又少药,农民有病无钱医治。近年来,由于种种原因,医疗费用不断攀升,一般农民根本无法承受,失地农民更是如此。因此,建立失地农民的医疗保障制度也是非常紧迫的一项任务。由于我国绝大多数农村经济发展水平不高,还不具备把所有失地农民的医疗保障都纳入社会医疗保障制度之内的条件。各地应当坚持因地制宜的原则,从本地的经济发展实力和地方财政能力出发,建立多形式、多层次的医疗保障制度。

1. 建立失地农民社会医疗救助制度

我国《宪法》第45条明确规定:"中华人民共和国公民在年老、疾病或者丧失劳动能力的情况下,有从国家和社会获得物质帮助的权利。"因此,农村社会救助是政府应尽的责任和义务。

要形成国家、集体和个人共同投入、风险共担机制,建立政府与民间相结合的多元投入渠道,引导集体经济、企业、慈善机构及个人等各方面的捐助,来充实失地农民医疗救助基金。建议把参加商业保险作为一条重要的选择途径或补充手段,创造条件为失地农民投保大病保险等。比如苏州市对被征地农民实行货币安置,并签订货币安置协议：劳动力的医疗保险费由政府征地服务机构负责向保险公司投保，给予约定的医疗保险费至参保人 60 周岁，由保险公司按月发放保险费。

2. 完善健全新型农村合作医疗制度

(1) 建立新型合作医疗保险制度

农民看病难、医疗保障程度低，这是不争的事实。据调查，农民因病致贫、返贫现象仍大量存在。农民一次大病平均花费 7 000 多元，差不多是一个家庭一年的全部收入。目前关于失地农民参加医疗保险的做法存在很多问题，将失地农民纳入城镇职工基本医疗保险的做法未能有效覆盖失地农民的未成年子女；城镇职工基本医疗保险缴费率相对于失地农民来说偏高，而且对于生活在城镇的失地农民而言，新农合保障水平偏低。而由各地方政府建立的失地农民医疗保险制度由于基金的风险度较高，目前只在经济较发达地区实行，并不适于全国推广。因此，扎实推进城乡居民合作医疗保险试点和新农合工作进度，逐步进行并轨，建立覆盖广大农村地方的基本医疗保障制度成为新农村建设的重要举措。自 2003 年下半年起，新型合作医疗制度开始试点，到 2008 年实现了全面覆盖，参合人口数从试点初期的 0.8 亿，逐年稳步增长，截至 2012 年 6 月底，参合人口达到 8.12 亿人，参合率达到 95% 以上，在一定程度上缓解了大病户的医疗负担。然而，大多数大病医疗费的补偿比例在 20% 到 60% 之间，病人自付费比例依然很高。目前新型合作医疗的保障水平还很低，中央和地方政府都要进一步增加对农村卫生事业的投入。

传统的合作医疗无论从目标定位还是从运行、管理、激励机制方面均有不足之处，其中筹资机制不畅更是其不能持久的重要原因之一。农村合作医疗组织并非政府的派出部门或者附属机构，也不是营利性组织，它以保障和满足农民的利益为首要目标。为了克服传统制度的弊端，必须从"新型"和"合作"两个角度入手，改革现行的农村合作医疗制度，彰显互助共济制度模式的生命力。首先，新型农村合作医疗保险制度是政府引导农民建立的一种以大病统筹为主的合作制度，是以农民为主体和依托组成的合作组织。从保险理论上理解，对投保者的合同契约性的经济补偿，实质上是少数人的不幸让多数人来分担，通过协助让风险化解，能够发挥特有的互助共济功能。因此，必须加强对失地农民的教育和引导，增强他们的共济意识和风险意识。其次,要创新合作医疗的筹资、运行、监管、激励等机制,针对农村合作医疗的资金筹集、管理和使用,农民住院费用的确认和报销,医院的检查、用药和治疗等合作医疗运行的各个环节,制定科学严密而又便于操作的系列管理制度,加强新型合作医疗组织管理。要本着管理、监督两条线的原则,建立健全合作医疗的民主监督机制,把农村合作医疗资金的筹集、使用和管理等列为政务公开的主要内容之一,定期向社会公布,接受群众的监督。

2006年2月21日,新华社授权颁发《中共中央国务院关于推进社会主义新农村建设的若干意见》。这份2006年中央"一号文件"显示,中共十六届五中全会提出的建设社会主义新农村的重大历史任务将迈出有力的一步。从2006年起,中央和地方财政较大幅度提高补助标准,到2008年在全国农村基本普及新型农村合作医疗制度。中央号召要加强以乡镇卫生院为重点的农村卫生基础设施建设,健全农村三级医疗卫生服务和医疗救助体系。据统计,占全国总人口近80%的农村居民仅享用了20%左右的医疗卫生资源;90%左右的农民是无保障的自费医疗群体。新型农村合作医疗制度改革试点,将试点范围扩大到全国40%的县(区),中央财政对参加合作医疗农民的补助标准在原有每人每年10元的基础上再增加10元,地方财政也要相应增加补助,争取到2008年在全国农村基本普及。国家还将落实必要的经费,支持乡卫生院和县医院的建设,为农民包括失地农民提供安全、廉价的基本医疗服务。全国人大农业与农村委员会就农村社会保障体系建设情况,赴北京、上海、天津、河北、山东、湖南、四川、广西和河南等省(区、市)进行了调研,山东省反映,新农合筹资标准较低,2008年农村居民人均医疗消费230.84元,远超过新农合人均筹资87.6元。新农合保障主要是在大病住院方面,且报销比例较低。天津市反映,2008年新农合报销比例平均为35%,而城镇居民医保报销比例平均为55%。

此后,各级财政对新农合的补助标准逐年增加:2011年政府对新农合和城镇居民医保补助标准均由上一年每人每年120元提高到每人每年200元;城镇居民医保、新农合政策范围内住院费用支付比例力争达到70%左右。2012年起,各级财政对新农合的补助标准从每人每年200元提高到每人每年240元。2013年9月11日,国家卫生和计划生育委员会下发《关于做好2013年新型农村合作医疗工作的通知》：自 2013 年起，各级财政对新农合的补助标准从每人每年 240 元提高到每人每年 280 元。2014 年，财政部、国家卫生计生委、人力资源社会保障部发布《关于提高 2014 年新型农村合作医疗和城镇居民基本医疗保险筹资标准的通知》，2014 年新型农村合作医疗和城镇居民基本医疗保险筹资方法为：各级财政对新农合和城镇居民医保人均补助标准在 2013 年的基础上提高 40 元，达到 320 元。

（2）建立失地农民医疗保障工作机制

建立健全失地农民基本社会保险制度，以应对目前传统的家庭养老方式和不断攀升的医疗费用，促进社会稳定，是当务之急。创建国家、集体和个人共同投入、风险共担的机制，可以借鉴城镇职工医疗保险制度的改革模式，建立失地农民医疗保障体系中的个人账户和集体账户：以家庭为单位建立个人账户，从家庭筹集的医疗基金主要或全部进入该家庭的个人账户，用于本户基本医疗保健开支；以乡镇为单位建立集体账户，政府扶持、社会捐赠、集体筹集加上农户筹集的一部分进入集体账户，特别是征地单位应对失地农户的医疗费用给予负担或分担，主要解决大病医疗问题。个人账户的余额可以结转下一年度，充分调动农民参保的积极性。个人账户基金的年人均筹集标准，可以根据当地农村居民的医疗服务需求量，结合适度的门诊及住院费用补偿比例确定，一般不低于当地农村居民前三年平均实际医药费用支出的 30%，征地单位应负担其中的 40%—70%，使失地农民能够享受到必要的医疗保障。

四、建立失地农民法律保障制度

在征地过程中，因受法律制度不完善、法律法规执行不到位、法制意识淡薄等因素影响，失地农民的许多权益受到侵犯。为了继续顺利推进新型城镇化，同时又维护失地农民合法权益，必须完善土地征用的法律规范，完善失地农民就业和社会保障制度。建立失地农民法律保障制度蕴含了两层含义：其一，国家必须建立完善失地农民农村社会保障法制；其二，不断建立和完善面向失地农民的法律援助机制。

1. 建立和完善失地农民社会保障法律制度及配套规范

我国农民利益之所以得不到有效的保障，出现失地农民增加的问题，原因不是城市化本身,最主要的原因是现有的法律制度未能给他们提供有力的保障。我国现行的农村土地承包制度、征地拆迁补偿制度、社会保障制度等的缺失,是造成这一问题的制度根源。近年来,我国社会保障方面的立法已经在逐步推进,在农村养老保险方面,各地根据中央关于农村养老保险工作的要求,出台了配套规章,筹资标准、补助水平逐步提高,推进力度较大。农村最低生活保障方面,各地都出台了政策性文件,如湖南省制定了专门实施办法,山东省制定了实施意见和农村低保资金使用管理办法等,促进了农村低保工作的规范化。在养老保险方面,一些地方积极探索新型农村社会养老保险试点,出台了制度性规定。但是,当前我国相关立法尚未就征地补偿和农村社会保障问题提供全面而有效的规制,专门针对失地农民权益保障的立法并未出台,再加上现行法律在实践中执行效果不尽人意,导致了失地农民权益屡遭侵犯。保障失地农民权益的一个重要举措就是在立法上明确"公共利益"原则的内涵并确立平等公平原则,完善我国的征地补偿制度和农村社会保障制度。加快农村社会保障制度建设,保障失地农民的合法权益,建议进一步完善相关法律法规:一是修改《土地管理法》,进一步完善对被征地农民社会保障的相关规定,提高征地补偿安置水平,完善征地程序,增加社会保障费用,提高被征地农民的保障水平;二是建议国务院抓紧制定《自然灾害救助条例》、《农村最低生活保障条例》和《城乡医疗救助条例》,增强农村社会保障工作的规范水平;三是尽快出台全国性的城乡一体化社会养老保险指导意见,在全国范围内建立基本的、统一的城乡一体化社会养老保险制度框架,使农村社会养老保险工作有章可循。失地农民的权益保障和我国土地制度的完善紧密相关。我国土地制度将随着我国法律制度的不断完善而完善,失地农民的合法权益也将会得到有效的法律保障。此外,国家还应注意到相关配套法律规范的制定,例如支持失地农民创业的财税法律法规等。通过制定有利于失地农民创业的财税法律法规,排除创业的制度障碍。对失地农民自谋职业从事个体经营的,可以有针对性地出台一些优惠政策,比如在一定期限内免征营业税、城市维护建设税、教育费附加和所得税,免收管理类、登记类和证照类等各项行政事业性收费等。如成都市的劳动、财政、物价等部门联合提出8项针对失地无业农民再就业及自谋职业和吸纳持有"成都市失地无业农民再就业证"的人员的企业实行的免收费项目。

2. 建立和完善面向失地农民的法律援助机制

失地农民与农民工、下岗工人、城镇贫民一样,都属于社会弱势群体,他们社会地位低下,经济能力有限。当他们的合法权益受到侵犯时,由于缺乏相应的法律知识和没有足够能力支付寻求法律救济所需要的成本,宪法所规定的"法律面前人人平等"的原则在他们身上无法体现,也给社会稳定带来一定的隐患。仅仅只有立法的规定,还不足以保障失地农民的合法权益。为此,我们要为失地农民搭建一个让他们运用法律武器保护自身权益的平台。近年来,因征地而引发的各种纠纷大量出现,侵害农民权益的案件不断发生。在许多情况下,侵害农民利益的大多是地方的政府组织。我国的《行政诉讼法》等"民告官"的法律已经施行多年,从理论上讲,当失地农民的权利受到损害之后,其能够依据法律并通过一定的方式运用自己的权利,使之得到法律的承认与保护。但是在实务中,失地农民的个体维权很难实现。必须建立强有力的农村法律援助体制,给予失地农民提供切实有效的帮助。要为失地农民提供多种方式的法律援助,为其能够平等地享有法律救济的权利建立通畅的渠道,使农民对土地权利的行使得到法律的保护。此外,地方和各级政府还要派出法律专业人员对农民进行法律宣传,并给予必要的、免费的法律服务。

第九章 我国城乡社会保障一体化的实践探索

改革开放 30 多年以来,我国经济社会发展取得了举世瞩目的成就,但由于历史、政策、观念、制度等诸多因素的影响,城乡二元结构严重制约着我国经济社会的发展。党的十六大提出了城乡统筹发展的战略思路,全面建设小康社会必须统筹城乡经济社会发展。党的十八大报告又明确提出"要加大统筹城乡发展力度,促进城乡共同繁荣"。然而,当前我国社会保障"碎片化"的现状严重影响了城乡统筹发展的进程。社会保障各系统自成独立体系,互相隔离,致使整个社会保障体系"支离破碎",难以形成完整的"安全网";社会保障项目残缺不全,覆盖面狭窄,致使一部分人还游离在社会保障网之外。

党的十七大报告提出要在 2020 年基本建立覆盖城乡居民的社会保障体系。作为构建社会主义和谐社会的重要内容和全面建设小康社会的重要指标,社会保障制度被提升到前所未有的战略高度。目前,各地区有关统筹城乡社会保障的举措已经先后展开,既取得了不同程度的进展,同时又遇到了各式各样的困难。为了解我国城乡社会保障制度统筹过程中的努力与改革,我们在调查中以四川省成都市和江苏省昆山市为例,全面深入了解在社会保障制度改革过程中面临的主要障碍,并试图寻求解决问题的途径和方法。

第一节 四川省成都市城乡社会保障一体化情况调研

一、调查的基本情况

课题组成员采取资料搜集、个别访谈等方式,通过走访四川省成都市社会保障管理部门工作人员、失地农民、进城务工人员等群体,对成都市城乡社会保障一体化问题进行了分析研究。在此基础上,提出了进一步推进城乡社会保障一体化的政策建议。

1. 自然状况

成都是我国西南特大中心城市,位于四川省中部,是国务院确定的中国西南地区的科技中心、商贸中心、金融中心和交通、通信枢纽,也是四川省政治、经济、文教中心。辖区总面积 12 390 平方千米,现辖成华区、武侯区等 9 区 6 县,市区面积 598 平方千米。在近 30 年城镇化的进程中,城市规模由 1980 年的 60 平方千米,扩大了近 10 倍。

2. 城乡一体化进程

自 2003 年以来,成都市顺应城市化的规律,从破解城乡二元结构入手,持续推进和实施以城带乡、以工促农的城乡统筹发展战略,努力形成城市与农村、工业与农业的互动,形成有机的内循环,为优化城乡资源配置创造条件,探索出了一条具有成都特色的发展道路。经过近几年的努力,"城乡一体化"迅速提升了成都乡村都市化水平,使成都农民的生产、生活和居住方式发生巨大改变。生产方式的改变,主要反映为"土地向规模经营集中",发展现代农业。居住与生活方式的改变,主要反映为"农民向集中居住区集中",整合土地资源。2005 年,按常住人口计算,成都的城镇化率达到 49.7%。2007 年,成都市全国统筹城乡综合配套改革试验区获国务院正式批准,成为继上海浦东新区和天津海滨新区之后的又一个国家综合配套改革试验区。

3. 原先社会保障情况

1995 年随着我国市场经济体制改革的不断深入,社会保障制度的改革也随之进行,但从改革路径而言,是一步一步通过局部试点逐渐展开的,由于试点的局部性和阶段性特征,由此造成各地、各种类别社会保障制度的分割。成都市农村社会养老保险最早开始于 20 世纪 90 年代初,按民政部《农村社会养老保险基本方案》建立的"老农保"制度,属于储蓄性保险,覆盖面小、共济性差、保障水平低,不能从根本上解决农民的养老保险问题。其中矛盾最为突出的是社会保障"碎片化"现象比较严重。

一是保障对象的"碎片化"。以户籍制度为基础的按城乡区分的社保对象有城镇居民社保、农村居民社保和农民工的社保。城镇居民社保对象又分为公务员社保、事业单位社保、城镇职工社保、自雇佣者和个体工商户社保等。社保制度分别设立,各社保对象享受各自的待遇标准,由此造成了制度的差别化。

二是社保层级的"碎片化"。按地区分的有省级社保制度、地市级社保制度、县区级社保制度,在一些发达地区的农村还有村级的社会保障办法。人的地域属性不同,享受的社会保障待遇也不同。并且,由于地方政府有权设置本地社会保障制度体系,社保制度体系城乡分割、区域分割。

三是社保责任主体的"碎片化"。我国社会行政管理系统以属地管理为主,与此相对应的财政收支也实行了分税制和分担制,这也导致了社会保障责任主体的"碎片化"。以社保责任的承担主体来说,大多为县市区政府,因而造成经济发达地区的社会保障待遇较高,基金大量结余,落后地区待遇较低,基金充足率缺口较大,并使社保基金调剂困难。并且,这种体制使地方利益和特殊群体的既得利益呈现不断固化趋势,阻碍了社会保障一体化进程。

成都市现行的养老保险办法分别是针对城镇职工、农民、城镇老年居民、农转非人员等不同群体而设立的。每种办法的缴费、待遇各不相同,同时,身份的变换也导致制度之间要进行衔接非常困难,因为每个险种的统筹层次、缴费标准、待遇水平各不相同,之间的转接办法也各不相同。为了加强成都城乡统筹工作,成都在养老保险等社会保障制度方面进行了一系列探索,对于全国的新型农村居民养老保险(简称新农保制度)框架设计提供了有益的经验。

二、成都市城乡社会保障一体化的措施与效果

1. 总体做法

成都市自 2007 年成为全国统筹城乡综合配套改革试验区后,相关部门以统筹城乡综合配套改革发展总体框架为总揽,坚持全覆盖、保基本、多层次、可持续的方针,以增强公平性、适应流动性、保证可持续性为重点,按照"以制度构架城乡统筹、待遇标准城乡衔接、机构设置城乡统一、经办操作城乡一致、绩效考核城乡同步"的思路和"先覆盖、后整合、再提升"的步骤,着力构建城乡一体的社会保险体系。

2009年,成都将城镇居民养老保险、新型农民养老保险与国家"新农保"制度进行整合,建立起城乡一体化的居民社会养老保险制度。目前,成都市已初步建成覆盖全体城乡居民的社会保险体系。

2. 具体措施和效果

(1) 分类建立社会保险制度,弥补制度缺失

通过近年来的先行先试,全市已建立起由城镇职工基本养老保险和城乡居民养老保险两大支柱构成,制度之间无缝对接,保险关系相互转移的养老保险体系;以市级统筹和全域结算的城镇职工、城乡居民两大基本医疗保险为主体,大病互助医疗保险为补充,医疗救助和商业健康保险为辅助的医疗保险体系。全市户籍人口和常住人口人人享有社会保险制度安排,率先在全国实现社会保险制度城乡全覆盖。截至2013年末,全市城乡基本养老、医疗保险参保规模分别达833万人和1 253.73万人,其中城乡居民养老、医疗保险参保率分别达97%和98%。

第一,农村养老保险。2006年初,成都市明确提出,"要探索建立全市统一规范的农民养老保险制度"。2007年1月5日,市政府135号令《成都市农民养老保险试行办法》颁布实施。四年来,年年颁布《成都市城乡居民养老保险试行办法》,基本形成了一套较为成熟的新型农村养老保险制度。其核心内容一是建立非城镇户籍从业人员综合保险制度,实行养老、医疗保险统账结合模式;二是鼓励有条件的农民以"双放弃"(放弃宅基地使用权和土地承包经营权)换社保,全家变身成市民,享受市民待遇。

其中,"以土地承包经营权换社保"的养老政策是全国首创,是指农民在被征地时,由用地单位将补贴直接交由社保,同时政府再给予一部分补贴,加上个人缴费,到年满60周岁时,就可领取养老金。对已征地农转非人员实行退费(即在征地前,个人已经购了养老社保的农民,退还已经缴费的部分),享受新的社保政策时,政府对劳动年龄段的新征地农民,一次性发放6 000—8 000元就业补助金。在全国首创了耕地保护基金,并以此作为全市农户养老保险个人账户,享受耕地保护补贴的参保人员,个人缴费部分先由本人耕地保护补贴缴纳,不足部分再由本人补足,形成了城乡一体化的养老保险全覆盖的独具特色的农村养老保险阶段性制度。农民自愿实行"双放弃"并经有关部门批准后可购买入住安置房,按照"双放弃"社保政

策参加社会保险,实行个人交一点、集体出一点、财政补一点的"三个一点"的筹资机制。对男满60周岁、女满50周岁及以上的人员,个人和集体缴纳9 100元,政府补贴23 000元,缴清次月开始领取210元/月的养老金,同时享受住院医疗保险待遇;对男50—60岁、女40—50岁的,个人每年缴纳3 600元,政府补贴1 800元(补10年),按照城镇基本养老保险政策享受养老金待遇,同时享受门诊和住院医疗待遇;对男40—50岁、女30—40岁的,个人每年缴纳3 600元,政府补贴800元(补15年),按照城镇基本养老保险政策享受养老金待遇,同时享受门诊和住院医疗待遇。

成都市探索出的这一套农村社会养老保险制度,智慧地把对农民养老的保障方式,从自助模式转变为社会共济模式,在我国农村现行的农地制度下,有效地实现了土地规模经营和农民养老保障之间的良性互动,不仅为农民养老难题找到了对策,也为根治"三农"问题找到了出路。在基本原则和制度设计上,成都城乡居民养老保险与全国新农保和城镇居民养老保险制度基本一致,即按照"保基本、全覆盖、有弹性、可持续"原则,采取社会统筹与个人账户相结合的方式进行制度设计;不同之处则主要体现在筹资方式、缴费档次和待遇水平等方面。

筹资方式上,成都城乡居民养老保险制度设计基本上参照了城镇职工养老保险制度,对于个人账户和统筹账户都采取个人缴费方式筹资,个人缴费比例10%,政府补贴2%。这种设计方案为城乡居民养老保险与城镇职工基本养老保险的关系转移与衔接创造了条件。相比之下,新农保和城镇居民养老保险制度的统筹部分主要来自政府财政补贴,也就是基础养老金部分每月55元,即"补出口"每年660元。

待遇水平上,农民养老保险制度覆盖户籍关系在成都市行政区域范围内年满18周岁(在校大、中专学生,现役军人除外)及以上、有土地承包经营权、从事农业生产的农村居民。制度为统账结合模式,待遇与缴费年限和个人账户积累额挂钩。具体政策规定为:对丧失劳动能力的人员,按三个圈层、三个年龄段分九个档次实行一次性缴费,个人缴纳60%,政府补贴40%,不建立个人账户,定额计发基本养老金;对处于劳动年龄段的农民,分三个圈层按上年城镇社平工资的40%—50%作为缴费基数,费率为12%,其中个人缴纳10%,政府补贴2%,并按8%的标准建立个人账户。基本养老金参照城镇职工基本养老保险办法根据实际缴费基数和个人账户积累额计发。

目前,随着成都市养老保险政策的日益成熟,全市农民参加养老保险的人数连年攀升。据成都市社会保险事业管理局提供的数据,全市农村超过从业年龄的人员中,参加养老保险的人数从 2008 年的 5.99 万人、2009 年的 19.8 万人,增加到 2010 年的 165.97 万人。

第二,被征地人员的社会保障。在各地区的实践中,不少失地农民得到征地补偿费后过度消费或挥霍,自我保障意识薄弱,最终导致基本生活和养老发生困难。妥善安排这部分失地农民的生产、生活,要求政府做出合理的制度安排和政策选择,在解决失地农民的基本社会保障问题方面,把被征地农民纳入相应的基本社会保障体系,使被征地农民得到必要的基本生存保障。

成都市出台规定,凡 2004 年 1 月 1 日后,成都市行政区域内因土地被依法征用并进行非农人口户籍登记的人员,从征地补偿安置方案依法批准之日起,改过去就业安置和货币安置为征地部门一次性为其强制性参加社会保险,并按不同年龄段分类办理。主要有以下几个方面。

一是对达到法定退休年龄的征地农转非人员,由征地部门一次性为其缴纳 10 年的基本养老保险费和住院医疗保险费,从次月起按月领取养老金(并享受国家规定的基本养老金待遇调整),享受城镇职工住院医疗保险待遇和死亡丧葬补助费。

二是对未达到法定退休年龄的征地农转非人员,由征地部门按不同年龄段以征地时上年本市职工平均工资 10—15 年的养老保险费(11%进账户),并以上年本市职工平均工资的 4%的标准,分别为其一次性缴纳 5—10 年的住院医疗保险费;本人按规定接续缴纳社会保险费,待达到法定退休年龄,且缴费满 15 年及以上时(含征地部门一次性缴纳的年限),按月领取养老金,终身享受住院医疗。

三是农民工综合保险。针对城镇化过程中农村迁移人口社会保障方面存在的突出问题,建立了农民工(非城镇户籍从业人员)综合保险制度,实行"一项保险、四项待遇",养老、医疗保险实行统账结合模式,方便城乡衔接。强制要求本行政区域内所有招用农民工的用人单位为农民工参保。另外,参保对象还包括从事产品生产、流通和服务性活动的非城镇户籍个体劳动者(家政和农业劳动的除外)。用人单位根据农民工的实际收入,按上一年成都市职工平均工资的 60%、80%、100%三档就近靠档确定缴费基数,费率为20%,单位承担14.5%,个人承担5.5%。建筑施工企业参加综合保险费率为4%,完全由单位负担,但也只能享受住院医疗费报销和工伤补偿两项待遇。成都市实行的农民工综合保险有别于上海模式。其差异主要在于,成都的养老补贴和医疗待遇都实行统账结合模式(养老按8%、医疗按2%建账户),且增加了生育补贴,费率20%也远高于上海的12.5%,且对用人单位招用本地农民工并参加综合保险的,给予全年综合保险缴费基数4.5%的补贴。

四是城镇居民的社会保障。成都市按照"低费率、广覆盖、可转移"的原则,探索实行了城镇居民大病医疗保险制度;在西南地区没有先例的情况下,按照"政府组织、自愿参加、互助共济、以收定支、收支平衡、大病统筹"的原则,全面启动实施了少儿住院医疗互助金制度;整合城镇医疗保险与新农合经办管理,既避免了行政管理系统、信息管理系统等方面的重复建设,又方便了制度衔接和待遇享受。在制度创新的同时,社保管理上也积极创新,养老保险已实行市级统筹,医疗保险也将于不远的将来实行市级统筹。

(2)满覆盖,加大对弱势群体支持力度

在全域成都范围内各类劳动者和城乡居民已基本实现参保全覆盖的基础上,扩展多种援助渠道,切实帮助各类参保困难弱势群体进入社会养老保障范围,实现养老保障满覆盖。

第一,城市低保对象。健全完善由政府资助城市低保对象参加基本养老保险的机制,实现城市低保对象在政府资助下全员参保。

第二,重度残疾人。建立由政府为重度残疾人全额代缴城乡居民养老保险费的机制,促进重度残疾人全员参保。

第三,生产经营困难的小微企业。适当降低基本养老保险缴费基数,缴费基数下限由60%调整为40%,减轻生产经营困难的小微企业的缴费压力,促进企业和全员职工参保。

第四,产能过剩产业结构调整的分流人员。优化企业参保与灵活就业人员参保之间社会保险关系衔接机制,市域内任一社保业务经办点"同城通办",促进产能过剩产业结构调整的分流人员无障碍接续社会保险关系。

第五,参保不缴费按月领取55元基础养老金的城乡居民。健全完善银行贷款缴纳养老保险费的机制,促进参保不缴费按月领取55元基础养老金的城乡居民申请银行贷款,一次性缴纳城乡居民养老保险费后按月领取养老金,享有更可靠的养老保障。

(3) 稳步提高保障待遇

2013年7月,成都市政府出台《关于建立城乡居民养老保险待遇调整机制的通知》(以下简称《通知》),明确规定,成都市城乡居民养老保险待遇的调整,由市人社局、市财政局依据四川省在岗职工平均工资增长率、成都市城镇居民人均可支配收入增长率和农民人均纯收入增长率以及物价指数等因素,兼顾社保基金承受能力,研究提出城乡居民养老保险待遇调整标准方案,报市政府审批后执行;从2013年起,全市城乡居民养老保险待遇调整周期原则上不超过两年;适用对象为城乡居民养老保险待遇调整当年的上一年12月31日前,已按成都市城乡居民养老保险制度规定参保缴费且按月领取养老保险待遇的人员。《通知》的出台,标志着成都市建立了与地方经济社会发展相适应的城乡居民养老保险待遇正常调整机制,《人民日报》、《中国劳动保障报》等各级主流媒体纷纷报道,国务院、人社部、四川省政府等信息刊物相继刊发。

《通知》出台后,成都市社保局立即组织实施了城乡居民养老保险待遇正常调整机制建立后的首次调整工作,全市除只领取每月55元基础养老金人员外,共有56.97万名城乡居民受益,月人均增加25元,平均增幅11.48%。此次调整后,城乡居民养老保险参保缴费并按月领取养老金人员人均月养老金突破315元,其中70周岁以上人员最高月养老金达到766元,高于55—108元的全国平均水平。

(4) 优化社保经办服务体系

成都市突破既定体制,消除城乡分割,在全国首创统筹城乡的劳动保障四维公共服务体系,率先在全国实行新农合由人社部门经办管理。为了从根本上解决"窗口排队拥挤"、"来回跑路"、"办事成本较高"等问题,市社保局从2010年6月起就开展了用人单位社保业务网上经办试点,目前已有1.6万余户企业通过网上经办系统办理日常业务。2013年,市社保局按照"整体规划,分步推进"的既定思路,深入推进社保业务"数字化经办、零距离服务"模式,会同市劳动保障信息中心对已有的"企业网上经办系统"进行升级改造,研发了城镇个体医疗保险、城乡居民养老保险两个社保业务"个人网上经办系统",2013年10月正式上线运行,参保群众不需要到社保经办窗口或基层服务平台,不受上下班时间限制,在互联网络通畅的任何地方,用一台电脑、一部手机(获取验证码),任何时间登录"成都市人力资源和社会保障网",足不出户就能"7×24小时"自助式办理续保、停保、网银自助缴费等21项日常社保业务,其中城镇个体人员可办理14项,城乡居民养老保险可办理7项。

三、经验和存在的问题

1. 经验

(1) 在统筹城乡的发展框架下发展社会保障制度

城乡二元结构的存在,极大地阻碍了社会保障制度体系的全面建设,所以推进城乡一体化,逐步缩小城乡差别,消除城乡二元结构,是我国城乡发展的大方向。为实现城乡统筹,成都市在主导理念上着眼于打破城乡二元经济社会结构,扭转长期以来厚城薄乡、城乡有别的惯性思维;在总体发展战略上坚持"全面落实科学发展观、深入推进城乡一体化,开创城乡同发展共繁荣新局面,努力创建和谐成都";在具体操作上始终坚持把统筹城乡就业、乡村规划和社会保障作为推进城乡一体化的重中之重,把健全覆盖城乡的社会保障体系作为协调城乡矛盾冲突、促进统筹城乡社会经济良性发展的重要保证。

为构建城乡统筹的社会保障体系、切实解决城乡社会保障发展不协调的问题,成都市在观念突破的同时,在工作思路上也大胆创新,坚持"在制度构架上实现城乡统筹,在经办操作上实现城乡一致,在待遇标准上实现城乡衔接,在机构设置上实现城乡统一,在绩效考核上实现城乡同步",着力构建城乡统筹的社会保险体系,把基本社会保险制度以外的群体逐步纳入社会保障的覆盖范围,最终实现社会保险全面覆盖城乡所有居民。通过这些年的探索实践,成都市建立起了城乡一体的、与社会主义市场经济体制相适应的养老保险制度架构,全市基本养老保险体系由城镇职工和城乡居民两大制度构成,城乡养老保险关系实现市域内无障碍转接。

在具体制度设计和探索方面,成都市则"敢为天下先"。一是把农民的保障方式从自助模式转变为社会共济模式;二是针对各地普遍面对的农民社会保障、农地制度、农民城市化难题,采取了"双放弃"的破局思路,着力于通过农民城市化减少农民数量,通过土地集中实现规模效益,通过土地的级差地租突破资金瓶颈,从而走出了解决"三农"问题的治本之路,进入了城乡发展的良性循环;三是通过"土地承包经营权换社保"的创新,在现行农地制度下实现了土地规模经营、农民养老保障的良性互动。

(2) 通过制度赋予居民自主选择权

成都市城乡居民养老保险设置了多个缴费档次,让参保者根据自身情况进行选择。有经济能力的参保者可以选择高档次缴费,其相应保险待遇也就更高。

另外,将城乡居民养老保险办法与现行的城镇职工养老保险办法相互渗透。也就是说,经济条件好的农民可以参加城镇职工养老保险,而城市低收入人员也可参加城乡居民养老保险,且参保人员可根据自己的经济能力变化变更参保种类。为了方便两种保险制度之间的转接,相关部门还在考虑让两种办法相互渗透,扩大各自的参保面,允许有缴费能力有参保意愿的农村居民、农民工、城镇老年居民参加城镇职工养老保险;同样,城镇低收入居民也可参加城乡居民养老保险。缴费档次上,成都城乡居民养老保险是按照成都城镇职工上年度全省在岗职工社会平均工资的一定比例缴费,分为五个档次,从10%到50%,每档按照10%递进。农村居民可选择五个档次中任何一个档次,城镇居民要求选择40%和50%两个档次。与此对照,新农保和城镇居民养老保险是按水平缴费,前者分为五个档次,按照100元递进,从100元到500元;后者分为十个档次,从100元到1 000元。调查还发现,不同缴费档次之间的待遇水平存在较大差别,最低档次养老金标准每月从60岁的107.9元到70岁及以上的140元,最高档次每月养老金标准在319.6元至479.9元之间,最高档次与最低档次之间养老金待遇水平之差在3倍以上。这部分资金主要用于日常基本消费,其中71%的人用于满足基本物质需要,8%的人用于健康医疗。在收入较低的农村地区,由于领取的养老保险金较低,农民认为子女养老仍是今后主要的养老方式;而对于被征地农民来讲,由于按照城镇职工参保,其待遇水平相对较高,他们认为今后老年人可以依靠养老金养老。

(3) 发挥政府的主体作用

政府作为统筹城乡发展的主体,首先是由市场经济中城市与乡村不平等竞争的客观要求决定的。城市与乡村是两个不同性质的经济社会单元和人类聚居的空间,同时又是相互依存、融合竞争的统一体。城乡虽有不同的功能,但谁也离不开谁。城市的繁荣离不开农村的需求和支持;农村的发展也离不开城市的扩散和带动。在市场经济条件下,由于城乡的物质资源、社会结构、生产手段、生活方式以及人的文化素质的差异,城乡处于不平等的竞争状态,城市总是处于优势,而农村则处于弱势。但无论从经济发展还是社会稳定和谐来说,这种状况都不能继续发展下去,否则将难以实现现代化和国家的长治久安。为使城市优势成为促进农村发展和城乡互助互利的积极因素,政府必须利用"看得见的手"统筹城乡发展,构建城乡良性互动机制,同时,统筹城乡发展也是政府履行职能的基本要求。

第一,加强对农村社会保障制度的公共财政支持。近年来,成都市针对农村和农民出台的许多社会保障政策都沐浴着公共财政的阳光。在已出台的农民社会保险政策中,政府承担着相当的补贴责任。一是对已征地农转非人员实行退费进社保政策时,政府给予一次性补贴,对劳动年龄段的新征地农民,还一次性发放6 000—8 000元的就业补助金;二是对用人单位招用本市户籍农民工并参加综合保险的,财政按参保单位全年综合保险缴费基数总额的4.5%给予补贴;三是对丧失劳动能力的农民一次性缴费参加农民养老保险的,政府补贴40%的一次性缴费;四是对劳动年龄段的参保农民,政府补贴2%的缴费(总费率为12%)。2006年,市和区(市)县两级财政共投入配套新农合补助资金2.65亿元。

完善我国农村社会保障筹资制度,首先应当加大政府财政投入,建立稳定的农村社会保障筹资机制,建设农村社会保障制度的关键在于资金,而资金又主要源于政府财政投入。因此,要加大政府财政投入资金的引导作用,同时鼓励社会力量参与筹资。采取切实可行之办法,吸引更多的农民参加农村社会保障,逐步扩大农村社会保障覆盖面,尽快实现制度全覆盖的终极目标。鉴于我国中西部地区财力较弱,中央对其农村社会保障制度建设应予以重点扶持,有针对性地实行倾斜政策;对东部地区的贫困县、经济发展较慢的革命老区、少数民族地区等也应相应地加大支持力度。逐步减少或取消贫困地区和欠发达地区的配套资金。

第二,加强对社会保障运行的监督管理。《成都市城乡居民养老保险试行办法》第十条规定,建立健全城乡居民养老保险基金财务会计制度。城乡居民养老保险基金纳入社会保障基金财政专户,实行收支两条线管理,按城镇居民和农村居民分账核算,并按有关规定实现保值增值。

城乡居民养老保险基金实行区(市)县级管理,今后逐步提高管理层次。市和区(市)县劳动保障部门要切实履行城乡居民养老保险基金的监管职责,制定完善城乡居民养老保险各项业务管理规章制度,规范业务程序,建立健全内控制度和基金稽核制度,对基金的筹集、上解、预算、划拨、发放进行实时监控和定期检查。财政、监察、审计部门按各自职责对城乡居民养老保险基金实施监督,严禁挤占挪用,确保基金安全。

第三,加强农村社会保障制度改革。认真研究新农合等制度的财力匹配情况、个人缴费标准和基金的统筹运作问题,并在此基础上较大幅度提高相关制度中的报销比例与报销封顶线。加快农村公共设施建设,逐步提高农村居民最低生活保障、新农合、五保户等的保障待遇标准。建立农村社会保障补助标准动态调整机制,根据经济社会发展水平,增加保障投入。

第四,多渠道筹集社会保障资金。改革资金筹集、运行方式,保证农村社会保障资金来源的多渠道和稳定性。如成都市出台城乡居民贷款缴纳养老保险费办法,将贷款缴纳养老保险费对象向农村居民以及参加其他涉农类养老保险的人员延伸。符合条件的贷款人可用领取的养老待遇作为还款来源,也可采取抵(质)押或保证担保方式。借款人可向本人户籍所在地(乡、镇)的成都农商银行分支机构申请贷款,专项用于缴纳社会养老保险费。借款人以领取的养老待遇作为还款来源的,借款人在贷款结清前,应同意将其应领取的养老待遇由成都农商银行按成都市最低生活保障标准扣作借款人保障基本生活后,其养老待遇剩余部分用于归还贷款本息;若借款人在贷款期间未履行完毕还款义务死亡的,借款人法定继承人须同意将养老待遇优先清偿贷款本息。再如,成都耕地保护补贴款可缴养老保险费。四川省成都市年满16周岁农村居民参加养老保险,可直接用耕地保护补贴款缴纳社会养老保险费。日前,成都市劳动保障局、统筹城乡工作委员会、农村信用社联合下发了关于促进农村居民利用耕地保护补贴缴纳社会养老保险费有关问题的通知。符合参加成都市城乡居民养老保险条件的农村居民,可持本人身份证明向户籍所在地镇(乡)或街道劳动保障工作机构申请参保。参保人凭镇(乡)或街道劳动保障工作机构出具的缴款单及本人耕地保护卡,在市农村信用社分支机构申请办理利用本人耕地保护补贴款缴纳养老保险费手续。市农村信用社分支机构将参保人用于缴纳养老保险费的耕地保护补贴资金转入城乡居民养老保险收入专户。参保人可选择按年或按月缴纳养老保险费,家庭全部耕地保护补贴资金用于家庭成员缴纳当年养老保险费不足部分,可由本人一次性补足或按月缴纳。

2. 存在的问题

成都市的改革措施与全国整体的改革思路是一致的,并具有一定程度的超前性和示范性。然而,随着这些改革措施相继推进,如何应对制度设计和外部环境的挑战,是进一步建立和完善社会养老保险一体化制度亟待回答的问题。基于调查,课题组归纳了五个方面的问题与挑战。

第一,参保激励如何扩大覆盖面问题。目前,无论是新农保还是城乡居民养老保险,从制度全覆盖到人员全覆盖有很长一段路要走。由于目前成都的缴费水平明显高于国家新农保,因而缴费能力是扩大覆盖面过程中需要考虑的因素之一。与此同时,成都城乡居民养老保险尊重自愿参保原则,因此如何激励农村青壮年劳动参保仍然是一项艰巨的任务。

第二,养老待遇水平与公平性问题。目前成都市政策设计的内容是有差别的,一方面城乡居民养老保险的补贴是给农村居民而非城市居民,另一方面农村居民的补贴也有差别,例如:60岁以上和60岁以下享受的补贴不一样,新农保试点县和非新农保试点县政府补贴也不一样。此外,按照缴费数额比例来进行缴费补贴,这就导致富人可以得到更多的财政补贴。因此下一步需要研究如何保证公平性的问题。

第三,基金统筹层次与运作管理问题。社会养老保险基金统筹层次低,是社会养老保险体制分割和碎片化的一个重要方面。目前,成都城乡居民养老保险基金管理,基本上沿用"成都新农保"方案的区(市)县统筹方式,基金只能在县域范围内配置而不能够实现跨县调剂。这种情况不仅有可能因为基金规模偏小导致社会保障能力不足,还有可能出现因城乡基金管理分置带来的养老保险受益不平等问题,即基金规模大的可供提取和支配的养老保险金越多,基金规模小的可供提取和支配的资金数量则越少,对处于享受养老待遇的老年人可能会造成影响。这种制度安排有可能为今后提高统筹层次埋下障碍。此外,基金投资运营管理方面,目前成都基金管理基本上按照国家的政策规定,主要采取银行定期储蓄方式进行管理,但今后怎样使得基金保值、增值,这是包括农村居民和城镇职工养老保险等整个社保基金都要面临的共性问题。

第四,筹资和财政投入可持续问题。目前成都按照城镇职工在岗平均工资作为缴费基数,但是城镇职工收入增长速度要快于农村收入增长速度,这就可能使今后农民面临缴费负担越来越大的问题,从而影响到人们的参保积极性。此外,目前成都依靠耕地保护基金整体推进养老保险,但随着土地财政收入来源的萎缩,需要从财政上考虑建立一套制度化的财政预算体系,为今后推进城乡居民养老保险一体化改革做铺垫。

第五,经办服务水平与能力不足的问题。随着新农保和城镇居民养老保险的迅速扩面,经办服务水平和能力不足的问题日益凸显出来。这包括从区县、乡镇到村或居委会等服务网点和机构的全面建立、人员配备、信息管理系统,以及财政和金融等部门的支持与配合等。目前成都每个乡镇有两个社保人员,但各县分布不均,大部分经办人员为临时聘用,除经办新农保以外还要做其他相关的社会保障工作。在信息系统这方面,成都市也同样面临着信息系统管理不足等问题。

四、对策与建议

1. 加大财政投入和补贴力度,吸引更多农民参保

从目前针对农民开展的养老保障项目看,政府的投入普遍不足。农民工综合保险基本没有政府投入,其他几项改革政府虽然有所投入,但无论是在总投入还是人均投入方面都难以与城镇职工养老保险相比。近年来,成都市地方财政收入大幅度增长,今年有望达到1 000亿元,财政投入农民社保的能力大幅增强。为此,要调整财政支出结构,加大社保投入,让公共财政收入造福于民。在2010年到2030年期间,成都市政府用于成都养老保险的补贴总额在476亿到842亿元之间,也就是说按高限到低限分为五个档,从这个数据来看政府补贴数额并不巨大,如果所有农户都选择最高缴费档次,那么在2010到2030年期间累计政府补贴是842亿元,平均每年也就是40亿元,如果所有农户都选择最低缴费档次,政府补贴总额是476亿元,平均每年也就是23亿元的开支,这对于每年拥有千亿以上财政收入的成都

政府来说是没有问题的。由此可见,2030年之前的十几年,成都市农村养老保险财政负担完全处于政府可以承受范围之内,具有充分的可持续性,我们可以大胆推测,在预算内财政收入1%的支出负担对于我国任何一个处于工业化中后期大城市或者特大型城市财政来说都是可以考虑的,成都市政府凭借自身财政能力实现新农保制度创新,全国一大批与成都市具有相同经济发展水平的大城市或特大型城市都应该具备这个条件,这就是成都新农保制度创新所具有的普遍意义。建议成都把城乡居民养老保险补贴列入财政预算管理,从制度上确保财政补贴到位。但要注意以下两方面的风险。

一是土地政策瓶颈。"双放弃"政策目前已参保1 000人,但申请报名的占农村人口的10%以上(约15 000人)。近几年土地价上升、物价上涨,现人均成本已增加到15万元。1万多人要十几个亿,财政承受不了,所以准备分步进行。目前实施双放弃的农民多位于规划区外,农民放弃的土地和宅基地在政策上还难以转换到规划区内变为城市建设用地,这样一来政府投入后,土地变不了现(目前是从土地出让金中拿出10%用于社保和就业),财政投入的压力较大。为此,地方政府希望中央和省政府给予有关政策。双放弃换社保制度在操作上要继续探索土地转换的办法,盘活回收的农民土地和宅基地,实现良性循环,避免财政过大的支付压力。

二是正是由于劳动年龄内的参保人员少,制度不能实现现代际赡养,基金势必难以平衡。据初步测算,超龄人员个人缴费10 080元只够本人6年的养老金,为此,财政需要长期承担兜底责任,参保人数越多,制度的财政风险和地方财政的支付风险相应的也就越大。再加上目前成都按照城镇职工在岗平均工资作为缴费基数,但是城镇职工收入增长速度要快于农村收入增长速度,这就可能使农民今后面临缴费负担越来越大的问题,从而影响到人们的参保积极性。此外,目前成都依靠耕地保护基金整体推进养老保险,但随着土地财政收入来源的萎缩,需要从财政上考虑建立一套制度化的财政预算体系,为今后推进城乡居民养老保险一体化改革做铺垫。

2. 加强提高统筹层次和社会保险接续工作

成都可以率先建立市级统筹的城乡居民养老保险基金,打破目前城乡之间和区县之间分设的格局,这样,既可以提高基金的调剂能力和统筹安排,又可以加强管理防范潜在风险。此外,建议设立市级统一的城乡养老保险基金专户,按照收支两条线方式实行基金专户管理。在提高统筹层次的同时,建议成立养老保险基金监督委员会,负责全市城乡养老保险基金收支预算审批和监督预算执行情况,坚决杜绝违规办理养老保险的业务出现。

在流动接续方面,农民工综合保险要注意保护流动就业的农民工的养老保险权益,待国家农民工养老保险政策出台后,应逐步向国家政策过渡,为农民工建立可转移的个人账户,而不是实行退保政策;同时,适应农民需要,为农民工提供按月支付的养老金。

3. 完善财政不均衡待遇,实现公平性

土地承包经营权换社保在养老金待遇上要逐步向已开展的农村养老保险靠拢,避免待遇差距过大;同时,要采取措施吸引劳动年龄内的农民加入这项制度。

在区域之间、试点县与非试点县之间,建议统一对待,防止出现财政补贴的差别化和养老保障待遇差距的扩大;在财政补贴上,建议对选择不同档次的群体进行差别化补贴,将补贴更多地向低收入群体倾斜。同时,建立养老保险水平的长期调整机制,把经济发展水平、城乡居民收入、工资水平、物价、财政收入状况和能力、城镇职工的待遇水平等因素纳入考虑,使养老保障的待遇水平与社会经济发展水平适应。

4. 建立与经济相适应的社会保障

我国最大的基本国情是处于社会主义初级阶段,人口多,经济不发达,地区之间特别是城乡之间差距大。这就决定了在构建城乡一体的社会保障制度时应处理好几个关系:既要适合我国经济发展水平,又要适合我国历史文化传统;既要广覆盖又要提高水平;既要努力把所有国民纳入社保体系,又要做到城乡有别、区域有别、不同群体有别;既要政府主导,又要发挥各方面的积极性;既要积极探索,又要循序渐进。

可以认为:"建立健全与经济发展水平相适应的社会保障体系"是一个促进我国社会保障体系朝着保障项目更多、享受保障人群更广、保障程度更高、体现经济发展成果,当然也不超越经济发展水平的方向发展的积极的方针。简单地说,社会保障体系"与经济发展水平相适应",就是社会保障的总体水平既充分体现经济发展成果,又不超越经济发展水平。

5. 加强管理体制建设

当前农村社会保障在发展过程中面临着诸多问题,与城镇社会保障的差异尤为明显,严重影响到和谐社会的构建,因此,为了进一步发展我国社会保障事业,缩小城乡之间社会保障的差距,政府要树立统筹发展的观念,采取切实有效的措施,实现城乡社会保障均衡发展。

城乡管理体制不统一,导致管理成本上升,管理效益下降。为了改变这种现状,政府要进行深化改革。

首先,整合城乡社会保障管理机构为了改变城乡社会保障机构的分割、各自为政的现状,应该整合现有的分散在劳动、民政、卫生计划生育等部门的城乡社会保障管理资源,建立统一的社会保障机构进行统一管理。社会保障机构从中央到县级呈梯队层级结构,每一级设有多个科室或业务口,负责归口管理本科室或业务口的业务,即社会保险科室或业务口负责管理城乡社会保险业务,最低生活保障科室或业务口负责管理城乡最低生活保障业务,与此类似,救灾救济科室或业务口、优抚安置科室或业务口、贫救助科室或业务口分别负责救灾救济、优抚安置、扶贫救助的业务,进而形成横向纵向结构合理、沟通有效的社会保障管理网络体系,更好地实现社会保障资源共享,保证政令畅通,节约行政管理资源成本。

农村社会保障体系是一项错综复杂的系统工程,需要系统设计、各方参与、形成合力。这就需要人保、民政、卫生、财政等各部门之间加强协调与合作,建立统一协调的工作机制,提高社会保障的工作效率与服务水平。应整合基层新农合、最低生活保障和社会救助等方面的社会保障工作力量,加强农村社会保障经办能力建设,形成工作合力,提高农村社会保障整体服务水平。

现阶段我国农村初步形成了省、市、县、乡镇、村五级劳动保障工作服务体系,要在此基础上继续健全完善管理服务体系,应当根据精简效能原则,对人力、财力及信息网络资源进行有效整合,探索研究在乡镇、村建立新型养老、新农合、低保、救灾救济一体化的社会保障服务制度,配置必要的人力及财力,加强协调协作,实现资源共享,提高行政效率,为农民提供更为方便快捷的社会保障服务。

鼓励地方结合实际情况进行改革创新,加强基层社会保障经办机构建设,充分发挥村委会、社会组织、社会工作人才队伍在农村社会保障工作中的作用。改善基层工作条件,尽快建立和完善农村社会保障服务信息化建设,整合现有网络平台,逐步实现资源共享。扩大信息化服务范围,方便农民参保和各项社会保障资金的发放。提高工作效率,强化服务功能,严格规范申请、核查、审批、公示和备案等各个环节,完善公开透明机制,确保农村社会保障政策在基层得到全面落实。

其次,建立统一的、覆盖全国的社会保障技术支持系统,实行社会保障管理的现代化,将社会保障资金的缴纳、记录、支付、查询服务等纳入计算机管理系统。要以实现城乡社会保障服务专业化为目标,加强社会保障工作人员素质和能力的培养。

再次,实行多元化的监督方式。通过公示低保审核程序,让群众参与低保的全过程。还可以通过上级的行政监督、平级及上级的审计监督、纪检监督等多种方式防止滥用职权、截留挪占、弄虚作假的行为发生。

最后,提高经办机构服务水平与能力。完善新型社保经办服务体系。将社保业务"网上经办"的企业,由规模以上企业为主逐步扩大到所有参保企业,共享社保"数字化经办、零距离服务";将社保业务"网上经办"服务对象,由参保企业扩大到灵活就业人员和城乡居民,实现参保人员在家里或办公室即可以全天候办理社保业务。

第二节 江苏省昆山市城乡社会保障一体化情况调研

一、调查的基本情况

昆山市地处江苏省东南部,系江苏省苏州市下辖的县级市。总面积927.7平方千米,总人口165万,现辖2区9镇。昆山东临上海,西接苏州,其特殊的地理位置和高速发展的经济在我国具有一定的典型性与代表性。改革开放以来,昆山市依托紧邻上海和苏州的区域优势,加快经济社会发展的步伐,并积极推动在江苏乃至全国率先实施城乡统筹。

从20世纪90年代起,昆山以1989年撤县设市为契机,开始突破城乡分治规划布局的旧体制,形成城区—中心镇—镇—开发区的县域布局一体化格局。进入21世纪以来,在原有城乡规划的基础上,以"三个理念"编制完成了《昆山市(2002—2020)城市总体规划》,城乡统筹发展实现全方位整体推进。一是确立"全覆盖规划"理念。将市域927平方千米作为一个有机整体进行全覆盖规划,规划的各项内容都均以全市统筹布局。二是确立"片区发展"理念。在市域空间利用规划上,打破了原有的乡镇村的行政界限,形成了"中心城区+六大片区"的市域片区功能格局,规划了城市东、西部两个副中心和三个20万人以上的小城市。三是确立"大区域联动发展"理念。充分考虑苏锡常都市圈、上海经济圈和长三角整体发展的大背景,以及经济全球化和全球制造业转移的大趋势,明确昆山与周边城市的关系,提出与上海、苏州以及周边县市分工、合作的战略选择,在交通、能源、通信等大型基础设施方面充分重视区域性对接。至2007年,全市城乡形成了城区中心—城市副中心—特色镇(含古镇)一体化新格局。伴随这一过程,昆山市基础设施日益完善,经济结构不断优化,农民生活水平明显提高,发展活力和影响力逐步提升,进入了从基本现代化向发达新城区迈进的新阶段。

二、昆山市城乡社会保障一体化的措施与效果

近年来,昆山市把统筹城乡发展,让人人享有社会保障作为增进民生福祉、推动社会发展的重要举措,大力推进社会保障城乡一体化建设。与此相对应,昆山市率先打破城乡二元化格局,建立了统筹城乡、覆盖全民、双向贯通、相互衔接的城乡一体化社会保障制度。为了缩小和逐步消除城乡在社会保障方面的差别,昆山随着经济的发展和财力的增强,加大财政转移支付力度,建立完善以低保、基本养老、基本医疗、征地补偿、拆迁补偿为主体的农村"五道保障"。在社会保障制度衔接并轨、城乡一体共享均等化服务等方面,逐步探索出具有昆山特色的社保之路。

1. 实现社会低保全覆盖

以医疗救助为例,昆山市于2007年实现居民医保与职工医保大病医疗补助基金并轨运行,居民医保5万元以上住院医疗费用的报销比例为95%,而且报销上不封顶;建立了统筹城乡的大病补助和医疗救助制度,于2009年起全面实施城乡一体的社会医疗救助,救助对象由原来的低保、特困职工扩大到低保边缘、三无、五保、重残人员以及年度内个人自负医疗费用超过一定金额的人员等八类对象。

此外,昆山市注重逐年提高救助标准。自2009年4月社会医疗救助办法启动实施至2011年底,救助总额达7 124万元,其中保费救助2.04万人175万元,实时救助34.1万人4 481万元,年度救助1.9万人2 468万元。在最低生活保障方面,

从 2007 年 1 月起,按照人均生活费用不低于 1 美元的国际贫困线标准,将农村居民低保标准提高到每月 240 元,城镇提高到每月 320 元;从 2008 年 1 月起,城乡低保标准统一提高到 350 元,率先在低保上打破二元结构,基本消除贫困。

2. 健全农村社会保障体系

昆山市按照社会保障统筹城乡和城乡一体的理念,主动面向城镇和农村弱势群体,逐步建立健全了农村社会保障体系。

一是建立农村基本养老保险。2003 年,率先实施农村基本养老保险,覆盖本市户籍全体城乡居民,所有老年居民不需缴费即可无门槛领取农保养老金,全市近 10 万名老年农民(女满 55 周岁、男满 60 周岁)"无门槛"进入;2009 年,进一步完善农村社会保险政策体系,在原农村养老保险制度框架内,实现与新型农村社会养老保险制度(城镇居民养老保险)对接;2012 年,昆山市农村养老保险缴费标准 1 800 元/年,按照"三三四"的比例缴费,其中市镇两级财政补贴 1 080 元,个人缴纳 720 元,低保、低保边缘、三无、五保、特困、重残人员等社会医疗救助对象个人只需缴纳 180 元。

二是完善被征地农民保障政策。全面落实农民拆迁补偿政策,实行"拆一还一、货币补偿"的优惠措施,使农民得到更多的实惠,同时完善被征地农民保障政策,解决被征地农民基本生活。2005 年起,昆山市加快推动被征地农民进城保工作。截至 2011 年底,全市共为 39 万被征地农民建立了征地保养个人账户,2011 年 1 月起,全征地农民征地保养个人账户已经从 2004 年的 2 万元提高至 2.6 万元。目前已有 10 多万名失地农民和灵活就业人员进入城保,享受城镇职工退休保障待遇。

三是破除农村居民参加城保的障碍。昆山市自 2005 年 7 月起,打破户籍限制,允许农民通过灵活就业参保平台加入城保,同时,对以灵活就业个人身份参加企业职工基本养老保险的原农保人员,仍按原农保缴费市镇两级财政的补贴标准予以补贴。截至 2011 年底,全市灵活就业参保人数 11.95 万人,2010 年至 2011 年,共有 19.56 万人享受市镇两级缴费补贴共计 2 亿元。

四是实施居民基本医疗保险。2004 年起实施农村基本医疗保险,突破农村合作医疗的框架,率先启动农村居民基本医疗保险。农民与城镇职工一样"刷卡"看病,参保率达到 99% 以上。2007 年,在不断完善农村基本医疗保险的基础上,又全面实施居民基本医疗保险,扫除城镇少年儿童、城镇老年居民、20 世纪 60 年代精减下放人员等农村居民基本医疗保险的覆盖盲区,把具有本市户籍、不在城镇职工基本医疗保险范围内的所有人员纳入参保范围,实行覆盖城乡、全面接轨的居民基本医疗保险制度,城乡统筹的大病补充医疗保险全面并轨(最高报销额可达 20 万元),在全省乃至全国率先构筑起了较为完善、较高水平的全民医疗保障体系。

3. 加强社会保险扩面征缴工作

昆山市自 2001 年起大力推进社会保险国民待遇政策,将各类企业和所有职工,全部纳入城镇社会保险参保范围。2005 年,分别实行社会保险"五险合一"统一征缴、灵活就业人员参保办法,2009 年底,实施补足最低缴费年限参加职工医疗保险工程,目前已有 5.2 万名老年居民通过转移参加城镇职工基本医疗保险,享受到更高水平的企业退休人员职工医疗保险待遇。2011 年底,根据省政府解决未参保城镇集体企业退休人员社会保险历史遗留问题的相关规定,实施老年居民"补缴纳、入城保"工程,将昆山市 1 013 名老年居民纳入城保体系。此外,通过完善地税联动征管、加强宣传引导、强化劳动保障监察等措施,使城镇社会保险扩面提速,城镇职工养老保险、城镇职工医疗保险征缴连续多年净增 10 万人以上。

4. 提高社会保障待遇水平

昆山市已经连续 8 次上调企业退休人员养老金,目前,企业退休职工月平均养老金水平 1 704 元。农保养老金持续增长,70 周岁以下人员养老金从 2003 年的每月 100 元提高至 370 元,70 周岁及以上从每月 130 元提高至 400 元,增幅分别为 270％和 208％。2012 年居民医保筹资标准每人每年 550 元,其中市镇两级财政补助 400 元,筹资标准与 2007 年相比,增幅为 112％。持续提高基本医疗保险保障水平,先后出台取消大病基金 20 万元以上报销封顶线、提高住院报销比例、提高大病基金报销比例、降低住院起付线标准等医保惠民新政,职工医保、居民医保住院保障水平与 2007 年相比,分别提高了 5％、16％。

5. 注重外来人口的社会保障待遇

据《2004 年昆山市国民经济和社会发展统计公报》,到 2004 年底,昆山市户籍总人口 63.715 7 万人,外来暂住人口达 62.534 5 万人,外来人口占总人口的比重接近 50％。可见,昆山已是不折不扣的移民城市。最具劳动年龄优势的 16—35 岁人口群体,占外来人口总数近七成,给这座小城带来廉价的劳动力资源——昆山的企业,80％的员工来自外地。从 2000 年到 2003 年间,随着经济指标增长,外来人口也在不断增长。而从 1996 年至 2003 年外来人口增长与 GDP 增长的关系来看,昆山每增加一个外来人口,可增加5.003万元GDP。通过调研,我们发现外来务工人员对昆山的经济社会发展做出了重要贡献。昆山市推动"新昆山人"工程,加强对非昆山户籍的外来人员提供服务,提高外来人口的稳定感。2004年6月开张的"新昆山人"服务中心,是该市"新昆山人"工作委员会办公室的对外窗口,专为非昆山户籍的外来人员提供服务,承担着权益维护、法律援助、就业指导等责任。在这样的背景下,加强外来人口的社会保障建设就自然提上了议事日程。昆山市实现了农民工与城镇职工享有统一的参保政策、统一的经办流程、统一的社保待遇。昆山市规定,凡在该市各类企业工作的农民工,均须参加养老、医疗、事业、工商、生育五项社会保险,各险种的缴费比例、缴费基数、享受待遇与该市城镇职工完全相同。2006年以来,昆山一贯重视加大劳动保障监察力度,开展农民工劳动保险权益专项执法监察,以非公有制企业和建筑行业为重点检查对象,加大对企业违法行为的查处。同时,根据农民工流动性强的特点,为接转衔接提供便利。

目前,昆山原先的城乡社会保障二元结构发生了根本改变,已经率先建立了统筹城乡、覆盖全民、双向贯通、相互衔接的城乡一体化社会保障制度。截至2011年底,全市企业职工基本养老、职工医疗保险参保人数分别为120.36万、104.45万,参保覆盖率均达到99%以上,基金征缴率巩固在99.9%,职工养老保险基金累计结余163.54亿,备付能力100个月,职工医疗保险基金累计结余21.91亿,备付能力17个月,12.85万名企业退休人员(含8.4万农保并轨人员)全部被纳入社会化管理。农村社会保险和被征地人员被纳入社会保障综合覆盖率达99%以上,全市累计农保并轨城保11.5万人,2012年农村基本养老保险参保1.25万人,按月领取养老金4.58万人,居民医疗保险参保20.78万人。

三、经验和存在的问题

1. 经验

(1) 通过制度推动农村社会保障体系的健全

改革开放以来,昆山市经济社会发展取得较大成就,在江苏和全国都处于领先地位。但同时也推动城乡二元发展结构瓶颈提前凸显。特别是20世纪90年代末期,城乡差距拉大,造成经济社会发展不平衡。昆山市按照社会保障统筹城乡和城乡一体的理念,主动面向城镇和农村弱势群体,积极探索,敢于创新,逐步建立健全了农村社会保障体系。

为此,昆山市先后出台《昆山市农村基本养老保险试行办法》等多项文件,按照"先建立,后过渡"的思路,推动农村社会保障制度的建立。

(2) 通过制度贯通城乡保障互转渠道

按照"城乡有别、相互衔接、逐步一体"的总体思路,农村社会保险与城镇职工社会保险有机衔接。

一是建立制度衔接通道。如在实施农村基本养老保险时,将缴费基数按照企业职工养老保险缴费基数的50%来设计,缴费比例与企业职工养老保险一致;农保缴费按照"2年折算1年、个人账户按实转移"的标准折算成相应的缴费年限和个人账户,贯通了农村养老与城镇养老的转换通道。2005年,灵活就业人员参保办法。制度设计与企业等一样,为以后接转,融合提供基础,两年农保折抵一年城保。在制定被征地农民保障制度时,征地保养个人账户可按企业职工养老保险的缴费基数和缴费比例转移折算成相应的缴费年限和个人账户,达到退休年龄时与正常的缴费合并后统一按照企业职工基本养老保险规定享受养老待遇。

二是通过制度引导过渡。根据苏州三年并轨行动计划,其中包含了社会保障并轨。按照苏州市要求,昆山实施低水平的保障制度往高水平制度靠拢。2003年农保20余万人,享受10多万人,2011年,缴费1万多人,享受4.5万人。农保新增的人员减少,死亡人员减少,其他退休的享受城保等保险制度。

三是尊重志愿柔性引导。通过制度待遇的差异,鼓励由低等次的保障类别向高水平的社会保障过渡,但不强制进行硬性转移。截至2012年,农保、居保已经实现并轨运行,居保人数急剧减少,已经从原先20万人,到现在不足1.2万人,居民医疗保险从原先的35万人,萎缩到现在的不到20万人,主要是儿童和大学生群体。

(3) 重视基层服务工作

一是完善工作机构。以医疗保险为例,我区城乡居民医疗保险经办服务机构由区、镇(街道、分区)、村(社区)及定点医疗机构四级网络组成。其中:区社会保险基金管理中心是区医保的业务经办机构,负责医保基金的管理及各项业务工作;各镇(街道、分区)劳动保障事务所是区医保业务的协办机构,具体负责本镇(街道、分区)范围内医疗保险的组织与管理,并协助区社会保险基金管理中心做好辖区内医疗保险费的收缴、结付等工作;村(社区)承担着日常人员管理、区医保收费等工作;劳动保障协理员专职。

二是加强保险基金管理。城乡居民医疗保险基金设立医疗基金财政专户,实行收支两条线,严格基金运行管理,规避基金运行风险;基金收支纳入计算机信息系统,每笔基金支出都根据系统结算数据支付,杜绝人为操作影响;定期进行医疗基金运行情况分析,根据基金收支结余情况,提出对基金筹资标准、支付比例进行调整的建议,保证基金不出险又充分使用。

(4) 加强社会保障投入

昆山有比较好的经济基础,2011年财政收入600亿元。在考虑社会保障的支出刚性和当地经济发展的预期的情况下,提供了良好的保障。

此外,政府城保承担兜底责任,不足社保经费由政府承担。

2. 存在的问题

(1) 在待遇上与其他制度间缺乏平衡

如与低保等待遇水平适度,能够有效保障基本生活正确的理解并做好制度的整合,实现在待遇上的科学叠加,是目前考验试点地区的一大难题。根据不同的政策保障对象,目前社会保障覆盖的类型既包括各类社会保险,还包括低保、社会救助等。如何确保不同保险类型之间的保障水平,实现顺利引导过渡,同时又确保社会保险与其他保障类型的合理梯度,保障人们参与社会保险的积极性,是目前考点试验地区的一大难题。

(2) 待遇空间还较低

由于昆山财政收入的保证,该市社会保障水平在全省处于领先水平,并远远高于全国标准。但由于该市居民收入水平也处于较高水平,相应地,对社会保障的待遇也有较高的期望值。因此,社会保障待遇提升的需求是刚性且持续的。如何在现有条件下,实现待遇的持续稳定提升是昆山社保部门需要持续关注的问题。

(3) 新情况有待解决

昆山作为经济发达地区,社会保障的发展也走在全国前列,但仍然有不少问题需要解决。一方面是由于昆山社会保障待遇水平已经遥遥领先全国其他地区,而国家或省里的政策仍然是基于各地的平均水平而设立,已经难以满足昆山的需求,因而出现了昆山社会保障政策如何与国家政策相协调的问题。例如,江苏出台居民养老保险制度,而实际上昆山该制度已经开始萎缩了。另一方面,由于昆山外来人口较多,虽然社会保障制度已实现较高的覆盖率,但对外来人口参加生育保险、工伤保险等的制度还有待进一步建立和完善。

四、对策与建议

城乡社会保障制度一体化的试点和推广,完善了我国社会城乡一体化制度,是我国全面建设城乡一体化过程中关键性的一步,有效地统筹城乡社会保障制度对缓解社会矛盾,完善社会分配制度以及推动社会主义和谐社会的建设有着相当重要的意义。

1. 进一步加强不同制度间的统筹

工业化、城镇化的推进和人口老龄化的发展决定了必须统筹社会保障制度建设。但受当前财力的限制,统筹社会保障不是统一社会保障,这是一个原则性的区别。实际上,社会保障本身就是分层次的。社会保障体系通常包括养老保险、医疗保险、工伤保险、社会福利与社会救济、最低生活保障等内容,形成一个层梯结构,最低生活保障是社会保障体系中必须守住的底线,因为按"要求层次理论",最低生活保障处于需求层次的最下层。但由于养老保险、医疗保险、工伤保险等和要素流动有直接关系,即它们与"发展"的相关度更高,它们往往更容易获得政府的优先考虑;而不"稳定"直接威胁到安定团结的政治局面,因此我们应调整思路,把保住底线作为今后社会保障工作的基本点,尽快建立起覆盖城乡的最低生活保障制度。鉴于城镇已基本"应保尽保",做好农村低保工作即成当务之急。首先,我们要加快完善农村社会保障体系,逐渐缩小我国城乡居民社会保障水平的差距。从制度上,逐步构建城乡社会救助体系、养老保险体系和居民医疗保障体系,从统一建立城乡居民最低生活保障制度,逐渐向综合型的社会救助体系扩展,向统一的一元化的全覆盖的全民医疗保障体系迈进。其次,健全农村社会保障体系。将农民工等统筹纳入养老保险体系,推进新型农村养老保障制度和城镇养老保障制度、新型农村合作医疗制度,与现行的保障进行合并。最后,改革完善现行的社会保障体系。扩大覆盖面和基金征缴面,探索保障体系的改革路径。

2. 注重社会保险与其他保障项目的衔接

根据《国务院关于开展新型农村社会养老保险试点的指导意见》,目前江苏省各地出台的"新农保"实施办法中规定:"新农保"与企业职工基本养老保险、被征地农民基本生活保障等制度衔接。但目前国务院和江苏省相关部门均未出台相关衔接政策,存在政策盲区,导致不能很好地发挥各个制度的效能。

第一,待遇水平上,应合理设置不同险种之间的待遇差距,考虑不同险种的公平性、合理性。如近年来低保水平逐年提高,苏州 2012 年低保补贴为每月 570 元,昆山为每月 590 元左右。其他险种应该高于低保,但现实还没有达到这个标准。每年都应该调整,设置合理阶梯,否则体系会乱。

第二,"新农保"制度与社会优抚、农村计划生育家庭奖励扶持政策的衔接。社会优抚是对社会有贡献的特定群体给予的奖励,农村计划生育家庭奖励扶持政策是对农村家庭执行计划生育政策的奖励,应予以保留。

3. 提高保障水平,建立待遇稳步提高的保障机制

目前保障待遇较低。根据 2010 年江苏的情况,农村居民多数每月领取的基础养老金标准虽然各地有差异,但大多数为 60 元/人,2011 年没有调整。而 2011 年江苏企业职工基本养老保险人均月养老金水平已达到 1 622 元,江苏全省农村低保标准人均每月达到 253 元。与其他社会保障制度相比,"新农保"保障水平是偏低的,还无法保障农村老年居民最基本的生活。

待遇低的原因在于农村老年人口数量多及财政压力大。从农村老年人口数量看,按目前江苏农村老年人口数量计算,每人每年增加 1 元基础养老金需要近 747 万元,如果将基础养老金的标准调整到目前的农村低保标准,按照现行大多数地区"新农保"待遇每人每月为 60 元进行简单计算,需要财政再投入基础养老金 1 730 052 万元,江苏地方财政目前还没有能力承担如此之大的支出。从财政压力看,2010 年江苏财政对"新农保"的补助合计为 62.25 亿元,仅占 2010 年江苏一般预算支出的 1.27%。从目前财政承担的任务看,江苏财政承担经济转型升级与建立和谐社会的任务,需要加大对经济结构转型升级、教育、医疗卫生、环境保护、住房保障、新农村建设以及其他社会保障等方面的投入,庞大的地方政府债务需要化解,财政支出任务较重。从江苏目前一般预算支出的结构来看,财政对教育、科学技术、环境保护、医疗卫生等方面的支出还不能满足实际需要,能够调整的仅限于一般公共服务支出,但一般公共服务支出的刚性较大,在政府职能转换没有到位的情况下,调整的难度较大。在这种情况下,如果大幅度提高基础养老金标准,财政将不堪重负。

4. 加强其他机关公务员等群体的社会保障制度建设

研究解决未参保城镇集体企业退休人员社会保障遗留问题,对符合条件的对象可通过一次性补缴方式参加企业职工社会保险并享受相应社会保险待遇。为领取失业金人员缴纳基本医疗保险费,保障失业人员享受职工基本医疗保险待遇,失业保险和职工医疗保险两大险种实现首次对接,进而有效降低了失业人员面临的医疗风险,获得社会各界广泛好评。

出台实施2011年度社会基本医疗保险和生育保险调整政策,全市共有16.9万大学生纳入居民医保,超额完成15万名在校大学生纳入居民医疗保障的政府实事工程,市区大学生参保率达到95%。出台《苏州市流动就业人员医疗保险关系转移接续若干问题处理意见》,有效解决流动就业人员医疗保险关系转移接续不畅的问题,切实保障其合法权益。

在全省乃至全国率先实施针对低收入家庭的专项医疗救助,由此形成"实时救助、保费减免、年度救助、专项救助"四位一体的医疗救助体系,贯彻实施新的《工伤保险条例》,加快推进工伤保险市级统筹,基本实现工伤保险参保范围和对象、缴费基数和标准、工伤认定和劳动能力鉴定标准、工伤保险待遇支付标准的统一。

"十一五"期间,我市制定并实施养老保险后延缴费办法;全面启动大学生参加居民医保工作,保障在昆高校大学生基本医疗保险需求;创新实施昆山居民生育保险办法,填补居民生育保险制度空白。

5. 经办管理有待进一步探索

城乡社会保障管理机制差异明显。我国城市社会保障体系的发展,已经具有充足的社会保障管理经验,健全的社会保证机构和网络系统,有一批具有高素质的专业社会保障工作人员。但在我国农村,社会保障的管理体系才刚刚开始建立,覆盖面和保障力度都较低,并且农村的保障有多个部门分头管理。我国目前管理社会保障基金的部门多,除了直接的财政部门外,民政、人事、计划生育、劳动就业、保险公司以及各个企事业单位都有参与。多部门参与,多部门管理,在筹资的政策规定等很多方面就会出现政出多门的情况,众多部门之间做到有效的统一协调就会困难,机构间相互扯皮、相互掣肘的现象时有发生,最终影响了社会保障工作的正常运转。我国的社会保障体系长期以来缺乏统一的监督机构和有效的行政监督,同时，社会保障基金会计核算制度、基金财务管理制度也不健全，以至于出现挪用社会保障基金的现象时有发生，造成社会保障基金的大量流失。

首先，采取多种措施，不断完善经办服务。一是建立区、镇（街道、分区）、社区（村）三级经办服务平台。二是通过对社保业务的分类管理，将前台业务集中至"一柜通"业务窗口办理，全面提升经办效能。三是通过业务培训和内部轮岗，加强队伍能力建设。四是建立多元化宣传机制，提升社保公共服务能力。五是强化审计内控机制，促进业务操作标准化。六是做好社保基金运行的分析工作，确保社保基金安全运行。七是做好社保网上业务建设工作，使网上申报、网上支付、网上查询等业务日益完善。

其次，进一步强化作风效能建设。一是全面贯彻落实"首问负责制"等五项制度，提升服务形象。二是设立导服台、业务咨询窗口、商业银行及数字认证中心等配套服务窗口，倾情打造一流社保大厅。三是服务上门，将业务指导、咨询服务搬到企业家门口。四是重视细节，提升语音热线服务效能。五是为企业免费培训，帮助企业正确了解社保政策，掌握业务经办流程，搭建政企沟通的有效平台。六是建立公众监督机制，设立评价器、投诉电话、意见箱，实现群众沟通零距离。

第十章　我国城乡社会保障一体化法制保障机制研究

第一节　研究内容设定之理论基础及逻辑思路

"转变经济发展方式"为"科学发展观"的应有之义。该科学提法肇始于2007年各种领导人讲话及官方文件、成型于"十二五"规划这一具有实质法律效应的计划法制之中。因此，课题研究内容的整体设计及研究进展均紧扣这一政治与时代背景。

一、"转变经济发展方式"与"城乡社会保障一体化"的关系解析

"十二五"规划报告第一篇为"转变方式　开创科学发展新局面"，该篇整体内容框架清晰，描绘了"转变经济发展方式"与"城乡社会保障一体化"的内在逻辑关系。

该篇内容引言即强调"'十二五'时期是全面建设小康社会的关键时期，是深化改革开放、加快转变经济发展方式的攻坚时期……"，紧接着在第二章"指导思想"、第三章"主要目标"与第四章"政策导向"中均对转变经济发展方式与社会保障看作一整体内容加以论述。"指导思想"中强调，"要确保科学发展取得新的显著进步，确保转变经济发展方式取得实质性进展，基本要求是：坚持把经济结构战略性调整作为加快转变经济发展方式的主攻方向；坚持把保障和改善民生作为加快转变经济发展方式的根本出发点和落脚点"。将经济结构战略性调整作为加快转变经济发展方式的主攻方向，即意味着，自2011年开始，我国经济增长将由以前过度依赖出口的线性动力方式转向"消费、投资、出口协调拉动转变"的立体动力方式，而"构建扩大内需长效机制"对于加快转变经济发展方式具有重要作用。面对我国城乡居民长期怠于消费的惯性思维，如何构建依赖于消费促进经济发展的内需长效机制必须借助于其他配套制度的完善，社会保障制度则首当其冲。由于社会保障制度的不完善，尤其是农民社会保障制度的大面积缺失，民众消费欲望不高，消费心理存在不安全感。因此，完善社会保障制度，并在城乡一体化进程中推进社会城乡保障一体化，对于

挖掘与刺激消费欲望、提升消费能力具有重要意义。

"主要目标"鲜明提出以"提升居民消费率"作为"结构调整取得重大进展"的重要手段之一；作为配套措施，在社会保障制度方面也提出了具有约束性的目标，如"城镇居民人均可支配收入和农村居民人均纯收入分别年均增长 7% 以上。新型农村社会养老保险实现制度全覆盖，城镇参加基本养老保险人数达到 3.57 亿人，城乡三项基本医疗保险参保率提高 3 个百分点"。虽然完善城乡居民社会保障制度是作为"转变经济发展方式"的目标而设定，但课题组认为，社会保障制度的完善必将能够"提升居民消费率"，进而实现"结构调整"，并最终能够加快"转变经济发展方式"。

"政策导向"与"指导思想"、"主要目标"一脉相承，明确提出"建立扩大消费需求的长效机制"，并将"健全社会保障体系"视为"增强居民消费能力，改善居民消费预期，促进消费结构升级，进一步释放城乡居民消费潜力"的重要手段之一。由此，"十二五"规划内容进一步论证课题组核心观点——完善社会保障制度有利于促进经济结构转型，转变经济发展方式。

由于长期存在城乡二元结构致使农村社会保障制度一度被忽略，农民长期游离于正式社会保障制度之外有悖于社会基本公平正义价值理念。正是法律所秉承的公平正义价值促使我国政府、社会开始关注城乡二元结构如何向一元结构转变的理论与现实问题，而在城乡结构一元化进程中，城乡社会保障一体化也毫无争议地进入理论与实务界的视野。如何构建体现法律公平正义之普世价值的一体化社会保障制度，使农村居民在实现生存权方面享有与城镇居民同等的机会公平与实质公平，至今已成为学界研究的兴趣点。农村社会保障制度的完善能够极大刺激农村居民消费欲望、激发消费正能量已成为学界共识。因此，在我国社会保障制度理论研究过程中，学界已经把目光聚焦在城乡社会保障一体化的实践路径之上。

至此，"转变经济发展方式"与"城乡社会保障一体化"的内在逻辑关系，不仅为"十二五"规划这一具有实质法律效应的计划法所认可，且在实践中两者也将形成良性互动关系。以上分析表明课题名称及其研究内容具备了逻辑上的自洽性。

二、"城乡社会保障一体化"与"法制"之间关系解析

法乃公平正义之术。法律的基本功能在于通过权利义务的合理配置，以协调法律关系主体间的利益冲突，进而实现社会秩序的良性运行。在一个崇尚法治的

社会中,社会秩序的良性运行必须建立在完善的法制之上,社会保障制度也概莫能外。因此,城乡社会保障一体化理想目标的实现有赖于完善、良性的社会保障立法、执法与司法之法制机制的保驾护航。

社会保障在我国的历史演变时间较短。虽自新中国成立后有零星的体现社会保障思想的制度出台,但与正式意义的社会保障制度相差甚远。一般认为,我国正式社会保障制度的建立始于20世纪90年代,即我国市场经济体制建立与发展时期。我国社会保障法律制度与民商领域的法律制度一样,大都借鉴于大陆法系国家相关法律制度,且在借鉴过程中注意糅合本土化的相关因素,以避免出现制度借鉴过程中的"水土不服"。

纵观社会保障制度完善之国家,无不立法先行。以德国为例,早在1883年、1884年和1889年就相继通过关于医疗保险、事故保险以及伤残和老年保险的立法,以上三项立法于1911年合并为《帝国保险法》,并于同年通过了《职员养老保险法》,1923年通过《矿工社会保险法》,1927年通过《失业保险法》,至此德国建立了完善的社会保险法律制度。二战结束后,德国社会保障制度进一步发展,同时也进行了必要的调整,如德国先后于1957年、1972年和1992年颁布立法对养老保险进行了改革和调整,1989年、1992年、1995年、1997年对疾病保险进行了改革和调整,1995年还实施了《护理保险法》,为需要护理的公民提供保障。

社会保障是典型的公共产品。公共产品具有非竞争性与非排他性特征,从成本—收益角度分析,此种产品无法寄望于以追求利润为目的的私人提供。但社会保障又是民众实现其生存权的必需品,因此代表社会整体利益的政府当然具有不可推卸的公共产品供给义务。因此,社会保障也逐渐褪去英国《济贫法》时期的慈善色彩,继而转变为政府应该承担的义务。而这种义务的履行无法完全依赖于"有限理性"的政府自律,而具有他律功能的法律则应承担一种约束政府行为的责任。因此,德国为何制定如此完备的社会保障法律制度则不难理解。反观中国社会保障制度建设进程,虽然政府也意识到需要以法律推进社会保障制度建设,但实际行动却不尽如人意。尤其在消弭城乡社会保障二元结构方面,相关法律制度仍无法抑制二元结构的惯性立法思维,即对城镇与农村相关制度或在形式上或在实质上仍然采取二元立法模式,人为将城乡社会保障二元结构固化。这种状况与当前我国推进城乡统筹发展、实现城乡一体化的目标背道而驰,故在推进城乡社会保障一体化进程中,社会保障法制的一元化甚为重要。

由此可见,将"法制保障机制"纳入"转变经济发展方式下的城乡社会保障一体化研究"是非常必要的。法制不仅为城乡社会保障一体化的实现提供了严谨的法律"形式理性",而且也为城乡社会保障一体化的实现提供了制度路径。对于课题研究背景、目的与意义的阐述,也为该部分研究的稳步推进提供了合理性。

第二节 研究内容梳理与分析

本研究内容意欲以法制机制为城乡社会保障制度一体化的实现提供制度保障。虽然法制在学界是一个见仁见智的概念,但课题组认为应将法制视作一个多层次的概念,即法制是一个包括法律制定、执行与实施的动静结合的过程。因此,本节内容亦是围绕如何通过立法、执法与司法等环节为实现城乡社会保障一体化提供保障机制来展开。关于本研究内容梳理与分析,具体如下。

一、城乡社会保障一体化进程中的立法研究

构建完整的社会保障法律体系是对公民社会保障权的权威确认,也是城乡社会保障一体化法制保障机制的逻辑起点,有了立法对城乡居民社会保障权的确认、细化,行政机关的执法才能将公民社会保障权由应然状态转变为实然状态,司法才能在公民社会保障权受到侵害之时承担起权利救济的职责。可见,城乡社会保障一体化的立法研究在法制保障机制整体研究中居于基础性地位。

社会保障制度实践时间较短,与之相随的理论研究尚未形成厚重的积淀,但不可否认的是社会保障法制早期研究成果却颇为丰硕[①],这些成果对我国社会保障立法中的相关问题做了深入的研究。课题组关于城乡社会保障一体化立法研究是在前人耕耘的基础之上进行的,结合学界新近研究成果与制度实践状况,试图对此部分内容做更为深入的研究。

1. 城乡社会保障立法现状

我国城乡社会保障制度建设可追溯至 20 世纪 50 年代,其间几经变革,直至 20

---

① 社会法学领域学者所形成的成果主要包括:史探径. 社会保障法研究[M]. 北京:法律出版社,2000;史探径. 我国社会保障法的几个理论问题[J]. 法学研究,1998(4);董保华. 社会保障的法学观[M]. 北京:北京大学出版社,2005;林嘉. 社会保障法的理念、实践与创新[M]. 北京:中国人民大学出版社,2002.

世纪 90 年代,城乡社会保障立法工作才初步体现系统化,故本部分内容重点对 20 世纪 90 年代至今的城乡社会保障主要立法进行梳理。①

20 世纪 90 年代后,一系列法律、法规和规章制度的出台标志着我国城镇社会保障制度逐步趋于完善。(见表 10-1)

表 10-1 城镇社会保障主要制度规范概况

社保项目		制定时间	制定主体	规范名称	规范性质
社会保险	养老	2010 年	全国人大常委会	中华人民共和国社会保险法	法律
		1991 年	国务院	关于企业职工养老保险制度改革的决定	规范性文件
		1993 年	民政部	企业职工养老保险基金管理规定	部门规章
		1995 年	国务院	关于深化企业职工养老保险制度改革的通知	规范性文件
		1995 年	劳动部	关于建立企业补充养老保险制度的意见	规范性文件
		1997 年	国务院	关于建立统一的企业职工养老保险制度的决定	规范性文件
		1999 年	国务院	社会保险费征缴暂行条例	行政法规
		2000 年	国务院	关于印发完善城镇社会保险体系试点方案的通知	规范性文件
		2001 年	劳动与社会保障部	社会保险行政争议处理办法	部门规章
		2005 年	国务院	关于完善企业职工基本养老保险制度的决定	规范性文件
		2009 年	人力资源社会保障部、财政部	城镇企业职工基本养老保险关系转移接续暂行办法	部门规章
		2011 年	国务院	国务院关于开展城镇居民社会养老保险试点的指导意见	规范性文件

---

① 因我国社会保障立法滞后,法源层面的制度建设更为欠缺,故此处所用"立法"泛指具有约束性的规范性文件的制定。

续表

社保项目		制定时间	制定主体	规范名称	规范性质
社会保险	医疗	1993年	劳动部	关于职工医疗保险制度改革试点的意见	规范性文件
		1994年	劳动部、卫生部等	关于职工医疗制度改革的试点意见	规范性文件
		1996年	国务院	关于职工医疗保险制度改革扩大试点的意见	规范性文件
		1998年	国务院	关于建立城镇职工基本医疗保险制度的决定	规范性文件
		2007年	国务院	国务院关于开展城镇居民基本医疗保险试点的指导意见	规范性文件
	失业	1993年	国务院	国有企业职工待业保险规定	行政法规
		1998年	国务院	关于切实做好国有企业下岗职工基本生活保障和再就业工作的通知	规范性文件
		1999年	国务院	失业保险条例	行政法规
		2002年	中共中央、国务院	中共中央、国务院关于进一步做好下岗失业人员再就业工作的通知	规范性文件
		2005年	劳动与社会保障部、财政部	关于切实做好国有企业下岗职工基本生活保障制度向失业保险制度并轨有关工作的通知	规范性文件
	工伤	1996年	劳动部	企业职工工伤保险试行办法	部门规章
		2003年	国务院	工伤保险条例	行政法规
	生育	1994年	劳动部	企业女职工生育保险试行办法	部门规章
		1995年	国务院	中国妇女发展纲要	规范性文件
		1997年	劳动部	关于印发《生育保险覆盖计划》的通知	规范性文件
		1999年	劳动与社会保障部、财政部等	关于妥善解决城镇职工的计划生育手术费用问题的通知	规范性文件
		2004年	劳动与社会保障部	关于进一步加强生育保险工作的指导意见	规范性文件

续表

社保项目	制定时间	制定主体	规范名称	规范性质
社会救助	1997年	国务院	关于在全国建立城市居民最低生活保障制度的通知	规范性文件
	1999年	民政部	关于加快建立与完善城市居民最低生活保障制度的通知	规范性文件
	1999年	国务院	城市居民最低生活保障条例	行政法规
	2001年	国务院	关于进一步加强城市居民最低生活保障工作的通知	规范性文件
	2003年	国务院	城市生活无着的流浪乞讨人员救助管理办法	行政法规
	2003年	民政部	关于建立城市医疗救助制度有关事项的通知	规范性文件

注:1. 此表所统计数据均为20世纪90年代初至今由国务院及其相关部门制定的城镇社会保障主要法规与规范性文件。2. 基于研究目标需要,此表仅对社会保障领域内社会保险与社会救助主要法规与规范性文件进行统计。

与城镇社会保障制度相比,农村社会保障领域的主要法规与规范性文件屈指可数,且从制定时间来看多滞后于城镇社会保障制度。(见表10-2)

表10-2 农村社会保障主要制度规范概况

社保项目	制定时间	制定主体	规范名称	规范性质
社会保险	2010年	全国人大常委会	中华人民共和国社会保险法	法律
	1991年	民政部	关于进一步加强农村社会养老保险工作的通知	规范性文件
养老	1992年	民政部	县级农村社会养老保险基本方案(试行)	部门规章
	1992年	民政部	关于加紧农村社会养老保险改革的通知	规范性文件
	1992年	民政部	关于进一步加快发展农村社会养老保险事业的通知	规范性文件
	1995年	国务院	关于进一步做好农村社会养老保险工作的意见的通知	规范性文件
	1997年	民政部	县级农村社会养老保险管理工作规程	部门规章

续表

社保项目		制定时间	制定主体	规范名称	规范性质
社会保险	养老	1997年	民政部	县级农村养老保险基本方案(试行)	部门规章
		2002年	劳动与社会保障部	2002年农村养老保险工作安排	规范性文件
		2003年	劳动与社会保障部	关于做好当前农村养老保险工作的通知	规范性文件
		2009年	国务院	关于开展新型农村社会养老保险试点的指导意见	规范性文件
	医疗	1997年	中共中央、国务院	关于卫生改革与发展的决定	规范性文件
		2002年	中共中央、国务院	关于进一步加强农村卫生工作的决定	规范性文件
		2003年	卫生部、财政部	关于建立新型农村合作医疗制度的意见	规范性文件
		2003年	卫生部、财政部等	关于进一步做好新型农村合作医疗试点工作的指导意见	规范性文件
		2004年	国务院	关于做好2004年下半年新型农村合作医疗试点工作的通知	规范性文件
社会救助		1994年	国务院	农村五保供养工作条例	行政法规
		2003年	民政部等	关于实施农村医疗救助的意见	规范性文件
		2004年	民政部等	关于进一步做好农村五保供养工作的通知	规范性文件
		2006年	国务院	农村五保供养工作条例(修改)	行政法规
		2007年	国务院	关于在全国建立农村最低生活保障制度的通知	规范性文件

注:1. 此表所统计数据均为20世纪90年代初至今由国务院及其相关部门制定的农村社会保障主要法规与规范性文件。2. 基于研究目标需要,此表仅对社会保障领域内社会保险与社会救助主要法规与规范性文件进行统计,因失业、工伤与生育保险领域相关制度处于空白,故未进行统计。

2. 城乡社会保障立法缺陷

通过对我国城乡社会保障领域主要社保项目相关制度进行统计与梳理,课题组认为我国城乡社会保障一体化背景下的社会保障立法存在如下几点缺陷。

（1）立法进程滞后

由表10-1与表10-2的"制定时间"可知，与社会保障规范体系建设至关重要的城乡社会保障制度均于20世纪90年代才陆续建立。以《社会保险法》为例，早在1994年该法即被纳入立法计划，至2007年12月提交人大常委会进行审议，而直至2011年方得通过。《社会保险法》的出台在一定程度上弥补了我国社会保障法律体系缺少顶层设计的缺憾。同样在社会救助领域，城镇居民最低生活保障制度自1997年即开始试点推广，农村五保供养制度自1994年即为法律位阶较高的行政法规所确立，但令人遗憾的是，至今我国社会救助领域尚无类似《社会保险法》这样的顶层制度设计。

（2）法制体系不健全

在一个法治国家，宪法内所揭示的基本权利理念，必须以形成法律制度的方式来实践。[①] 就法律效力而言，在宪法做出相关规定之后，还需要不同层级的法律法规加以细化，从表10-1与表10-2可知，虽然我国宪法对公民社会保障权已经做出相关规定，[②]但除《社会保险法》已经出台外，社会救助、优抚等领域法律规范性文件仍暂付阙如。此外，即使作为指导城乡社会保障实践的规章制度与规范性文件也尚未全方位覆盖农村社会保障项目。当前部分省份已经开始实施城乡居民同享生育保险待遇，如天津市于2012年制定了《天津市城乡居民生育保险规定》并于2013年开始实施，成都市于2012年制定并实施了《成都市城乡居民生育保险暂行办法》。与此相反，中央政府层面相关规定尚处于缺失状态。

（3）法制体系效力层次低

社会保障属于一个国家社会生活的基本问题，根据立法理论，社会保障的主要事项应由全国人大制定法律。我国的现状是人大立法、行政法规少，规范性文件膨胀（见图10-1），社会保障立法层次低。低位阶的法制体系使其强制性大打折扣。

[①] 陈新民.德国公法学基础理论(下册)[M].济南:山东人民出版社,2001:347.
[②] 参见《中华人民共和国宪法》第45条。

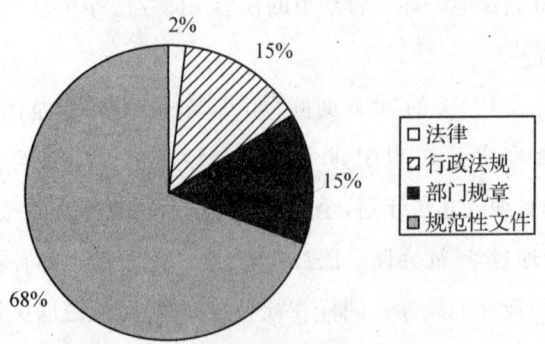

图 10-1 城乡社会保障制度规范性质分布图

（4）城乡社会保障制度规范结构失衡

特定历史条件下形成的城乡二元经济社会结构造就了今日的城乡社会保障二元格局。长期以来，国家将资源（资金、制度）倾斜性地配置给城镇居民（尤其是城镇职工），导致农村居民长期被排斥在正式社会保障制度之外。当城乡之间、不同职业群体之间的贫富差距愈演愈烈且成为影响社会和谐的不安定因素时，城乡统筹发展才进入当政者视野，作为城乡一体化进程中的社会保障制度（尤其农村社会保障制度）才被给予关注，但时至今日，这种制度规范层面的不均衡仍然存在（见表10-3）。

表 10-3 城乡社会保障制度规范数量比对（单位：件）

	社保项目						总计	百分比（%）
	社会保险					社会救助		
	养老	医疗	失业	工伤	生育			
城镇	11	5	5	2	5	6	34	62.96
农村	10	5	0	0	0	5	20	37.04

注：本表数据经由课题组自表10-1与表10-2计算所得。

（5）城乡社会保障立法统筹意识欠缺

在当前城乡二元经济社会格局下，城乡社会保障一体化似乎应被视作长期理想目标。为了实现此目标，立法者需要在城乡社会保障一体化进程中统筹考虑城乡现有制度的衔接与融合,将来在制定社会保障更高位阶法律时,需在立法意识层面融入城乡社会保障一体化。如社会救助领域,城市居民最低生活保障于1999年时即已制度化,而农村居民最低生活保障制度直至2009年才开展试点工作,二者一体化格局的实现很难在短时间内实现。

3. 立法对策与建议

针对当前我国城乡社会保障一体化进程中立法领域存在的缺陷,课题组认为应采取适当措施消弭缺陷,以期从制度层面加快城乡社会保障一体化进程。具体对策如下。

(1) 制定详细的立法规划并认真贯彻落实

社会保障法在构建社会主义和谐社会过程中具有举足轻重的作用,是我国法律体系的重要组成部分,必须从宏观上考虑其规范的完备性、内容的协调性和执行的强制性,只有这样才能避免立法的滞后性。

(2) 继续重视并发挥"软法"在推进城乡社会保障一体化进程中的作用

所谓软法,是指那些效力结构未必完整、无须依靠国家强制保障实施,但能够产生社会实效的法律规范。[①] 我国社会保障制度缺乏法治传统,而社会保障具体内容往往与时俱进,常变常新,导致我国社会保障制度的主要载体表现为数量众多的政策文件。这些政策文件在形式与实质上均与软法部分特征相契合。但即使软法与硬法[②]相比具有"短、平、快"的特点,我国农村社会保障制度领域的软法数量仍然屈指可数。因此,在推进城乡社会保障一体化的进程中,必须对软法的功能与特点给予足够重视,使其成为城乡社会保障一体化的"黏合剂"。

(3) 抓住时机,适时提高立法层次

针对当前实践中对社会保障进行规制的大多是行政法规、部门规章或地方性法规、规章的问题,未来在构建城乡一体化社会保障法制体系时应由行政立法向人大立法转变。社会保障是全体社会成员的共同愿望,兴办社会保障事业也是现代社会和国家的意志,因此关于社会保障的法律制度也应当通过代表人民意愿的国

---

① 罗豪才,宋功德.认真对待软法——公域软法的一般理论及其中国实践[J].中国法学,2006(2):3-24.
② 与软法称谓相对应,主要是指立法机关经由法定程序制定的具有普遍强制性效力的制定法。

家立法机关来制定。我国当前行政法规和地方性法规的"畸形"繁荣,已经无法满足社会保障正常运行的需要,甚至成为障碍,人大立法必须被提上日程。

（4）分清主次轻重,逐步推进城乡社会保障一体化

随着课题研究逐步推进,课题组认为,社会保障城乡一体化在我国虽然具有理论和实践的必要性,但由于城乡二元经济社会结构的长期存在,城乡社会保障制度之间的差异无法在短期内实现完全意义上的城乡社会保障一体化。因此,社会保障制度城乡一体化只能作为一个长期的、终极的理想目标,在实现这一理想目标的过程中,应该以城乡统筹的思想,对社会保障进行分阶段、多层次的动态制度设计与安排。基于先前研究基础,课题组认为,从社会保障项目来看,应将社会保险领域的养老、医疗以及社会救助作为城乡社会保障制度一体化构建的首选对象。[1] 社会救助"通常被视为政府的当然责任或义务,采取的也是非供款制与无偿救助的方式,目标是帮助社会脆弱群体摆脱生存危机,以维护社会秩序的稳定"[2]。而社会保险范畴内的养老与医疗同样也是城乡居民实现生存权的风险分担机制。实现一体化的具体制度安排则需法律、政策制定者综合考虑多种因素,分阶段、分区域的科学建构。

二、城乡社会保障一体化进程中的执法研究

作为依法治国策略的整体要求之一,执法是城乡社会保障一体化保障机制中重要一环,是连接立法与司法保障的纽带。在实现城乡社会保障一体化进程中,立法、执法、司法均承担着不同的使命,具有同样重要的地位,且三者之间具有严格的逻辑顺序,而执法则处于中间环节,具有"承前启后"之功效。

所谓"承前",即强调立法和司法之间的关系。"徒法不足以自行",法律的生命力在于它在社会生活中的具体实施。立法权表达的国家意志主要由行政权来贯彻执行。法律在经过严格的立法程序制定出来后,必须通过相应行政机构来执行,法律才具有生命力,才能真正成为"活着的法"。完善的社会保障法律体系构建完毕后,相关行政主体必须依法行政,在执法资源配置上,注重矫正城乡分配不均的结

---

[1] 从前文表10-3中数据可知,虽然城乡社会保障制度规范数量差异较大,但在养老、医疗与社会救助领域的规范数量大体相当,这与课题组的设想不谋而合。
[2] 郑功成.社会保障学[M].北京:商务印书馆,2000:14.

构性失衡状态,在执法方式与程序设计上更加体现对处于更加弱势地位的农村居民社会保障权益的维护。而"启后"则体现了执法与司法之间的关系。执法属于法律的实施范畴,具有主动性;而司法属于法律适用范畴,具有被动性。在执法实践中,由于行政主体具有有限理性、利益偏好与权力寻租等天然倾向,故在为城乡居民提供社会保障供给服务时难免出现侵害城乡居民社会保障权的违法行为。因此,必须有相应的救济机制充当公民权利的最后防线,司法救济即为城乡居民社会保障权之"最后一道防线"。在社会保障行政执法实践中,一旦行政主体做出有损城乡居民社会保障权圆满状态的消极或积极行为,司法保障机制必将登台亮相。

基于社会保障执法领域的研究现状,选定城乡社会保障一体化进程中的行政执法主体与方式、社会保障争议行政解决机制两方面内容进行针对性研究。

1. 行政执法主体与方式

在社会保障法律关系中,主体因法律配置的权利义务之别而承担不同的功能。当社会保障这一公共物品供给由慈善道义行为转变为宪法所确立法定义务之时,政府即成为社会保障供给的法定义务主体,而这种法定义务即表现为对社会保障法律制度的执行。因此,在研究城乡社会保障一体化的执法保障机制时,当然应将执法主体及其执法方式纳入研究视野之中。

(1) 社会保障执法主体构造

关于当前我国社会保障管理体制中存在的诸多弊端,学界已经进行了深入的研究。由于体制机制方面的缺陷根深蒂固,故短时间难以消除这样的弊端。

在总结当前我国社会保障制度中政府面临的责任困境时,有学者将其归纳为亮点,即政府"在该'到位'的地方没有'到位'、在该'退位'的地方没有'退位'"[①]。顾名思义,即政府并没有厘清其在社会保障管理中的职责,角色定位有误。课题组在研究过程中,以当前我国社会保障管理体制中的经办机构为例,对其错误的角色定位与矫正措施进行了研究。

社保机构是架通国家(政府及其工作部门)与个人社会保险法律关系的最主要的保障主体,但对其法律性质至今尚无明确界定。而在社会保障实践中,经办机构

---

① 董保华.社会保障的法学观[M].北京:北京大学出版社,2005:87.

经常具有双重角色。根据《社会保险行政争议处理办法》第2条规定,经办机构是指法律、法规授权的劳动保障行政部门所属的专门办理养老保险、医疗保险、失业保险、工伤保险、生育保险等社会保险事务的工作机构。《社会保险法》第8条规定,社会保险经办机构提供社会保险服务,负责社会保险登记、个人权益记录、社会保险待遇支付等工作。从此两条规定中,我们无法清晰判定目前社会保障经办机构的性质为何。一般认为,在现行的社会保障行政管理体制中,社会保险经办机构只是隶属于国家机关的事业单位,但对于经办机构的人事和财务管理则完全按行政层级来设计,使得社保机构具有较强的行政隶属性,更像一个行政机关。且现行制度相关规定也验证了这一点,根据《社会保险行政争议处理办法》规定,当经办机构在依照法律、法规及有关规定经办社会保险事务过程中,与公民、法人或者其他组织之间发生争议时,公民、法人或其他组织可以以经办机构为被申请人或被告,向行政机关或法院申请行政复议或提起行政诉讼。从这一角度来说,社会保险经办机构又具有行政主体的性质。

正是这样一种混合角色,致使社会保险经办机构在提供社会保障服务过程中出现自我迷失的现象。组织机制上的准行政属性使得这类机构一方面出现了与政府部门类似的官僚主义弊端,如管理成本居高不下、组织无效率;同时对新的社会需求和发展机会反应迟钝,趋于保守;体制上的缺陷使政府官员缺乏降低成本、增加产出的内在动力等。另一方面,又极易误入一味追求部门利益,讲求经济效益而忽视社会效益,甚至背离组织公益宗旨的路途。

针对社会保险经办机构在社会保障行政管理体制中的角色定位错误,课题组认为应基于社会保障社会化原则进行矫正。

社会化原则正是基于政府自身有限理性、利益偏好与权力寻租等缺陷而确立。社会化原则的提出,能够使得政府准确定位其在社会保障事务中的角色。社会保障社会化原则要求将社会保障作为整个社会都来参与的事业,实现社会保障资金来源的社会化、社会保障管理的社会化、社会保障责任的社会化。"从应付市场失灵、对国家经济宏观调控的角度而言,社会保障仍然是政府的一项重要职责,何况社会保障的实施需要政府的强制性措施。然而,这个职责只应限定在宏观运作和调控这一点上,更多具体的职责还是需要借助于社会,这就是社会保障的社会化原则的含义。"① 基于社会化原则的精髓，课题组认为，当前的社会保险经办机构应该摆脱"二政府"的角色，而真正独立为社会保障非政府组织。

（2）社会保障执法方式的创新

在社会保障执法主体构造中，课题组提出社会保险经办机构由当前行政、事业混合性质向非政府性质的社会团体转变的设想。这也是对社会化原则的遵守。社会保障非政府组织是介于国家与市场主体管理与被管理链条的中间环节，在很多时候，国家经济管理职能和管理意图的真正贯彻实现还有赖于这些主体的良好传导。② 将社会保障非政府组织融入社会保障行政执法链条中后，基于其自身的非政府性质，其与社会保障行政管理部门之间的关系则不再归属于简单的上下级关系。因此，传统社会保障行政执法方式也需要创新。

自20世纪80年代开始，工业化国家开始了政府功能的重新定位，重新检讨政府的社会福利职能与经济职能。在公共产品供给的操作、实施层面上，改革的趋势是将原来由政府承担的部分公共服务推向社会、推向市场。公共服务市场化的主要形式是公共服务合同出租，即通过合同方式将原来垄断的公共产品生产权与提供权转让给非政府组织或市场主体。基于工业化国家的公共产品市场化实践，课题组认为，我国社会保障执法应由行政命令式的刚性执法向协商一致的柔性执法转变，而在执法方式转变过程中，行政契约应被给予足够重视。

行政契约的实质是在行政法领域形成的发生行政法律效力的双方合意。③ 与传统命令性执法方式不同，行政契约除在一合理范围内赋予行政主体"行政优益权"以实现行政目标外，更多考虑行政相对人的意志并与之形成合意。此种方式因综合考虑行政相对人的利益，从而易于被接受，行政目标也能顺利实现。更为关键的是行政契约具有传统执法方式不可比拟的优势功能，能"扩大行政参与，实现行政民主化；弥补立法不足，替代立法规制……弥补公共服务不足，带动内部制度建设，强化行政组织运行管理，提供良好公共服务；使纠纷处理和法律救济简单化、明确化"④。

---

① 林嘉.社会保障法的理念、实践与创新[M].北京：中国人民大学出版社，2002：45.
② 董保华.社会保障的法学观[M].北京：北京大学出版社，2005：86.
③ 余凌云.行政契约论[M].北京：中国人民大学出版社，2006：24.
④ 余凌云.行政契约论[M].北京：中国人民大学出版社，2006：43.

在城乡社会保障一体化进程中,我们不仅需注重加强城镇社会保障执法中非政府组织的培育,同时也需要结合当前我国农村现状,对现有的农村组织,如村委会、农民专业合作社等团体进行改造抑或赋予新的职能,使其能够转移政府在农村社会保障执法方面的部分功能,以真正实现社会保障执法领域的统筹。在课题研究过程中,课题组已经尝试以契约理论勾勒新型农村合作医疗各主体间的契约关系并进行契约模式的构建。(见图10-2)

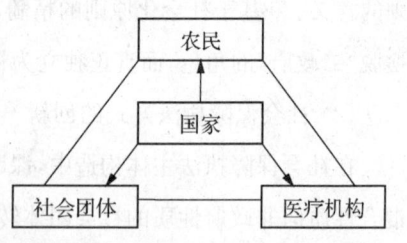

图10-2 新型农村合作医疗契约模式

由上述"显性契约"模式结构图可知,我国农村合作医疗制度的未来运行模式具备下述特征。第一,农村合作医疗制度的运行将建立在多边契约关系基础之上。其中国家与农民之间是一种典型的社会契约,是多边契约关系的基础;国家与社会团体之间则是一种特殊的行政契约,此种行政契约并非强调缔约双方的不平等性,而国家正是通过此种契约将农村合作医疗制度管理与运行的职能让渡于社会团体,以去除"隐性契约"模式中的行政权调整的负外部性;除此之外,其他契约多具有民事契约的性质但不同于传统的民事契约,在合作医疗制度背景下多受到公共利益的限制。第二,社会团体成为多边契约关系中独立于政治国家与市民社会的独立权力单位,并将在"显性契约"调整模式中承担相应义务,这也是与"隐性契约"模式相区别之处。第三,基于多边契约关系,各缔约方之间形成了一种利益平衡机制。利益平衡正是"显性契约"模式所欲实现的理想状态。通过多边契约的缔结,各方权利与义务有了明确的依据,各自利益的实现具备了相应的保障机制,一旦出现违约行为,其他缔约方即可依约追究违约方责任、维护自己的合法权益。

2. 社会保障争议行政解决机制

当前,我国社会保障行政执法中的一个核心职能为社会保障争议的解决。相比较诉讼程序而言,社会保障争议行政解决程序具有快速高效的特点。但我国现行社会保障争议行政解决程序也存在不足之处,具体表现为以下几点。

(1) 现行模式解决争议的范畴过于狭窄

以行政程序为例,根据《行政诉讼法》第 11 条规定,公民认为行政机关没有依法发给抚恤金向人民法院提起诉讼的,属于人民法院行政诉讼的受案范围。但是,在抚恤金利益之外还存在大量的社会保障利益,就行政给付行为提起行政诉讼的范围局限于此,对保护公民的社会保障权而言是远远不够的。此外在现行的《社会保险行政争议处理办法》中,社会保障行政争议范围仅限于"社会保险经办机构侵犯公民、法人或其他组织的合法权益的九种情况",而并不涉及社会保障行政部门的具体行政行为,显然对于社会保障行政部门侵害社会保障权的行为,公民处于诉讼无门的窘境。

(2) 社会保障受益主体的利益并未给予第一位保护

在行政复议程序中,行政主体与相对人之间争议焦点往往集中在行政行为的合法性上,而不是社会保障受益主体的权益是否真正实现。

(3) 提起行政争议的主体资格限制较为严格

以社会保障争议为例,能够向行政机关申请行政复议的主体必须是具体社会保障权益受到行政机关的侵害的特定主体,即申请人必须与之具有利害关系。众所周知,特定申请人的行政复议申请事项若被复议机关认可,则其不仅保护特定申请人的合法权益,且对其他不特定的主体社会保障权益也具有间接保护功能。但过于严格的主体资格限制,将社会保障利益尚未受到侵害的不特定主体排除在外。

针对当前社会保障争议行政解决程序中存在的缺陷,应从以下几个方面加以完善。

一是搭建社会保障行政复议与行政诉讼之间的衔接机制。针对《社会保险行政争议处理办法》关于行政复议受案范围的规定,应及时启动修改程序,使之与行政诉讼受案范围相吻合。

二是引入全面审查与实质损害原则,并适当推行复议前停止侵权制度。针对行政复议中行政机关注重证明其具体行政行为合法性的弊端,复议机关应坚持全面审查原则,不仅对行政行为是否合法做出评判,同时对具体行政行为是否已经或可能侵害相对人合法社会保障权益做出评判,应在做出具体行政行为违法裁定前,即发出禁止该具体行政行为的禁令,以最大限度地保护相对人的社会保障权益。尤其是在处理行政相对人为农村户籍的农村社会保障争议时,更应全面确立并遵循该原则,以体现对农民弱势群体的倾斜保护。

三是尝试构建公益行政复议制度。此制度构想源自公益诉讼。因行政复议程序对申请行政复议的主体资格有严格限制,故为避免社会保障权益受到侵害之主体因主观或客观原因放弃行政复议申请而致使其他不特定主体权益可能遭受侵害,可在社会保障争议行政复议程序中引入公益行政复议制度。此制度的构建对于城乡社会保障一体化背景下,处于弱势地位的农民社会保障权益之统筹保护具有重要意义。

三、城乡社会保障一体化进程中的司法研究

"无救济则无权利。"这句古老的英国法律谚语告诉我们:法律对公民权利规定得再完备、列举得再全面,如果在这些权利受到侵犯之后,公民无法获得有效的救济的话,那么,这些法律上的权利都将成为一纸空文。关乎公民生存和发展的社会保障权,同样也需要完善与健全的司法救济机制这道"最后防线"。作为公民社会保障权立法、执法保障的逻辑终点,本部分将对城乡社会保障一体化进程中的司法保障机制进行探讨。基于现有研究成果,课题组主要着力研究城乡居民社会保障权可诉性、司法救济机制两方面内容。

1. 社会保障权可诉性

当社会保障权受到侵害后,公民之所以能够寻求到司法保障,是因为社会保障权本身具有"可诉性"。因此,可诉性是城乡居民社会保障权司法保障的理论依据。

有学者认为,权利是国际和国内法规定的,当权利受到侵害时,受害人是否可以依据有关的国际法或国内法向有管辖权的国际或国内机关对加害人提起申诉,如果可以,则权利具有可诉性。[①] 也有学者认为"可诉性一般被理解为权利应受法院或准司法机构审查的能力。当法官能够在具体情景下考虑权利并且这种考虑能产生对这一权利的进一步判决,那么就可以说权利是可诉的"[②]。课题组认为,可诉性是指能够运用法律原则与技术予以决定的属性。从当前各国司法实践来看,

---

① 杨成铭. 人权法学[M]. 北京:方正出版社,2004:20.
② Kitty A Rambulo. Giving Meaning to Economic, Social and Cultural Rights. A Continuing Struggle[J]. Human Rights and Human Welfare, 2003(3):114.

很显然社会保障权是具有可诉性的。但在学界也不乏对社会保障权是具有"可诉性"的质疑,否定社会保障权具有可诉性的理由主要为以下两种。

一种否定理由认为,根据分权原则,国家资源的经济分配完全属于民选代表的权利,属于立法权的范围。严格适用该原则,法院应该拒绝做出强迫立法机关如何花钱的裁决,如果不这样将侵犯立法机关的领域。而社会权本质上是计划性的,属于立法机关管辖的政策事项,让司法机关介入社会权将违背权力分立原则。如果社会权载入宪法,法院将过多地卷入社会保障项目之类本质上属于政治的事务。社会权充其量只能作为宪法中无强制力的"窗帘"。从坏的方面看,他们将降低宪法的民主合法性和公共支持,很可能导致不民主。因为资源的分配典型地被视为立法机关的领域,而立法机关具有民选机构的政治合法性,以及衡量与调和公共支出方面对立法要求的制度能力。司法机关对社会权的司法审查权使非选举的司法官处于否决多数决定的地位。①

需要说明的是,作为宪法原则的权利分立,其本身不是目的,而是制约政府权力、保护公民权利的手段。对于社会权的司法审查服务于制约政治机构,保证国家立法、行政权力关注和保障社会弱势群体的宪法权利。社会保障是国家的义务之一,对于社会保障的实现的确需要民选机关通过立法来确定,进而由执法机关来实现。但是,并不能排除国家在某种条件下也可以成为侵犯公民社会保障权的主体,在这种条件下,承认社会保障权的可诉性,运用司法力量追究国家责任(通常是代表国家的政府责任),维护公民社会保障权是非常必要的,否则民选立法机关的授权行为就显得毫无意义;同时,除国家之外的其他主体也可以成为侵犯社会保障权的主体,面对此种情况构建完善的司法保障机制更是国家的义务。因此,承认社会保障权的可诉性与分权原则并不冲突。

另一种否定理由认为,社会保障权这类社会经济权利在国际人权和各国法律中所使用的语言和措辞,如负"缔约国承诺"而非"人人享有",如"社会"或者每个人"有权享受",是把"这种权利说成是对'社会'提供的要求,实是毫无意义的,因为

---

① 龚向和.社会权若干问题研究:中国社会科学院2004博士后报告[R].北京:中国社会科学院,2004.

'社会'不能思考、不能行动、不能评价,亦不能以某种特定的方式'对待'任何一个人"。① 该理由认为对于社会保障权在法律条文中的表述比较模糊,因此在适用和裁判上显得没有说服力。

但是,国际人权中这种可适用性和可裁判性的不明确所造成的司法救济的困难随着国际人权的实践,如立法措辞的进一步明确和联合国实施其他权利的实体与程序性的规定,弥补了不明确所造成的困境。② 此外,许多国家已经建立了一套经过法院或其他独立的机构裁决的涉及社会保障权的判例,这类判例对日后类似社会保障权的案件具有指导意义。

我国法院关于社会保障权的司法判例的生产则进一步说明城乡居民社会保障权是一种不折不扣的可诉性权利。以《人民法院案例选》(1992—2010)所刊登的社会保障领域案件为例,社会保障权可诉性早已为司法实践所接纳。此外,在《人民法院案例选》所刊登的案件之中也呈现项目不均衡,农村社会保障涉案数量较少等特点,③某种程度上与我国司法救济机制不合理不无关系。

综上所述,反对社会保障权具有可诉性的理由是无法立足的。社会保障权在国际国内司法实践中不仅证明了其作为权利可诉性的正当性,也证明了其可行性。"各国法院日益乐于适用和执行经社文权利,并且这类权利已日益深入其他人权机构的决策过程,这已逐渐变得清楚,过去那种无法进行司法裁决的神话正慢慢被揭穿。"④

2. 社会保障权司法保障机制

(1) 我国城乡居民社会保障权司法保障现状分析

我国对于社会保障权的救济是通过"双轨制"实现的:其一是围绕私权利展开劳动争议仲裁和诉讼程序,统称为民事程序;其二是围绕公权力展开的行政复议和行政诉讼程序,统称为行政程序。这两种程序在建立之初,对于解决社会保障领域的纠纷、维护公民基本社会保障权起到了一定作用,但是随着时间的推移,两种制

---

① A. 艾德. 经济、社会、文化权利教程[M]. 中国人权研究会组织译. 成都:四川人民出版社,2004:49-51.
② 薛小建. 论社会保障权[M]. 北京:中国法制出版社,2007:76.
③ 龚向和,邓炜辉. 当代中国社会保障权之可诉性透视——基于《人民法院案例选》(1992—2010)的文本分析[J]. 河北法学,2012(3):9-15.
④ A. 艾德. 经济、社会、文化权利教程[M]. 中国人权研究会组织译. 成都:四川人民出版社,2004:42-44.

度本身已经暴露出与社会保障发展不相适应性。

第一,现行模式严重滞后于社会保障发展需要。我国目前对于社会保障权的救济途径发生在两个不同的程序,即行政复议及行政法庭和劳动争议仲裁及民事法庭,两个不同的程序都采用了前置程序,即复议或仲裁是诉讼的必经程序。这种体制越来越多地呈现出严重的弊端:首先,社会保障权的社会权本质上决定了社会保障关系不是单纯的民事关系、行政关系,也不等同于劳动关系,人为地将其分解从而分别适用民事或行政程序,已经不能有效维护社会保障权人的利益;其次,社会保障权的生存权的性质要求权利救济的迅速、及时。然而在现行两种司法救济的烦琐程序中,当事人的权利被消解得无影无踪。

第二,现行模式导致公民维权成本相对增加。当劳动者或其他社会保障收益人发生争议时,他们关注的是法律资源的投入产出比,司法救济只有做出了对资源产权有效率的裁决,救济才是经济的。① 社会保障受益主体与承担缴费义务的用人单位和政府之间处于一种实质上不平等的状态,一旦发生用人单位或政府侵害受益主体权利的行为,受益主体在获取信息和证据等方面存在障碍,而若想通过现行模式维护社会保障权,受益主体必然要花费较高的时间、金钱等成本,还有可能面临丧失劳动机会等危险;此外,现行民事和行政程序较为烦琐,而社会保障利益则是关于人的生存之利益,一旦被侵犯,即会影响到受益主体的生存状态,当前较为烦琐的程序和较长的期限不利于及时保护公民的社会保障权。

第三,现行模式司法制度也相对落后于社会保障维权需求。现行模式中部分司法制度未能体现社会保障维权迅速、便捷和低成本之需求。如证据制度中规定的"举证责任倒置"的情形中并无涉及社会保障争议之内容,一旦社会保障争议发生后,权利被侵害主体在取证方面阻碍很大,按照"谁主张、谁举证"的原则,被侵害主体很难胜诉;此外,人民陪审员制度也需针对社会保障的复杂性、专业性做进一步的完善。与城镇居民相比,农村居民在面对存有缺陷的社会保障司法制度时,其社会保障权益将承受更大风险。

---

① 颜运秋.公益诉讼理念研究[M].北京:中国检察出版社,2002;224.

(2) 城乡居民社会保障权司法保护机制的完善

现行社会保障权的保护模式已经在不同程度上显现了滞后性,而随着我国社会保障事业的发展,社会保障争议又急需相应的机制来解决,社会保障权必须有相应的机制来保障,这样宪法规定的物质帮助权才能落到实处。因此,课题组认为,城乡居民社会保障权的司法保障机制可从以下方面进行完善。

第一,以仲裁和行政复议为前置程序,构建公民社会保障权的"第一道防线"。仲裁和行政复议制度在我国纠纷解决机制中处于基础性地位,一般争议都需经过仲裁或行政复议,然后才能进入诉讼程序。因此,在公民社会保障权保护方面,仲裁和行政复议也必须承担相应的使命,而前提条件是必须对现有制度进行完善。

第二,以劳动仲裁为基础,构建劳动与社会保障仲裁制度。仲裁是解决社会纠纷的重要程序,也是通过第三方行为的方式解决纠纷,体现了程序正义价值,因此社会保障争议必须引入仲裁制度。课题组认为,现行劳动仲裁在解决社会保险争议方面已经积累了宝贵的实践经验,以现行的劳动仲裁委员会为组织基础,将其升级为劳动与社会保障仲裁委员会已具备实践基础,而无须单独设立社会保障仲裁委员会。在成立劳动与社会保障仲裁委员会后,原先劳动仲裁的范围应进一步扩大,除劳动争议外,如社会保障管理机构与受保障主体间就有关保障资格、保障待遇等问题发生争议,公民与用人单位、国家在社会保障资金缴纳方面的争议都可以纳入劳动与社会保障仲裁程序中解决。同时,也需要制定与完善专门的劳动与社会保障仲裁委员会的仲裁规则,切实贯彻公民维权的简便、迅速和低成本原则;在仲裁委员会人员上也应体现社会化原则,充分吸收具有研究专长的社会人士参与。此外,在仲裁协议制度设计上,也可适当考虑农村居民能力差异,而无须严格遵守双方一致的原则。

第三,改革现行行政复议制度,体现行政复议的公正性。对现有的行政复议制度进行改革是成本较低的制度尝试。为提升行政复议制度的公正性,可进行以下制度尝试:① 建立相对独立的复议委员会,赋予委员会相对独立的裁决决定权;② 保障复议人员的独立性;③ 就程序改造方面而言,应增加行政复议的透明度,建立行政复议听证制度、回避制度、双方当事人质证和辩论制度、复议案件材料公开制度以及告知权利制度等。

第四，设立社会保障法庭作为公民社会保障权的"最后一道防线"。设立专门的社会保障法院，还是在现行法院系统内设立专门处理社会保障业务的法庭已经为理论界所深入探讨，并且多倾向于后者。课题组认为，设立专门的社会保障法庭是与当前我国的法院体系相一致，且制度设计成本相对较小，同时也增强了专业性与科学性。在主管范围内，社会保障法庭审理所有与社会保障有关的争议案件；在审判组织法官组成上，可以由职业法官与陪审法官组成，而陪审法官的选择则应更加注重社会保障自身特点，注意选择雇主组织、工会以及专业人士；在诉讼程序上，社会保障诉讼应体现方便快捷和低成本等特点，及时救济公民社会保障权。

第五，构建以诉讼为形式的违宪审查制度。我国宪法目前缺少司法适用性，以宪法诉讼的形式来保护公民的社会保障权，在我国仍属法律空白。我国宪法已经将社会保障权确定为公民的权利，也强调了国家在满足公民社会保障需求方面的义务，而国家在提供公民社会保障权司法救济方面更是义不容辞。我国并非没有违宪审查制度，但它并不是以宪法诉讼的形式出现的。"虽然宪法规定由全国人大常委会解释宪法，并通过全国人大常委会以批准、备案等审查方式对法规和规章是否符合宪法和法律进行审查，但这种审查体制是以权力机关为核心、以行政层级关系为组织形式、以非诉讼为基本特征的具有浓厚行政管理色彩的体制。"[①]鉴于宪法诉讼对救济社会保障权的根本重要性，我国有必要建立以诉讼为形式的违宪审查制度，从宪法高度保护公民社会保障权。

第六，构建社会保障公益诉讼制度。曾几何时，公益诉讼仅为学界理论研究的对象，但2012年修改的《民事诉讼法》则将其由理论层面推向实践领域。《民事诉讼法》第55条规定，对污染环境、侵害众多消费者合法权益等损害社会公共利益的行为，法律规定的机关和有关组织可以向人民法院提起诉讼。但仔细研读该条内容，却发现侵害社会保障权益的行为并不在列。但从法解释学角度而言，侵害社会保障权益的行为似乎并非完全被排除在公益诉讼范围之外。污染环境、侵害众多消费者合法权益等此类行为有一共同特征即损害社会公共利益。

---

① 朱福惠.违宪审查制度的法理基础———论宪法对立法权的限制和约束[J].厦门大学法学评论,2003(1):271.

依扩张解释,社会保障法所保护的社会保障利益当然属于社会公共利益范畴。因此当众多公民社会保障权遭受侵害之时,法定机关与组织同样可以提起公益诉讼。社会保障公益诉讼制度的确立,对于处于弱势地位的农村居民社会保障权的保护尤为重要。只有在司法救济制度上实现城乡居民的一体化,社会保障一体化才能在终极意义上实现。

第七,确立"举证责任倒置"原则。"举证责任倒置"是为了有利于弱势群体维权而进行的一项制度设计,它是对传统"谁主张、谁举证"制度的创新。在社会保障争议中,政府机关、用人单位、社会保障事业单位等作为强势的一方拥有人、物、财、信息、技术等方面的优势,在证据的取得上更加容易,而社会保障受益主体则处于弱势地位,获取证据障碍较大。社会保障的专业性也增大了公民获取证据的难度。因此,在社会保障诉讼中实行该原则可以最大限度地保护公民社会保障权。

第三节 研究结论与展望

虽然当前我国城乡二元经济社会格局在短期内无法消弭,由此带来的城乡社会保障二元格局亦无法在短期内实现一体化,但并不代表这是一个"不能完成的任务"。课题组认为,在法律制度理念层面,应将城乡社会保障一体化作为一个长期奋斗的目标,不断地通过制度的完善按部就班地实现这一目标。

于法律制度层面而言,城乡社会保障一体化目标的实现应该体现为社会保障法律制度的构建,而社会保障法律制度的构建则需要明确的法律地位、成熟的立法技术和相应的立法经验。[①] 回顾"城乡社会保障一体化法制保障机制"的研究历程,梳理研究脉络,得出了以下几点研究结论。

一是在社会保障制度发展的任何一阶段,法制具有恒久适用性。社会保障完善之国家的制度建设里程、我国近三十年来的社会保障制度建设实践均准确回应并验证了这一论断。

二是在法制保障机制之立法领域,应以一体化思维指导城乡社会保障立法。

---

① 杨华.中国城乡一体化进程中的社会保障法律制度研究[M].北京:中国劳动社会保障出版社,2008:61.

在考虑城乡差异而采取差别立法时,应在一体化的背景下,注重城乡社会保障立法的衔接;在注重提高立法层次与质量时,社会保障领域大量"软法"不可忽略,尤其针对农村社会保障立法数量少、层次低的现状,更应制定大量"软法"以积累立法经验。

三是在法制保障机制之执法领域,应对农村脆弱的社会保障实施环境给予足够重视。在构造社会保障执法主体框架时,政府需培育新型社会保障非政府组织,并通过行政契约的方式将社会保障制度实施职能转移给非政府组织,以提高执法效率;同时,因农村缺乏新型社会保障非政府组织成长的环境,故为减少培育成本,可对当前业已存在且运行稳定的农村组织进行改造,以使其承担部分实施农村社会保障制度任务。

四是在法制保障机制之司法领域,应注重对现有司法救济途径的完善与创新。在注重推行简化司法救济程序、降低司法救济成本等基本措施时,应着力构建社会保障领域公益诉讼制度。待《民事诉讼法》中公益诉讼制度的司法解释出台后,在司法实践中,法官应运用法解释学原理,突破法律规定,将侵害众多居民社会保障权益的行为纳入司法关怀的视野,并以此对知识、信息、经济能力欠缺的农村居民的社会保障权益提供机会与实质上的平等保护。

附录一 新农村建设中经济发达地区失地农民社会保障问题探析

——常州市武进区雪堰镇漕桥村失地农民社会保障调研报告

常州市武进区雪堰镇位于常州市武进区东南部,总面积104.38平方千米,人口7.57万人,下辖41个行政村和4个居委会,其中失地农民人口5 000人。雪堰镇是由原雪堰镇、潘家镇、漕桥镇的部分区域合并设立的新的中心镇,其南濒太湖,东接无锡马山,西临陶都宜兴,北靠武进礼嘉镇、前黄镇,是常州市沿太湖发展的"桥头堡"。征地前,全镇拥有土地面积共8.87万亩,其中耕地面积5.37万亩,园地面积2.16万亩,林地面积1.34万亩。目前,全镇共征用土地面积4.2万亩,其中工矿用地面积1.18万亩,交通运输用地面积0.98万亩,村庄用地面积2.04万亩。漕桥村属于行政村,现有耕地面积388亩,下辖10个村民小组,即十个自然村,560户,2 870人,是雪堰镇拥有最多失地农民的村庄。

自20世纪80年代初改革开放以来,中国经济建设便进入了快速发展时期,农村经济突破性的进展,促进和加快了城市化、工业化和新农村建设的进程。伴随着工业化、城市化进程出现的失地农民的保障问题,成为当前我国社会的焦点问题。目前,各地区有关失地农民的社会保障机制先后建立起来,既取得了不同程度的进展,同时又遇到了各式各样的困难。为了维护农村社会的稳定,更好地保护好失地农民的利益,我们必须不断完善失地农民社会保障制度。为了全面了解失地农民的基本情况,为进一步解决农民失地后的保障问题奠定基础,我们调查走访了常州市武进区雪堰镇漕桥村(漕桥居委会),通过问卷调查的形式,全面深入了解在保障失地农民的过程中面临的主要障碍,希望能够找到解决问题的途径和方法。

一、基本情况

(一)调研的背景

自 20 世纪 80 年代末 90 年代初,江苏省做出城市化发展战略决策以来,全省各地曾一度掀起城市化建设的高潮。伴随着城市的扩张和城市建设的加快,出现"农民失地"并不奇怪,农民在失地后得不到合理安排,出现"农民失地问题"才是令人担忧的。对于目前农村存在的情况,一次性给付,不能解决问题。当征地补偿金花销完以后,失地农民中相当一部分仍处在失业状态下。由于制度性障碍和农民经济承受能力有限,失地农民参加养老保险率较低,又不能享受失业、退休、医疗保障,造成了大批"种田无地、就业无岗、低保无份"的"三无"农民。如何妥善解决这个问题是摆在各级党委、政府面前的一个崭新课题,直接关系到农村的社会稳定和我国的长治久安,关系到和谐社会的建设和全面小康社会的实现。近几年来,各省、市对如何保障失地农民的生活进行了一系列探索,但由于受地区经济发展、政策方针的制约,相对于欠发达地区,发达地区取得了更大的成就。本研究以江苏省常州市武进区雪堰镇漕桥村为例,对城市化进程中的失地农民的保障问题做一些分析和思考。

(二)问卷调查的基本情况

我们的调查研究以江苏省常州市武进区雪堰镇漕桥村(漕桥居委会)下辖的 5 个自然村中 50 户失地农民作为调研对象,调研于 2009 年 1 月到 2010 年 1 月进行,并走访了村委会的相关村干部。其间发放问卷 50 份,回收 50 份,回收率 100%;其中有效问卷 50 份,有效率为 100%。问卷内容涉及受调查人基本情况、土地被征用情况及其影响、土地征用补偿情况、社会保障情况等多个方面。

(三)调查对象(村)的基本情况

江苏省常州市武进区雪堰镇漕桥村(漕桥居委会)属于行政村,包括 10 个自然村。全村人口 2 870 人,其中户籍在本村的 1 530 人,外来人口 1 340 人。本村人口中,农业人口 1 530 人,劳动力 882 人,其中,务农 648 人,乡镇及村办企业务工及外出务工人数 236 人,待业人口 20 人。该村村民主要从事第三产业,全村年平均收入 13 202 元。目前,村域面积 0.6 平方千米,其中农用地(包括耕地、园地、林地、牧草及其他农用地)面积 338 亩;宅基地面积 197 亩;产业用地面积 780 亩。目前农用地承包经营已经延包 30 年并确权确地的有 338 亩。全村小麦地 312 亩,每亩年收益 620 元。该村十个村民小组已有 5 个村民小组失地,失地面积 420 亩,失地农民 700 人。漕桥村失地面积与失地人数都占了该村很大的比例。失地问题已经成为影响该村和谐发展的关键问题。

(四)调查对象(农户)的基本情况

在我们所调查的农户中,性别年龄结构分布如下。男性 39 人,占 78%;女性 11 人,占 22%。年龄在 30 周岁及以下的 5 人,占 10%;31—40 周岁的 12 人,占 24%;41—50 周岁的 24 人,占 48%;51—60 周岁的 7 人,占 14%;60 周岁以上的 2 人,占 4%。在被调查的对象中,家庭月人均收入 1 000 元以下的 1 人,占 2%;家庭月人均收入 1 000—1 500 元的(含 1 500 元)20 人,占 40%;家庭月人均收入 1 501—2 000 元的(含 2 000 元)13 人,占 26%;家庭月人均收入 2 001—3 000 元的(含 3 000 元)6 人,占 12%;3 000 元以上的 10 人,占 20%。

二、政策内容

(一)漕桥村关于失地农民征地补偿政策简介

2004 年常州市发布 68 号文件《常州市征地补偿和被征地农民基本生活保障试行办法》,对征地方式、审批权限和审批程序等进行了统一的规定,以确保征地工作依法、规范、有序地开展。该《办法》规定如下。

1. 依法征用农村集体所有的土地,必须按照规定足额补偿

征地补偿安置费用,包括土地补偿费、安置补偿费、地上附着物和青苗补偿费。

2. 土地补偿费标准

土地补偿费标准根据被征用土地的不同类别按耕地前三年平均年产值的相应倍数确定。耕地前三年平均年产值的最低标准为:一类地区每亩 2 200 元,二类地区每亩 1 600 元。耕地前三年平均年产值标准由市人民政府根据经济社会发展状况和物价上涨指数适时调整,并予以公布。征用耕地,按该土地被征用前三年平均产值的 10 倍计算;征用精养鱼池的,按其邻近耕地前三年平均产值的 12 倍计算;征用其他养殖水面的,按其邻近耕地前三年平均产值的 8 倍计算;征用果园或者其

他经济林地的,按其邻近耕地前三年平均产值的12倍计算;征用其他农用地的,按其邻近耕地前三年平均产值的8倍计算;征用宅基地、非农业集体建设用地、农田水利基础设施用地、机耕道路用地等,按其邻近耕地前三年平均产值的10倍计算;征用未利用地的,按其邻近耕地前三年平均产值的5倍计算。

3. 征用土地的安置补助费标准

征用农用地,按照需要安置的被征地农业人口数计算,每一个需要安置的被征地农业人口的安置补助费最低标准为25 000元。若接受安置房的,每户每人40平方米按750元每平方米购买安置房,超出的按1 500元每平方米购买;不接受安置房的,每户每人一次性补贴14 400元。需要安置的被征地农业人口数,按照被征地的农用地数量除以被征地农村集体经济组织征地前平均每人占有在册农用地的数量计算;征地农村集体所以非农业建设用地不支付安置补助费,需要复建的按复建的标准计算。

4. 征用土地青苗费支付标准

耕地按土地被征用前三年的平均产值的50%计算;鱼塘及竹、林、桑果等经济林由土地行政主管部门与地上物所有权人协商或评估确定补偿。

征地补偿安置方案批准后,市、辖市人民政府土地行政主管部门应当将80%的土地补偿费和全部安置补助费作为被征地农民基本生活保障基金(由集体统一管理),将其余的土地补偿金支付给农村集体经济组织,将地上附着物及青苗补偿费付给地上附着物及青苗的所有者。

(二)漕桥村关于失地农民基本生活保障政策简介

武进区区委、区政府针对过去城市开发建设中因农民安置问题未能妥善解决,从而导致各种矛盾不断发生的情况,于2006年3月下发了《关于建立被征地农民基本生活保障制度的意见》(武发〔2006〕37号),着力解决被征地农民基本生活保障问题,现对该文件的政策做如下简介。

1. 保障对象

保障对象即被征地农民,是指农村集体所有土地被征收后,从拥有该土地所有权的农村集体经济组织中产生的需要保障的人员。保障的具体对象,由被征地的农村集体经济组织根据国土部门确定的数量提出名单(如无农村集体经济组织或农村集体经济组织不健全的,由村民委员会提出名单),经所在农村集体经济组织成员的半数以上或成员代表大会三分之二以上讨论通过,并张榜公示一周后,经村委会审核,镇人民政府审定确认,报区国土部门备案。2005年9月1日后农村集体土地被征收(含征用)的被征地农民和2005年9月1日前征地后人均不足0.1亩的农村集体经济组织的被征地农民。经过漕桥村村委的努力,失地农民基本生活保障将与城镇居民社会保障接轨。

2. 保障办法

以农村集体经济组织通过方案之日为基准日,将被征地农民划分为四个年龄段,分别实行生活补助、养老保险和保养的办法。

第一年龄段(16周岁以下)人员,一次性领取生活补助金6 000元。

第二年龄段(女性16周岁至45周岁,男性16周岁至50周岁)人员,一次性补缴15年养老保险费后参加城镇企业职工基本养老保险,同时在办理养老保险的次月起,按月领取生活补助金160元,期限为2年,到达保养年龄时,按月领取养老金。

第三年龄段(女性45周岁至55周岁,男性50周岁至60周岁)人员,一次性补缴养老保险费后参加城镇企业职工基本养老保险,同时在办理养老保险的次月起,按月领取生活补助金140元,到达保养年龄时,按月领取养老金。

第四年龄段(女性55周岁以上,男性60周岁以上)人员,按月领取保养金200元,今后随着经济社会发展再做适当调整。

上述四种保障办法必须同时实行,每个被征地农民只能享受一个年龄段的保障待遇。以上第二、第三、第四年龄段人员身故后可按规定获得一定数额的丧葬抚恤费(第二、第三年龄段人员目前的标准为8 000元,第四年龄段人员丧葬抚恤费的领取标准为其最后一个月保养金水平的10个月标准)。第二、第三年龄段人员参加城镇企业职工基本养老保险后,可按规定办理城镇企业职工基本医疗保险。若被征地农民在未达到保养年龄或办理退休后死亡的,个人账户的储存额未领完的,可一次性支付给其指定的受益人或法定继承人。

3. 社会保障资金筹集

首先,2005年9月1日之后征地的被征地农民基本生活保障资金,以"集体土地征用费为主,个人按规定缴费,财政适当补贴"的原则进行筹集。保障资金来源包括以下几个方面。一是80%的农用地的补偿费和全部的安置补偿费。二是政府从土地出让金等土地有偿使用收益中提取的部分(主要用于被征地农民基本生活保障基金的充入和弥补农村集体经济组织缴费不足),每亩不低于13 000元。三是被征地农民基本生活保障资金的利息及其增值收入。四是农村集体经济组织历年积累的资金(对于第一年龄段人员,漕桥村集体经济组织为其上缴给社保局10 000元,其中6 000元返回给第一年龄段人员;对于第二、第三年龄人员,漕桥村集体经济组织为其上交20 000元;因土地便宜,2002年前上交10 000元给社保局)。五是其他可用于被征地农民基本生活保障的资金。其次,2005年9月1日之前征地后人均耕地不足0.1亩的农村集体经济组织的被征地农民基本生活保障的资金,以"区、镇财政补贴为主,农村集体经济组织定额缴费,个人按规定缴费"的原则进行筹集。一是农村集体经济组织定额缴费。农村集体经济组织按每个保障人员1万元的标准缴纳被征地农民基本生活保障资金(其中执行常政发[2004]68号文件被征地补偿标准所产生的保障对象,农村集体经济组织按每个保障人员2万元的标准缴纳保障资金),只要从历年的土地补偿费、安置补偿费和历年积累资金中列支。村级集体有经济条件的,应从集体收入中拿出一定的资金进行补贴。二是个人缴纳部分。第二、三年龄段参加养老保险的人员,应按城镇企业职工基本养老保险标准缴纳个人缴纳部分。三是财政专项补贴。除村组集体和个人按上述标准缴费外,其余保障资金由区、镇两级财政各承担50%。四是被征地农民基本生活保障资金的利息及其增值收入。

4. 资金管理

被征地农民基本生活保障的生活补助费、养老保险费和保养费由镇筹集后,全部纳入"被征地农民基本生活保障基金财政专户"管理,其中,养老保险费由镇统一解缴至区劳动保障部门,纳入区"被征地农民基本生活保障基金财政专户",由区统一管理和发放。生活补助费和保养费纳入镇"被征地农民基本生活保障基金财政专户"由镇负责管理和发放。具体管理细则由区财政局、劳动和社会保障局和区委农工办另行制定。

5. 有关养老

（见保障办法）：由武进区政府、雪堰镇政府和漕桥村集体经济组织共同缴纳失地农民社会保障金，目前，雪堰镇漕桥村第一批失地农民到达退休年龄后每月能领取1 000元左右。漕桥村除了给予老年人物质补偿外，还成立了老年人活动中心，提供给老年人平常的运动器材和娱乐工具，另外还在节日活动时期组织老年人参加各项文娱活动，丰富了老年人的精神生活。在镇政府与村集体的共同努力下，漕桥村村民朝着"老有所养，老有所乐"的方向不断前进。

6. 有关医疗

资金筹集由武进区政府、雪堰镇政府和漕桥村集体经济组织共同承担，集体帮每人每年交70元医疗保险金，最大报销金额为所花医疗费的80%（住院一般可报销80%，门诊一般报销10%）；关于老年人（男60周岁以上，女55周岁以上）意外保险，住院每天补贴20元，意外伤害一次性补助20 000元。

7. 有关就业

区政府、镇政府联合免费为失地农民举办就业培训，通过多层次、多形式、针对性强的职业培训，增加失地农民再就业能力，强化其专业技能，建立了失业登记制度，定期对失地农民失业情况进行统计并提供职业介绍、职业指导等就业服务，引导再就业，积极鼓励失地农民创业并为其提供制度保障与资金保障，征地劳动力未就业的，在办理养老保险的次月起，按月领取生活补助金160元，期限2年。促进失地农民的再就业所需经费从社会统筹账户中列支。

8. 有关一些丧失劳动力的失地农民

关于丧失劳动力的失地农民可根据具体情况申请补助与帮助，政府根据不同情况提供不同的待遇。残疾达到二级以上者，政府每月补贴360元；鼓励去福利企业就业，每年大概8 000元收入；进行一定的慈善救助。

参保案例：（测算年龄按全区平均预期寿命78岁计算）根据以上的规定，假如某一家庭有祖孙三代计5人，其中2人处于第二年龄段，1人处于第三年龄段，2人处于第四年龄段，若参加被征地农民基本生活保障，则该参保家庭个人缴费仅为15 732元，可享受待遇至少为379 920元。见表1。

表 1　案例中失地农民生活保障计算表

人员年龄	生活补助费	保养金	养老金	合计	养老保险个人缴费	备注
孙子 22岁	3 840		至少 102 600	至少 106 440	5 244	2年求职生活补助金，160元/月·人
儿子 48岁	3 840		至少 102 600	至少 106 440	5 244	
儿媳 47岁	13 440		至少 129 600	至少 143 040	5 244	大龄生活补助金，140元/月·人
户主 72岁		至少 12 000		至少 12 000		养老金 200元/月·人
妻子 70岁		至少 12 000		至少 12 000		
合计	21 120	24 000	334 800	379 920	15 732	

三、调查结果分析

（一）失地农民

此次调研，对失地农民共发放问卷50份，回收有效问卷50份。

第一，对村里农地或承包地被征用或占用的态度。（见表2）

表 2　对村里农地或承包地被征用或占用的态度

	愿意	无所谓	不愿意
人数（个）	17	21	12

第二，对现行的国家土地征用政策的态度。（见表3）

表 3　对现行的国家土地征用政策的态度

	非常满意	说不清	不满意
人数（个）	4	24	22

第三，土地征用后，补偿工作中不合理的方面。（见表4）

表4 土地征用后,补偿工作中不合理的方面

	补偿费太低	补偿费被随意截留	低征高卖	土地征而不用	补偿费分配不透明
人数(个)	21	27	15	10	

第四,土地征用后,被调查者现在最迫切的需要。(见表5)

表5 土地征用后,被调查者现在最迫切的需要

	有一份工作	最低生活保障	养老保险	医疗保险
人数(个)	8	4	31	7

第五,对目前社会保障体系的态度。(见表6)

表6 对目前社会保障体系的态度

	满意	说不清	不满意
人数(个)	41	8	1

第六,希望最好的征地补偿方式是提供养老、医疗等方面的社会保险的有39人,占78%;土地被征用后,最担心的问题是看病和养老的有27人,占54%。

第七,土地被征用后,对目前的生活方式和水平的态度。(见表7)

表7 土地被征用后,对目前的生活方式和水平的态度

	满意	说不清	不满意
人数(个)	24	25	1

第八,目前常州市武进区雪堰镇漕桥村的失地农民参加养老保险率已达100%;参加医疗保险率也达100%;在被调查的50位失地农民中还有5人参加了商业保险,占10%。

(二)漕桥村村(居)委会

为了了解当地的失地农民社会保障情况,我们先后三次对漕桥村村(居)委会负责此政策的领导进行了访谈。

1. 失地农民征地补偿款的管理情况

土地征用费由漕桥村集体经济组织统一管理,不发放到农民手中,集体统一为失地农民缴纳社会保障金,缴纳社会保障金后余下的资金,集体进行投资,年底分红给农民(如:集体利用手头资金购买商业房,出租给商家,然后把出租费分给农民;把资金借给信用比较好的企业,收取利息,分红给农民,目前,漕桥村村民利息分红收入最多达到2 500元一年,最低也有300元一年);镇政府和村委不扣留一分土地征用款,全额发放到各生产小队中,由其统一管理。

2. 失地农民征地补偿款"盘活"的监督情况

当地村委为了保障失地农民的生活,把当地失地农民征用土地得到的补偿款,进行统一管理,并利用各种投资方式,把缴纳养老金后的余款进行盘活,但是当地村委,在进行投资时并没有征求每一户农户的意见,没有能让农民明确投资方式,即使征地款被盘活后,也没有让农民清楚地了解到底赚取了多少利润,只是在年底进行简单的分红,公开性、透明性不高,缺少与其相配套的监督机制。

3. 失地农民社会保障制度的宣传情况

村委领导为鼓励当地的失地农民参加失地农民社会保障,制订了一整套宣传计划。并且采用一对一的讲解方式,从而使当地农民能清楚地理解国家的保障政策。在调研的50份问卷中,对国家征地的补偿安置政策了解的有10人,占20%;不了解的有13人,占26%;略有所知的有27人,占54%。

4. 失地农民社会保障制度执行以来取得的成果

目前,当地失地农民参保率达100%,农民对当地的社会保障制度还是基本上比较满意的。

四、调研结论

从调查的情况来看,江苏省常州市武进区雪堰镇漕桥村在处理失地农民的社会保障问题上已取得了显著的成就,形成了自己独有的处理模式,但困难依旧是存在的。

(一)漕桥村模式的几点启示

第一,土地征用费由漕桥村集体经济组织统一管理,并通过企业分红模式克服了过去一次性货币补偿安置的弊端。漕桥村土地征用费由集体经济组织统一管理,并通过企业分红模式既能使失地农民安定下来,又能使失地农民富裕起来。企业分红模式不仅解决了失地农民有钱无处使与有钱乱用的现象,而且给失地农民提供了长期的收入,相当于解决了就业问题与收入问题,失地农民可以在企业收入增加的同时享受社会发展带来的成果。失地农民参股的企业都是经过区委和政委仔细审核的,也就是说这个企业是一定能给失地农民带来利润的。由政府出面担保,解决了失地农民不放心投资的心态,同时解决了企业的资金问题,让企业活跃起来,使资金也得到了合理的利用。

第二,镇政府和村委不扣留一分土地征用款,全额发放到各生产小队中,由其统一管理的模式增加了村集体管理的自由性,村集体可以根据自己的实际条件合理地安排资金,充分地发挥自己的优势,壮大了集体经济与集体组织能力,对于扩大公有制经济的控制力、增强公有制经济的主体地位有着深远而重大的意义。例如漕桥村目前实行集体建造房屋,然后按照各户的具体条件分配,落实到每个家庭,很多家庭把分到的房屋再转让或者出租,从中收取租金,这样增加了失地农民的整体收入。失地农民用自己的钱增加收入,增加了他们的理财能力和对政府的信赖。

第三,漕桥村的基本生活保障模式承接了土地的价值,长期以来,土地是财富之母,是国家赋予农民社会保障的载体,对农民具有重要的社会保障作用。① 土地为农民提供基本的生活保障。② 土地为农民提供就业机会。③ 土地为农民的后代提供土地继承权。④ 土地对农民有资产的增值功效。⑤ 土地对农民有直接收益功效。土地是包括从事非农产业活动的人口在内的全体农村居民的生活风险保障,是农村家庭养老或社区集体养老保障的物质基础。健全的失地农民社会保障体系,包括失地农民最低生活保障、失地农民养老保障、失地农民医疗保障、为失地农民提供受教育和培训的机会、为失地农民提供法律援助等。同时专门设立了失地农民社会保障基金。以上的保障在漕桥村的政策中都可以体现出来,因此,漕桥村政策切实地解决了农民失去土地所带来的困难,真正地维护了失地农民的利益,积极地实践了科学发展观,有力地促进了和谐社会的发展。

(二)漕桥村在处理失地农民社会保障问题时遇到的困难

1. 资金的短缺

漕桥村在处理养老、就业、医疗、建设公共产品等时都会需要大量的资金,而漕桥村资金来源有限,不能满足需要,所以在开展很多工作时都只能收敛而不敢大胆去试去做。

2. 分红问题

漕桥村现在实行的年底分红政策,也就是土地征用费由漕桥村集体经济组织统一管理,不发放到农民手中,集体统一为失地农民缴纳社会保障金,缴纳社会保障金后余下的资金,集体进行投资,年底分红给农民。由于分红制度的不完善以及村民对分红政策不怎么了解,所以在实际过程中难免会遇到很多的问题,比如失地后得到工作安排而后又下岗的村民要求分红;村民中出嫁到别的地方的人员,但没迁走户口者要求分红;村民中离婚又再婚,前妻和现任妻子户口都迁到此村者,两任妻子都要求分红;还有的不理解分红政策,不想参加分红,认为这是别人拿自己的钱去做大生意而自己却受益甚少。

3. 各项制度还不完善

漕桥村现在的很多政策都是试行或首次使用,由于缺乏实践,各方面的经验都不足,在实际实施过程中会发生很多与理论不符的情况。比如在医疗保险方面,没有规定到底多大的病才可以报销,怎么样才算大病;在分红方面,分红的多少是每年每月都有固定的收益还是每年每月根据公司的收益呈比例收益也并无规定,若是固定的收益,公司效益特别好的时候会形成不公平,若是与公司呈比例收益,农民对公司的收益情况不够了解等,这些在实际过程都会造成农民对政策的误解甚至会与有关部门发生矛盾。

4. 失地农民子女教育费用欠缺

失地农民在失去土地以后承受着三大压力,即"养老、教育、医疗",目前,农民子女中有相当部分已经进入大学及以上层次学习,但是漕桥村除了按照国家实行的九年义务教育政策外并没有为失地农民减轻教育费用,而现在的大学费用的增长率已经高于目前农民收入的增长率,很多家庭因无法承受这个费用而致贫。

五、对策与建议

（一）多渠道筹集最低生活保障的经费

目前漕桥村社会保障体系最大的问题是资金短缺，虽然失地农民最低生活保障资金由地方政府、集体和个人共同负担，但政府的支出比例仍然很大，这给政府带来了很大的压力。而解决此问题的最好办法就是设立社会保障基金，多渠道去筹集资金：一是采用国家、集体、市场征地主体及个人"四个一点"的办法来筹集；二是接受社会各界及慈善机构的捐赠等。这样，既可以减轻政府的财政压力，又可以增加最低生活保障的经费，更好地为失地农民服务。

（二）科学界定分红对象

漕桥村村委可以根据国家、省以及当地政府的政策方针，结合当地失地农民的要求，召开会议，根据少数服从多数的原则，科学界定分红对象。村委可采用折中的方式进行界定。如：当时失地时既没有安排工作也没有远嫁他乡的农民，可得到全部的分红；对于失地后为其安排工作后又下岗的村民和村民中出嫁到别的地方的人员，但没迁走户口者属于折扣分红者；村民中离婚又再婚，前妻和现任妻子户口都迁到此村者，只能让其中一位妻子分红，并要立书面证明。

（三）建立地方性法规

目前社会保障办理手续缺乏衔接性，医疗保险范围不明确，究其根本原因是办理保障手续时缺少一部统一性的法律法规，没有一定的约束力，各部门之间、部门与群众之间因此沟通不够。政府可以严格按会议纪要的精神，制定出一系列有关医疗保险和养老保险办理手续和保障范围的法律法规，规定其办理手续的程序，并把医疗保险和养老保险保障的范围张贴在醒目处，使得相关工作人员以及失地农民对社会保障办理手续和其保障范围能够有足够深的了解，以此，加强财政部门、保障部门和医院之间的配合，加深群众与政府部门的合作，严肃有效办理保障手续。

（四）建立被征地农民子女教育专项资金

要解决失地农民子女教育资金问题，当地政府可以建立失地农民子女教育专项资金。如：当地政府可以规定10%的农用地的土地补偿费必须划入当地财政部门设立的"被征地农民子女教育资金财政专户",同时政府也进行一定的补贴。当然,享有失地农民子女教育专项资金的并不是所有的失地农民的子女,而是失地农民中基本生活有困难的失地农民的子女,多数是失地农民中年龄比较大、体力比较弱的农民的子女,大体上包括缺少劳动力的低收入家庭,因困难、大病及残疾致贫的家庭,无劳动能力、无生活来源及无法定抚养人的老年人和残疾人等。

（五）完善合理的补偿机制

解决占地补偿问题,不仅要考虑农民当前的生活水平问题,而且还要考虑到农民的医疗、养老、失业等社会保障问题;不仅要考虑到当代农民的生存问题,而且还要考虑到其子孙后代的生存问题;不仅要考虑农民当前的收益问题,而且要考虑到农民长久的增收问题。在我国,农民的土地被征占以后,征占土地的一方,通常给失地农民的补偿是比较低的,漕桥村模式虽然克服一次性补偿的弊端,也较合理地解决了失地农民的社会保障问题,但在征地补偿机制上还存在漏洞。第一,现在的补偿费用能否真正地提高失地农民的生活水平,补偿机制是否符合社会长久发展趋势。第二,在土地征用补偿款分配和使用上,法律应该有明确的界定。但目前的土地管理法规定得有些笼统。这就会使征地补偿款缺乏相应的制度保障,造成对征地安置补偿费分配较为混乱,村镇一级管理不规范,层层截留。因此,必须从细节着手,适时地提高征地补偿标准,对相关法律法规适时修改,完善合理的补偿机制。

（六）丰富征地补偿方式

漕桥村土地征用费由村集体经济组织统一管理,并通过企业分红模式,这虽然解决了失地农民的许多问题,成绩显著,但是我们不应该仅看到目前的成绩就感到满足,这种补偿方式也有它本身的缺点,应该根据具体情况具体分析,适时地调节政策,积极探索留地安置、调地安置、就业安置等其他补偿方式。

失地农民问题是项复杂的系统工程,是历年征地矛盾的归集,由于体制、机制、管理等多方面原因,一部分农民失地、失业又失保,成为新的困难群体,解决这个问题的根本出路就是建立失地农民社会保障制度的长效机制。失地农民社会保障制度的建立将会对建立和谐社会,维护被征地农民的合法权益,促进农民增收,提高农民生活水平,保障失地农民利益等发挥积极重要的作用。自常州市武进区雪堰镇漕桥村推广失地农民社会保障制度以来,取得了卓越的成绩,但取得成绩的同时,必然也存在着许多问题。在此调研中,我们采用深度访谈和实地调查的方法,借鉴专业知识,先深入了解失地农民社会保障制度推广状况,再结合武进区雪堰镇漕桥村当地的具体情况,针对该村失地农民社会保障制度所出现的问题,提出了这些建议。

附录二 新农村建设中经济欠发达地区失地农民社会保障问题探析

——盐城市阜宁县失地农民社会保障调研报告

一、基本情况

（一）阜宁县土地及人口基本情况

阜宁县位于苏北平原，徐淮、里下河、沿海三大农业区交汇处。县域面积1 439平方千米，人口106万人，辖20个镇、1个省级经济开发区和1个生态化工园。该县是全国商品粮生产基地县。有关资料显示，2003年全县总面积143 933.67公顷，其中耕地面积为88 751.09公顷，水域面积35 157.08公顷，居民点及工矿用地面积13 839.06公顷，交通用地3 480.67公顷，园地面积1 655.07公顷，林地173.55公顷，牧草地758.44公顷，未利用地118.71公顷。

（二）选取阜宁县作为调研对象的背景

虽然欠发达地区比起发达地区建立农村社会保障制度有更大难度，但并不是说欠发达地区就不能建立农村社会保障制度了，恰恰相反，在欠发达地区不仅要建立农村社会保障制度，而且应是我国建立农村社会保障制度的重点。由于经济欠发达地区近年来招商引资政策优惠，经济开发商一拥而上，农民失地的现象更为严峻。目前，全国大部分地区尚属于经济欠发达地区，农业人口较多，农民人均收入低，有些地区还没有建立农村社会养老体系；相比之下，经济发达地区底子好，经济实力雄厚，农业人口相对较少，农民的人均收入除去日常开支，还有一部分可以用于参加养老保险，再加上集体补助的支持，农村社会养老保险可以说已经走上了健康、可持续发展的轨道。农保工作的重心应该转向欠发达地区，解决欠发达地区的农民养老问题,为欠发达地区的经济发展铺平道路,使欠发达地区更快地走上发达之路。地处苏北里下河平原的江苏省阜宁县,是著名的盐阜老区,区位优势很不明显,工业基础薄弱,财政底子不厚,历史上属于典型的经济欠发达县,与地处苏南的常州市武进区的经济不可同日而语。由于对农产品市场调控的手段有限,农产品一多价格就降,一少价格就涨,农民难以依靠农产品提价增收;农业产业化经营水平普遍较低,农户很难从加工流通环节获取收益;农民来自工资性、资产性收入空间有限。近十多年来,由于受到当地经济的影响,农村农民整体素质不高,而有文化和技能的青壮年大部分外出从事第二、三产业,留在农村的大多是妇女和中老年人,文化程度普遍偏低,失地后收入更低,在这样的背景下推进新农村建设颇有难度。我们在进行课题调研过程中,选择阜宁县作为调研对象,对比经济发达地区与经济欠发达地区失地农民的不同境遇,力图从整体上把握江苏省新农村建设过程中失地农民的现状以及地区差异。

二、阜宁县征地补偿和被征地农民基本生活保障的主要政策措施

为保护被征地农民和农村集体经济组织的合法权益,切实保障被征地农民的基本生活,加强对征地补偿和基本生活保障安置工作的管理,2007年,阜宁县人民政府根据《中华人民共和国土地管理法》、《中华人民共和国劳动法》、《中华人民共和国农村土地承包法》、《江苏省土地管理条例》、《江苏省农村土地承包经营权保护条例》、《江苏省征地补偿和被征地农民基本生活保障实施办法》和《盐城市征地补偿和被征地农民基本生活保障实施办法》精神及其他有关法律法规,结合外地成功经验和阜宁县实际,制定了《阜宁县征地补偿和被征地农民基本生活保障实施办法》,该办法于2007年7月1日起开始施行,是目前阜宁县解决失地农民基本生活保障的主要政策。此外,还有力图加强被征地农民再就业工作的引导的阜政发〔2006〕37号文件、《阜宁县人民政府关于进一步加强农村社会养老保险工作的意见》等。以下主要围绕《阜宁县征地补偿和被征地农民基本生活保障实施办法》(以下简称《实施办法》),阐述阜宁县对失地农民的基本保障。

（一）关于征地补偿

该《实施办法》规定依法征用农民集体所有的土地，必须按照规定足额补偿。征地补偿安置费用，包括土地补偿费、安置补助费、地上附着物和青苗补偿费，具体标准如下。

1. 土地补偿费

征收耕地的，土地补偿费按耕地被征收前三年平均年产值的10倍计算。耕地被征收前三年平均年产的最低标准为每亩1 200元（标准下同）；征收精养鱼池的，按其邻近耕地前三年平均年产值的10至12倍计算；征收其他养殖水面的，按其邻近耕地前三年平均年产值5至8倍计算；征收果园或其他经济林地的，按其邻近耕地前三年平均年产值的8至12倍计算；征收城市常年菜地的，按其邻近耕地前三年平均年产值的7至10倍计算；征收未利用土地的，按其邻近耕地前三年平均年产值的4至6倍计算；征收农民集体所有的非农建设用地的，按其邻近耕地前三年平均年产值的7至10倍计算。其中，涉及拆迁并按有关拆迁政策补偿的，不重复计算土地补偿费。

2. 安置补助费

征收耕地的，安置补助费按照需要安置的被征地农民人数计算。需要安置的被征地农民人数，按照被征收的耕地数量除以被征地的农村集体经济组织征地前平均每人占有耕地的数量计算。每1名需要安置的被征地农民，其安置补助费最低标准为11 000元；征收其他农用地的，按照该土地补偿费标准的70%计算；征收未利用地，不支付安置补助费。

3. 地上附着物及青苗补偿费

房屋及其他建筑物、构筑物的补偿费，按照重置价格结合成新确定；农田水利工程设施、人工养殖场和电力、广播、通信设施等附着物，按照等效替代的原则付给迁移费或者补偿费；青苗补偿费一般按一季农作物的产值计算，亦可按该类土地前三年平均年产值的60%—70%计算。可移植的苗木以及多年生经济林木等，支付移植费；不能移植的，给予合理补偿或者作价收购。征地补偿、安置方案公告发布后，突击抢种抢栽的作物不予补偿。

县国土资源管理部门应当在征地补偿安置方案批准之日起3个月内，将未进入基本生活保障的被征地农民的征地补偿安置费用和16周岁以下人员的生活补助费按规定足额支付;进入基本生活保障的被征地农民的不低于70%的农用地土地补偿费和全部的安置补助费划入同级财政部门在银行设立的被征地农民基本生活保障资金财政专户;将地上附着物及青苗补偿费支付给其所有者;将剩余的土地补偿支付给农村集体经济组织。征地补偿安置费用没有足额补偿到位的,被征地集体经济组织及其成员有权拒绝交地;征地补偿安置费用足额补偿到位的,被征地集体经济组织及其成员不得拖延交地。

支付给农村集体经济组织的土地补偿费,纳入公积金管理,必须用于解决历史遗留的被征地农民的问题,以及农村集体经济组织生产和公益性事业,其管理按照阜宁县人民政府办公室2004年91号文件执行。逐步建立征地补偿安置区片价格体系,县政府组织国土、财政、农经、物价等相关部门和镇、区根据土地区位条件确定征地补偿安置区片价格,按照区片价格确定征地补偿安置费用。

(二)失地农民的基本生活保障

实施被征地农民基本生活保障的范围是城市规划区内和省经济开发区内,征地后,农村集体经济组织人均耕地面积低于0.3亩的农村集体经济组织成员。

1. 下列人员列为被征地农民基本生活保障对象

① 户口在农村集体经济组织内、依法享有农村土地承包经营权并承担相应义务的常住人员;② 父母一方符合农村集体经济组织成员条件、本人户口在本农村集体经济组织的16周岁以下人员;③ 入学、入伍前符合第1项规定条件的高等院校、中等职业技术学校在校学生,现役义务兵(不含现役军官);④ 入狱、劳教前符合第1项规定条件的服刑、劳教人员。

2. 下列人员不享受被征地农民基本生活保障待遇

① 历次征收土地已经被安置的人员(包括征地带劳、领取安置补助费或撤组转户人员等);② 因其他原因将户口迁入本农村集体经济组织的不享受农村土地承包经营权,不承担相应义务的常住人员、寄住人员、暂住人员及户口空挂人员;③ 户口在农村集体经济组织的国家机关或事业单位在编工作人员;④ 户口虽在农村集体经济组织,但属经有关部门批准离退休、退职并领取离退休金或养老保险金的人员(含因子女顶替,本人户口回乡的离退休、退职人员)。

3. 被征地农民基本生活保障资金的来源

① 不低于70%的征地的土地补偿费和全部的安置补助费;② 政府从土地出

让金等土地有偿使用收益中提取的部分,其提取标准每亩不低于8 000元,如果未征收的,要在征收农业土地开发出让金的基础上,再征收8 000元/亩出让金用于被征地农民基本生活社会保障资金;③ 划拨供地的公益性用地单位需承担的不低于征地成本及用于被征地农民基本生活保障的资金;④ 被征地农民基本生活保障资金的利息及其增值收入;⑤ 其他可用于被征地农民基本生活保障的资金。

此外,基本生活保障资金不足支付的,由同级财政部门负责解决。被征地农民基本生活保障资金专户由被征地农民生活保障个人账户和社会统筹账户组成。安置补助费和不低于70%的农用地的土地补偿费进入个人账户。实行基本生活保障的人员死亡的,其个人账户中余额可以依法继承并一次性结算。各级财政部门应当在征地补偿安置方案批准之日起3个月内,根据国土资源管理部门提供的新征收土地面积,将财政出资足额转入社会统筹账户。

各级财政部门应按照被征地农民基本生活保障费用款计划,定期将被征地农民基本生活保障资金划入劳动和社会保障部门在银行设立的被征地农民基本生活保障支出户,开发区(生态化工园)提前一年,其他镇一次性足额拨付,确保被征地农民基本生活保障费用及时、足额发放。

4. 被征地农民的年龄划分

以征地补偿安置方案批准之日为界限,将被征地农民划分为下列四个年龄段:① 第一年龄段为16周岁以下人员;② 第二年龄段为女性16周岁至45周岁,男性16周岁至50周岁人员;③ 第三年龄段为女性45周岁至55周岁,男性50周岁至60周岁人员;④ 第四年龄段(养老年龄)为女性55周岁以上,男性60周岁以上人员。

5. 不同年龄段的基本保障标准

具体规定如下:① 第二年龄段人员,从实行基本生活保障的当月起,每月领取不低于110元生活补助费,期限2年,到达养老年龄时,按月领取养老金。有条件的地方,保障对象在未就业期间可一直领取生活补助费,其标准可适当降低。② 第三年龄段人员,从实行基本生活保障的当月起,至到达养老年龄时止,每月领取不低于90元生活补助费;到达养老年龄时,按月领取养老金。③ 第四年龄段人员,从实行基本生活保障的当月起,每月领取不低于140元养老金。根据经济社会发展水平和政策规定适时调整基本生活保障标准。如果集体经济组织人均土地高于当地行政区域内平均水平,生活补助费可适当上浮。符合当地低保条件的被征地农民,低保补助标准高于保障补助,则享受最低生活保障;未纳入城镇医疗保险的被征地农民,可以参加新型农村合作医疗,具体按阜宁县人民政府 2003 年 84 号文件执行。

6. 促进失地农民再就业

劳动和社会保障部门应将被征地农民纳入就业和再就业培训体系。特别对第二、三年龄段人员要通过多层次、多形式的职业培训,并根据这部分人员的特点和要求,合理安排培训内容,增强培训的实用性和有效性,提高这部分人员的就业竞争能力,促使第二、三年龄段人员能够尽早就业,当地公共服务优先安排第二、三年龄段人员就业,培训所需经费在被征地农民基本生活保障社会统筹账户中列支。对特别困难的保障对象按照有关规定,实施困难救助。

三、阜宁县推进社会主义新农村建设、鼓励失地农民进城的政策措施

为了统筹城乡协调发展,加快推进工业向园区集中、农村失地人口向城镇集中、居住向社区集中、土地向适度规模经营集中。阜宁县人民政府以科学发展观为指导,以推进城乡统筹发展和建设社会主义新农村为目标,以改善和提高镇村居民生产生活水平为根本,以加快城乡基础设施建设,改善人居环境为重点,以鼓励引导农民进城入镇居住为突破口,解决失地农民保障问题,主要就鼓励农民进城入镇和规范农民集中居住区建设进行了有益的尝试。

(一)积极鼓励失地农民进城入镇、推行"双置换"

农民以土地承包经营权置换城镇社会保障,以宅基地和住房置换城镇住房工作要坚持"试点先行、面上号召、县城推广"的原则。选择条件相对成熟、有推广优势的镇先行试点,在总结经验、完善措施的基础上,再在面上进行推广和推进。

第一,对农民自愿以土地承包经营权置换城镇社会保障的,新流转出来的土地由村(居)用于发展高效设施农业,土地流转价格根据当地土地综合收益水平确定,原则上每亩每年不低于 500 元,土地流转金由村集体经济组织或土地流入主体按年度和土地流出的农户结算。

土地流转资金、各类政策性奖补资金等收益统筹结算封户作为参保金,为符合参保条件的农民按城保政策参加城镇社会保险,同时进城购房居住的由县财政对参保人员每人一次性补助 3 000 元,保费不足部分由农户本人负责补足。农户也可

以自愿选择新型农村社会养老保险。

第二,对县城规划区外农户自愿以宅基地和住宅置换县城住房的(仅限于在城南新区置换住房或在老城区置换二手住房,下同),已置换的宅基地由集体收回复垦,房屋由户主自行拆除,该农户不得再申请宅基地建房。经县国土部门验收确认后,对农户合法的宅基地面积(200平方米以下),每平方米补助30元;对农户在县城购买住房的,按其合法的原主房面积进行拆除补偿,每平方米补偿不超过200元(具体细则另行下发),上述补偿资金凭复垦验收合格证明、县城购买住房房产证由县财政予以补助。实行宅基地和住房置换县城住房的,其房产证、土地使用证免费办理。购买新住房的契税征收后,原主房合法面积同等面积部分的契税给予已纳税额50%的补贴;购买二手房的契税,与原主房合法面积同等面积部分即征即补。

第三,对县城规划区外符合分户建房条件的农户,自愿到县城购买住房落户,不再申请宅基地的,按规定的宅基地面积由县财政给予每平方米50元补助。对县城规划区外农户自愿以宅基地和住宅置换镇区住房的以及符合分户建房条件自愿到镇区购买住房的相关政策由各镇自行制定,报县政府过堂后实施。

第四,对县城规划区外符合建房条件的农户跨村到规划的农民集中居住区建房的,参照集中居住区所在村、组建房户同等待遇,由所在镇依法调剂符合建房用地标准的宅基地。以上政策性补贴和相关费用,按照"谁用地、谁给钱","到哪里买房由哪里承担"的原则,在进城农民宅基地复垦调剂资金中安排,不足部分在土地出让金中列支。

第五,因城镇建设、国家重点工程和工业园区建设列入拆迁改造范围的,按照相关拆迁政策执行,不享受上述优惠政策。

(二)鼓励县城规划区内居户拆迁让地购买新房

第一,对县城规划区内(东至吴滩立新河、南至329省道、西至阜益路、北至四通河)符合分户条件需要建房的居户,不向村(居)组申请宅基地(城南新区36平方千米规划区范围内不再安排宅基地),到县城购买住房的,凭房产证按规定的宅基地面积以征地补偿标准对所在村(居)进行补助,村(居)按相关规定进行分配,补助资金由用地单位承担。

第二,对老城区(东至老204国道、南至纬四路、西至城西路、北至城北大沟)和城南新区核心区(东至奋进路、南至阜泰路、北至纬四路、西至射阳河)内居户拆房让地,经申请同意后,分期安排拆迁安置,原宅基地交县城投公司和县土地储备中心,原住房拆迁按城市拆迁补偿标准给予补偿,以拆迁安置房价格优先安排商品房或安置房。

第三,对老城区和城南新区核心区以外的县城规划区范围内,自愿拆除房屋并放弃宅基地,将宅基地交回县、镇(区)、村集体,自主进城购买商品房(含二手房)的居户,对其合法的宅基地面积(200平方米以下),每平方米补助50元;并按其合法的原主房面积进行拆除补偿,每平方米不超过350元(具体细则另行下发)。宅基地补助资金凭拆房验收合格证明由用地区域财政支付,拆房补偿凭房产证和原主房面积核实材料由购房所在区域财政支付。购房契税、房产证、土地使用证办理优惠与县城规划区外农民"双置换"政策相同。

第四,县城规划区180平方千米以内因城市建设、交通工程、工业项目等列入拆迁范围的,分别按城市、开发区、阜城镇和相关工程的拆迁安置政策执行,不享受上述优惠。

(三) 积极落实农户进城入镇的有关政策

1. 帮助进城农民就业

县劳动保障等部门要组织开展进城入镇农民的职业技能培训,增强其就业创业能力。县财政安排专项资金对培训对象按不同工种给予每人300—1500元的一次性培训补助。县城和镇区机关、企事业单位吸纳进城入镇的女40周岁以上、男50周岁以上的劳动力并与其签订两年以上劳动合同且缴纳社会保险费的,每年每人补助用工单位500元,连续补两年。县属单位用工补助由县财政支付,其他镇、区单位用工补助由所在镇区财政支付。

2. 实行公平教育

进城入镇农民子女按照相关规定在就近施教区各类学校、幼儿园入学、入托,各学校不得拒收(转),不得收取政策规定以外的任何费用。对家庭经济困难的学生要减免相关费用。

3. 鼓励自主创业

对进城入镇农民创办经济实体或从事第二、三产业的,凭身份证和场所证明,工商部门优先核发营业执照,办证费用予以减免。

4. 进行常住人口户籍管理

进城入镇居住农户,由县有关部门直接办理城镇常住人口落户手续,纳入城镇常住人口一体化管理。

5. 建立健全进城入镇农民社保机制

鼓励劳动年龄(男 18—60 周岁、女 18—55 周岁)内的进城入镇农民参加城镇各项社会保险。凡被用人单位录用的,用人单位都必须按规定为其办理城镇职工养老保险、医疗保险、工伤保险、失业保险、生育保险等社会保险参保手续,按时足额缴纳各项社会保险费,履行代扣代缴职工个人缴费的义务。在城镇从事自由职业的进城入镇人员,按照城镇户籍人员同等待遇办理,对进城入镇后参加城镇职工养老保险的农民达到退休年龄(男满 60 周岁、女满 55 周岁)时,其缴费年限不足 15 年,不能按月领取基本养老金的人员,允许其适当补缴或延长养老保险缴费年限,补缴年限可参照灵活就业人员相关规定执行,时间不超过 2000 年 2 月,补缴的缴费基数和比例按办理补缴手续时的最低工资标准执行。对补缴后仍不符合按月领取基本养老金条件的人员,经本人申请,经社会保险机构核准,可继续按规定的标准延长缴费,直至满足领取养老金条件为止或按相关规定将其参保缴费关系转换为新型农村养老保险参保缴费关系,按照县上年度农民人均纯收入为缴费基数,个人缴费比例为缴费基数的 10%—30%,县财政按个人缴费额的 20% 补贴,其退休时按新农保的计发办法享受农村养老保险待遇。

6. 自主选择医疗保险方式

进城入镇农民可根据本人的意愿,允许其自主选择参加城镇职工(居民)基本医疗保险或农村新型合作医疗。

四、以阜宁县东沟镇镇南村为例的失地调研

(一)镇南村失地农民面临的主要难题

1. 普遍实行货币安置,但是征地补偿费用较低

镇南村的土地被征用后,基本上实行货币安置,而且补偿费用普遍较低。多数村已把大部分集体土地补偿费分配到户,留村部分则主要用于公共建设和发展生产。城镇扩张和工业发展是农村集体土地征用的主要原因,被调查者(共 93 人)回答因城镇建设征地的为 57 人,占 61.29%。被调查的土地被征用农户共被征用土

地 121 亩,平均每户 1.30 亩。土地征用后,实行货币化安置的有 75 人,占 80.65%。农民土地被征用后得到的补偿费比较低,最终发放到农民手中的平均每亩仅 600 元。2009 年开始,由于物价上涨,补偿费由 600 元上调到 1 000 元。但是离农民的实际期望值和生活需求仍然相差甚远。

2. 重新就业难度大,收入水平低

多数农民没有专门的技术特长,失去土地后重新就业难度较大,已实现就业的也多是从事第二、三产业中对文化素质和劳动技能要求较低的工作,工作稳定性差。虽然失地农民的收入来源比较多样,但其收入差距较大,不少失地农民的收入水平相对较低。一方面,土地被征用后,大多数失地农民通过自谋职业的方式实现了就业,但仍有不少失地农民就业困难。除招工安置和继续从事农业劳动外,去企业应聘的为 3 人,仅占 3.23%;做小生意的为 11 人,占 11.83%;外出打工的为 21 人,占 22.58%;找不到工作的占 33.29%。另一方面,在有关劳动技能及工作性质方面的调查中,我们发现,失地农民大多无专门的技术特长和劳动技能。在被调查的 93 人中有 77 人无专门特长,占 82.80%;而在其余 16 个有专门特长的人员(占 17.20%)中,大多数也是低技术层次的机械修理工、钳工、车床工、电工、泥工、司机等。土地被征用后,通过各种途径已实现就业的人员,在单位里的工作也大多数是临时性的。因此,对目前的工作状况表示非常满意的仅有 2 人,只占 2.51%;不太满意或不满意的为 89 人,占 91.40%。

3. 生产生活习惯难以改变,市民意识淡薄

由于劳动就业和生产方式的变化,失地农民的生活和社会交往方式等也发生了很大的变化。农民土地被征用成为城市居民后,有 49.35% 的人认为在生活方式上变化最大;有 17.32% 的人认为在经济上变化最大;有 23.38% 的人认为在工作上变化最大;有 9.95% 的人认为在人际关系方面变化最大。对于农民家庭来说,失去了土地就是失去了家庭院落,许多家庭的农业机具无处储藏;卖粮的变成了买粮的,年龄稍大一些的农民认为,自己过去是靠卖粮来维持生计,而当下是买粮度日,手中无粮则心里发慌;部分农民由房屋出租方变成租住方;等等。空闲时间的安排,除了看电视、打麻将、打牌外,与朋友聊天、看书读报、业余学习、体育活动、逛商店等占了一定时间,生活观念也在发生变化,但是传统农民的生活习惯和生活方式还难以完全消除,市民意识还比较淡薄。

4. 失地农民基本未参加社会保障

随着我国逐步进入老龄化社会,养老问题日渐凸显。在失地农民这个特殊群体中,养老问题尤为突出。集体土地被征用后,农民没有了土地保障,而养老保险等社会保障大都还未办理。"个人缴纳为主,集体补助为辅,国家予以政策扶持"是农村社会养老保险工作开展的基本原则。由于该县大部分地区的集体经济处于比较薄弱的状态,集体补助在很多地方根本得不到落实。集体补助的具体办法由乡(镇)、村、企业制定。各地集体补助标准千差万别,没有体现出社会养老保险的社会性、互助性以及公平性原则。"国家予以政策扶持"的原则,"主要通过对乡镇企业支付的集体补助予以税前列支"来体现,但实际上,税务系统并没有相关的政策规定可以执行。除此之外,国家财政、地方政府均没有给予应有的财政支持和政策支持。由于国家没有制定有效激励政策,农村社会养老保险很难大面积开展,所以不能形成稳定的资金来源,农村养老问题难以维持和发展。在经济欠发达地区,由于大多集体无力或不愿对农村社会养老保险给予补助,绝大多数普通农民参加农村社会养老保险时得不到任何补贴,因而这种资金筹集方式下的农村社会养老保险仅仅是一种农村个人强制储蓄型养老方案,而不是真正意义上的社会养老保险。在被调查的93人中,有48.89%的人还未参加养老保险;已通过各种方式参加养老保险的人仅占34.44%;参加医疗保险的有8.89%;参加商业保险的有6.67%。43.33%的失地农民,其保险费用主要是由个人支付的,只有10%主要是由劳动力安置费和土地补偿费支付。

从调查情况来看,在由镇南村向镇南居委会转变的过程中,失地农民虽然逐渐实现了居住地和户口从农村到城镇的转变,实现了生产方式从农业向非农业的转变,但是,他们在思想观念、生活方式、行为方式和社会组织形态等方面的转变还远未完成,在社会保障、劳动就业、居住方式、集体资产处置、社会组织形态转换和城乡文化融合等方面还存在着不少问题。

(二)对策与建议

第一,严格把好征地关,完善农村土地承包法和基本农田保护条例。对新村镇建设所需土地,允许农民集体性跨组、跨村置换,由县级主管部门确认其对置换土地的经营权;对涉及基本农田保护区农田的,国土部门在确保占补平衡有余和基本农田连片的情况下,允许农民以退耕地置换基本农田保护区耕地。在批准征地时严格审批制度,切实做到不符合规划要求的不供地,不达到一定投资强度的项目不供地,确需征地的,要严格履行法定程序,坚决杜绝随意占用农民土地的现象,特别是要重点保护基本农田。当地农民的粮食主要是自给自足,如果基本农田被大量征用,必将严重影响当地粮食市场的价格稳定。必须严格监督被征用土地的使用情况,节约征地,能少征,就少征,能不征,就不征。据调查,目前镇南村被征用的土地绝大多数还处于闲置状态,建设工程进展缓慢。土地使用者必须依土地使用权出让合同的约定开发、利用土地,不得在法定或约定的期限闲置土地。土地使用者转让土地使用权必须符合法定条件。在征地过程中,要充分尊重农民意愿,不得强制打压,通过行政命令一刀切,充分发挥村民委员会和村民代表大会的监督作用。

第二,在具体操作层面上,一是可以考虑组织劳务输出,由镇政府组织发挥自身优势,与苏南工业发展较快的乡镇加强交流,组织农民集体外出务农,降低单一农民打工风险。二是继续发挥种田能手的优势,借地发展农业。对本村剩余土地进一步提高其利用效率,在农作物种植品种的选择和开发上重新考量,在稳定提高棉花等经济型作物的种植面积的基础上力求有所突破,引进新型经济作物种植。三是继续依托失地农民所在的村集体经济组织,利用征地补偿中村集体留存部分,凭借城郊结合部有利的区位优势,大力发展劳动密集型的加工产业和服务行业。比如,可发展服装加工业和农产品加工业,借鉴临近乡镇的成功经验,发展塑料制品加工业以及玻璃制品加工等行业。

第三,规定在法定劳动年龄内的被征地农民,如有劳动能力和就业要求但未就业的,视同城镇登记失业人员,发给"就业登记证",凭证享受城镇登记失业人员的就业扶持政策。鼓励被征地农民的再就业,与城镇下岗失业人员平等竞争,实现再就业。根据劳动力市场需求,开展各具特色、形式多样、内容丰富的技能培训,把失地农民的培训工作纳入城镇下岗人员再就业培训体系;按照市场化原则,制定城乡统一的劳动力就业政策,建立城乡统一的、平等的劳动力就业市场,实现城乡统筹就业。应结合本地实际情况,因地制宜,根据不同的年龄阶段和文化层次,有针对性地安排不同的培训内容,增强就业竞争能力。比如,镇政府应加大招商引资的力度,建设适合当时实际的工业企业,解决当地剩余劳动力的就业问题;针对用工企业所需用工条件,对失地农民进行有针对性的专门技能培训,培训后直接由相关企业负责安置就业。据调查,目前当地工业企业很少,可以考虑由镇政府出面进行协商,和周边工业较发达的益林镇联合培训,将剩余劳动力向周边城镇输送。此外,对吸纳失地农民达到一定数量的第二、三产业,政府应给予必要的政策倾斜,为其发展提供便利条件。

第四,完善农村社会保障体系建设,扩大农村低保范围,逐步提高农村低保标准。对农村计划生育家庭实行养老保障,逐步推行农村养老保险。增加各级政府对农村合作医疗的投入,逐步与城市职工医疗保险衔接。由于条件所限,建议当前重点解决失地农民养老保险问题,其资金筹措可按国家、集体、个人及市场征地主体"四个一点"的思路解决,明确各类征地主体均应在土地收益中留出一部分作为农民失地后的社会保障金,并专户储存、专门机构管理。按照"政府引导、群众自愿"的原则,可以采取不同的投保办法。一是采取村集体投保,村民达到领取养老金年龄时,由农村养老保险经办机构发放养老金;二是采取农民个人缴费与村集体补助相结合的办法,由村里统一组织为适龄农民办理;三是组织村民自己投保。根据当地的实际情况,综合衡量三种方法的利弊,第二种做法更为适合当地的实际情况。劳动保障部门要不断完善农村社会养老保险工作的规章制度,加强农村社会养老保险业务经办机构的管理。规范业务操作规程,实行农村社会养老保险工作制度化、规范化、科学化管理。运用计算机个人账户信息管理系统,提高业务管理质量和对外服务水平。加强基金管理,管好农民的养命钱。要严格按照部、省、市有关文件规定,农村社会养老保险基金专户存储,专款专用。

第五,加大对农村社会事业的投入,在农村营造奋发向上的文化氛围,加速乡风文明进程,帮助失地农民实现农业向非农业的真正转变。

后　记

　　耗时两年，这本书终于完成并呈现在大家面前。本成果是作者主持的国家社科基金项目"转变经济发展方式下的城乡社会保障一体化研究"（项目号：11BSH067）的一个总结，是在国家社科基金研究报告基础上完成的，是集体智慧的结晶。

　　中国是一个历史悠久的农业大国，灿烂辉煌的农耕文明，为中华民族的繁衍生息、发展壮大奠定了牢固的根基。改革开放以来，中国经济的发展举世瞩目，然而城乡差距非但没有缩小，反而呈现不断扩大之趋势。出于挥之不去的"三农"情结，我们从20世纪90年代开始关注并致力于"三农"问题的研究，发表了百篇论文、出版了5部专著。这本专著的诞生，从资料收集、观点爬梳，到田野调查、写作整理，到最终付梓成书，虽然一路艰辛，但是我们也享受着学术研究的快乐。

　　党的十八大报告指出，城乡发展一体化是解决"三农"问题的根本途径，必须加快完善城乡发展一体化体制机制，形成城乡一体的新型工农、城乡关系。本书以社会保障基本理论、新型城镇化理论为研究基础，对我国社会保障制度历史沿革进行了分析评价，对我国城乡社会救助、养老保险、医疗保险、社会福利的一体化建设提出了相应的对策建议，并对江苏省昆山市、四川省成都市、江苏省常州市社会保障一体化的实践进行了调研分析，最后提出要加强法制建设，为城乡社会保障一体化提供法制保障等相关建议。

　　本书的出版得到了江苏省现代农业装备与技术协同创新中心的资助，也是江苏省现代农业装备与技术协同创新中心软课题"工程化高效农业与新农村建设协同发展研究"（项目号：NZXTRKT201603）下的子课题"工程化高效农业背景下的农民工市民化中的社会保障问题研究"的成果之一。

  本书的完成和出版是集体合作的成果,感谢课题组成员陈士林、周德军、杜乐其、潘云龙、孙静、刘刚、王浩任的辛勤劳动,感谢长期以来关心、支持、帮助我们的领导和同事。囿于知识和时间的限制,本研究还有许多未尽之处,恳请学界前辈和同仁多提宝贵意见。

石宏伟 金丽馥

2016 年 11 月于江苏大学